Vision

一些人物，
一些視野，
一些觀點，
與一個全新的遠景！

我終於看見

劉忠杰 J.J. Jesse Liu

謹以此書獻給華人的祖先和我的祖母

朱衛茵

飛碟電台節目主持人

Jesse，在我認識他之前，他先認識我。
他送了一本厚厚的書給我，封面是他一張很有自信跟想法的臉！
書裡夾了一封給我的信。

他告訴我，我的節目在幫助別人，就像我們最愛的歐普拉。
歐普拉影響全世界的人，讓這些人更愛自已，而且知道每個人都值得最好的，所以要相信自已！
但能知道與做好自已，其實是需要一些突破，一些步驟！

假如你總是委屈，是絕無法成全所有的人（因為我試過）！假如你假裝一切都很好，一切只會更壞！假如你在忍受，你只會越來越不甘心，有一天總會爆發！
相反的，如果能誠實面對自已，愛自已，那麼結果會很不一樣。Jesse在這本書的想法會使你耳目一新！

書裡有很多你我的例子，不斷地在告訴我們：屈服並沒有成就，承擔也沒有成就！
Jesse會幫助你並提醒你！

Because永遠記得you got the power!!
恭喜Jesse!

Cara Barker

Every now and then, a reader comes across a gem. J.J. Jesse Liu has brought us a treasure in the form of his new work. The Book "The Critical Sight" is Truth with a capital T. Jesse has a fine way of reaching the reader, as if he knows them personally. Compassionate, clear, straightforward, easy to understand, invitational to 'receive.' Beautiful work.

愛書的人，常常會找到寶藏。J.J. Jesse Liu藉由他的新作品帶給我們這樣的寶藏。《我終於看見》是關於大真相。Jesse用彷彿是親自在向讀者說話一樣的方式，去接觸每一個人。具有同理心、清晰、直接、易懂，邀請式的讓人「接收」，好個美不勝收的成就。

In particular, those who have been taught to achieve, as a Path of Contribution, will receive a special treat. Page after page, Jesse brings forward a magnificent vision, that, if deeply heard, has the potential to make this a better world. "The Critical Sight" ushers in an ancient Wisdom which shines through the content. This is a winner, indeed!

尤其是，踏在貢獻的路徑上，那些學會去成就的人，將收到一項特別的款待。一頁接一頁，Jesse帶出了一個燦爛的願景。它如果深深地被聽見了，會有創造出一個更好的世界的潛力。《我終於看見》迎來古老的智慧，在書的內容裡發光呈現。它的的確確是一部贏者之作。

本文作者為榮格心理學博士，聆聽的心（The Listening Heart）研修創始人，美國「Huffington Post」（哈芬登郵報）專欄作家，《The Love Project》作者。

【自序】張開眼睛，終於能看見

如果你和大多數人一樣，那麼對於生活，你一定常常感覺到有大小不一的不如意。

這個不如意，小從上廁所發現衛生紙沒了；打開冰箱，你存放的東西被吃掉了；趕上班，卻發現每輛計程車都載著客人，等好不容易上了車，卻又發現塞在車陣裡，到了要上電梯，門卻剛剛關上。或是你好不容意等孩子上了學，老公也出門，正想好好的坐下來，這時婆婆打電話來，告訴你，她晚上會過來看孫子。

再大一點的事，也許是每天上班都感覺沒睡飽；面對機車的老闆，總覺得他笨的像豬一樣，或是你的屬下為什麼總是不懂得自動自發；也許你有很刁鑽的客戶，賺他一點錢，就像是要賠上自己的自尊。或是老公總是苦惱工作的事，已經很久沒好好正眼看你一眼，也許兩個人現在在一起，關了電視之後，只想趕快草草刷牙洗臉，鑽到被子裡；甚或現在家裡每個人一人一台電腦，不知不覺已經讓一家人變成住在一起的網友，於是對很多事，逐漸變得越來越沒感覺。

或者，這一波金融風暴，你是受害者之一，無論是因此被裁了員，或是積蓄被腰斬甚或泡湯，或是你家中的經濟支柱到現在都還沒辦法找到好的工作。

可能你的生活其實已經高枕無憂，但是你就是找不到快樂，發現自己在意的東西越來越多，但也越來越小，意思是小小的事都容易讓你捉狂。或者在你的工作上，人人羨慕的收入已經不能再滿足你的胃口。或是你只是單純的覺得生活上少了點什麼。

或是在生活裡，你遲遲不敢談戀愛，每每見到心儀的人，總是告訴自己別傻了。或是你想結婚，但是一想到父母的掌控，你就已經不知道先潑了自己多少的冷水。也許喪偶多年的你，終於來了一個機會，但是你卻不敢打定主意就這麼勇敢的走進一段新的親密關係。

總之，這些每天一起床就接連不斷的挫折、被打斷，或是不容易快樂起來的狀態，我們可以稱為不如意。但是，我們心裡也已經牢牢知道：人生不如意，十有八九。

生活好像就是日復一日的周而復始。

我想問你的是：你想要有一個更大的人生嗎？（Do you want a bigger life?）

我會說，去回答這一個問題很重要。我們只要面對現代人生活的趨勢，就知道這個問題已經無關心靈成長，而是一個很實際的問題。這個趨勢就是：現在人都可能活到八、九十歲。所以，即使今年你已經六十，你知道也許你還有三十年的人生要過。知道這一個答案，你的心情如何？你的第一個反應是什麼？感覺是正面的，還是負面的呢？

有個老木匠準備退休，他告訴老闆，要離開了，想回家與妻子兒女享受天倫之樂。

老闆捨不得這個為他做了一輩子事的木匠走，問他是否能幫忙再幫他建一座房子，老木匠說可以。

但是大家後來都看得出來，他的心已不在工作上，他用的是劣種材料，做出來的是粗活。

房子建好的時候，老闆把大門的鑰匙遞給他。

「這是你的房子，」他說，「我送給你的禮物。」

老木匠當下目瞪口呆，內心充滿後悔。

事實上，我們大多數人，特別是我們華人，不都是讓自己這樣的過人生嗎？或許和老木匠不同的是，我們很年輕的時候就開始蓋一座自己都不喜歡，也不愛的房子給自己。

有一句話，也許可以讓人的腦子想一下，是關於人生的：

Life is not about finding yourself, but creating yourself.

生命不是關於發現、找到自己，而是關於創造自己。

這句話對於可以輕易活到百歲的現代人，是很重要的，關於自己的人生是什麼樣的人生，人生的方向如何決定，以往，人老了只強調多看見和多了解，也就是「懂什麼」的生活態度，其實該是改變的時候了。畢竟，一個持續「做什麼」的人生，才等於是創造，不是嗎？

如果我告訴你，在你七十歲生日的那天早晨，當你醒來的那一刻，你的心裡冒出來的是這兩句話：

我愛我的生活！I love my life!

每一件事情都有可能！Everything is possible!

這樣的人生，是個怎樣的人生呢？想到你未來的人生是這樣，你的感受如何？一個人，不管現在幾歲，值不值得擁有這樣的人生呢？

這種人生，不會白白降臨，更不會在我們已經習慣的生活態度裡發生，它值得被擁有、被創造，於是需要現在開始下功夫。它需要你從現在開始，花幾年的時間，開始為自己未來這樣的人生，去培養出這樣過人生的「能力」。

是的，能早晨起床時帶著這樣的自然態度醒來，是一種「能力」，只是，我們的社會從來沒有人告訴你，這是可以培養出來的能力。因為，所有人都被這個世界教導了一個習慣：張開眼睛，不看到真相；打開耳朵，不聽到真話。大家被教導頭昏眼花耳鳴的過生活，好比睡著，而且睡得越沉越好。我們的社會，是由一連串「不相信人是有著無限可能」的教條所牽引。

因為我愛我的生活I love my life，所以每一件事情都有可能Everything is possible！這樣過生活的能力必須經由練習醒覺being aware開始，同時，承諾自己同時培養過一個正面人生的能力。

簡言之，就是兩種能力的培養：醒覺和過正面人生。這兩種能力，是一輩子培養不盡，卻會越做越好的事，是關於焦點在「做什麼」的創造的人生。

華人的生活觀也許是沿襲沉重的價值觀已久，很難能想到生活的另一種可能。有一段關於人生焦點的話，是我練習正面過生活時很重要的方向：

Life is not about facing the storm, but dancing in the rain.

人生不是關於面對暴風雨的，而是能跳舞在雨中。

《我終於看見》這本書的目的，是支持你開始這樣的人生。

有一天，當你七十歲生日，過著「生命到處充滿可能性」的人生時，希望你會想到當初就是因為接觸這本書，讓你重新決定未來，並開始下功夫，而你從來沒有讓這本書離開過你。

這也是我對這本書的期許：讓每一位華人讀者的眼睛開始打開，耳朵開始聽見，腦袋開始思考，並做一個新的決定，而我等不及這樣的狀況開始發生……

【引言】我終於看見

生長在華人的社會裡，我們被教導要有「規矩」，我們也學會循規和蹈矩。

這個規矩，它的名稱叫做「取悅」。它是關於要怎樣才算是「扮好角色」，還有怎樣才算是「乖好人」。

事實上，我們也都認真成功地學會如何扮演好我們應盡責任的角色，和怎樣盡量與人為善。

但是，我們應該也要看到，遵照這些的規矩，我們也跟著付出了代價：「我們都成為了一個比真實本我更糟的人，因為我們都暗自地、偷偷地不喜歡自己。這個不喜歡又深又沉，我們甚至相信我們本身帶有錯，有問題。」這樣的現象一直集體呈現在我們身處的世界裡讓我們看見。

該是時候去看清楚真相了。

也該是時候把我們的力量拿回來，因為我們都值得去成為比我們出生時的那一個真實本我更好的人。

這才是我們做為一個人，被賦予的真正責任。

還有，我們也進一步自我教導，用保護「自我ego」的出發點去看待他人，看待生命中發生的種種事件，我們必須知道這種情況一直在發生，才能去面對和開始質疑這些老掉牙的自我教導。當我們能夠這麼做、願意這麼做的時候，我們的眼睛就能張開，讓我們終於能夠得到「答案」。

當我們願意開始一點一點的能夠了解這些一直存在，但是我們卻不認識的現象，我們的眼睛會跟著一點一點的張開。啊哈！終於，我們能看見。

人生就像是一盒拼圖。若是我們能夠找回生命成長過程中，那些曾經遺失的圖塊，看見屬於自己的個人人生願景，是不是很讚呢？

但是，我們大多數人都看不見，或不願意看見是因為我們已經相信無法逃脫出生命旅程這一個重大的惡性循環。但其實，如果我們願意把人生轉個彎，為著是不再讓我們像過去世世代代前人一樣的走入某些死胡同，我們是可以跳脫的。

「意願」是做這承諾的關鍵，因為我們早都被賦予了這個跳脫的能力。

該是時候去看見盲點，而且我們每個人都可以創造出有所不同。

今天你之所以為你現在的樣子，不是你的選擇。

它是來自世世代代負面教養傳承的影響。

這本書提出簡單但又有共鳴的分析、區分，和藉由作者的分享，

讓你清楚看見它的來龍去脈。

你要你的未來如何，它是你的決定！

The Critical Sight……

In the Chinese society, kids are taught to follow THE Measures.
And the real name of the Measures is to “Please People”. It’s about how to “play a role well” and “be a nice person”.
But the truth is,
We Chinese offsprings do learn how to play the responsible roles well and how to be nicer to people,
Considering this, we have paid a price following this game : we all turn out to be a worse person than we really are, because we are all, secretly, dislike ourselves. So much, we even believe there is something wrong with us.
And this manifests itself collectively in the world we live in.
It’s time to see the facts,
And it’s time to take back our powers because we all deserve becoming a better person than we were born to be.
This is our true responsibility as a human being.
Also, we have taught ourselves to see things, see people, see events happening in our lives, in a way, to protect our EGOs. There is certainly a plot hidden behind the teaching. We need to know it and when we get to confront those old teachings, it will open up our eyes, and we will finally get THE answer.
When we become knowing the existing unknowing piece by piece, our eyes will wide open bit by bit. A-ha, finally, we can see.
Life is like a pack of puzzles. Wouldn’t it be great to find the missing

pieces and build a vision for our own special individual life？

We will never get out of the vicious circle in this journey of life. But we can if we are WILLING to make a new turn and not be doomed like the many generations before us. Willingness is the key to commitment, since we have all given the ability to do so.

It’s time for the blindness to be seen, and we all can make a difference.

The way you are today, it is not your choice.

It is created by the negative upbringing passing along generation after generation.

You will see how this has been created through the crystal clear & resonating analysis, distinction and life experience sharing by the author in this book.

How you want the future to be, now, the choice in yours.

關於這一本書

探索的真諦，不在於發現新領域；而是能用一雙新的眼睛去看見。
Discovery is not about finding new landscape, but see things with new eyes.

我們一生當中，存在有一種值得追求的能力，就是擴大看人、事、物的視野。這本書取名叫做《我終於看見》，就是回應這一種體驗。

這本書，希望能讓所有的華人對自己的人生，在獨特的華人教養下是怎樣過的，能有不同的看見。

「人事不能分」的困境

比如，你可能對這樣的情況不陌生，不論是你自己或是身邊的人正在經歷或是經歷過。

A君在一家公司工作了十多年，最近三年因為景氣不好，薪水幾乎沒調整。五年前，公司因為業務拓展到大陸，所以他常常被上司派去出差，背負增多的工作責任。

過去兩年，他對這種情況不在意，也覺得無所謂。這一年來，新老闆上任，他發現老闆也把不屬於他負責，該是老闆自己要處理的問題都丟給他解決。他的忍耐已經瀕臨極限。

B小姐離婚後孩子和她住在一起，因為前夫工作收入沒她多。她最近發現十五歲的兒子開始抗拒去見他的爸爸，B小姐很擔心孩子和她前夫的父子關係會深深影響孩子的未來。

面對這兩個典型的問題，華人的問題焦點會放在：

A君把他不快樂、不被欣賞、有壓力的工作放在公司的不公平和目前這個老闆的身上。這個焦點反而讓他更加容易忍受，卻不會做出任何新的決定。

B小姐很想為兒子做一點事，讓他能改變對他父親的態度；但她其實是很想要前夫做改變，只不過她覺得這一點根本不可能。

其實，上面的例子，一個是關於「事」，而另一個則全然是關於「人」。

對於「事」，華人常常問的問題是：「誰who」，以及「為什麼why」，所以反而把焦點放在「人」上面，最後事情的解決反而變得緩慢，甚至讓事情變得更糟。

對於「人」，華人卻常常把焦點放在「怎麼辦how」，還有「做什麼what」上面。最後，會把焦點放在「人」上面，比如指責某人，或是找出是誰的錯。

簡單的說，遇到事情出狀況，問「how怎麼做」以及跟著來的「what做什麼」，會比問「who是誰」以及「why為什麼」更有效率。因為「事」的焦點是關於找出「解決方法soulution」。

遇到人，問「why為什麼」以及找到原因後問「who誰」，會比問「how怎麼做」或是「how come怎麼會這樣」更有效率，因為和

「人」有關的焦點是在找出「原因reasons」。

其實，華人的理性面早已被我們獨有的、代代相傳的教養方式嚴重壓抑，造成人「人事不能分」。

在華人的教養裡，從不鼓勵人做有意識的思考、去發問，因為沒有答案的笨嚴重過好奇的問，也不容許晚輩有不同的看法；所以崇尚晚輩聽話、長輩社會習俗永遠是對的，加上取悅人（包括對陌生人）以及息事寧人的習慣，這樣教養下的華人一生會出現這幾個現象：

1. 偷偷的不喜歡自己，但外在要創造出讓他人欣羨自己。
2. 看不到整個社會是在崇尚「錢」的標準下在培育孩子。
3. 面對問題的態度常常放在找出是誰的錯，或是如何在未來去避免，而忽略找出最有效的解決方式才是最重要，而且是唯一應該放的焦點。

華人90%是負面教養

華人的教養是什麼？根據來自新加坡的一份研究，華人父母對孩子的教養裡頭，有90%是負面的，這包含口頭的溝通和非言語的溝通，比如講話的語氣、語調和肢體語言。

任何華人應該對這一份報告的結果不會太驚訝，但也許應該會被它開啟了一扇看見之門，因為這一個結果的揭示，等於讓人看見，華人的教養就是「負面教養」。有這個看見，它也開啟了一項身為華人很重要的工作，那就是去認識這個「負面教養」，進而去改變這個「負面教養」，創造「正面教養」。

華人的負面教養，它的背後有「一個原則」，和一個「要達成的明確目標」。這個原則指的是負面教養的最核心信念，那就是「小孩永遠都不夠好」，因為，這一個信念的灌輸可以達成：

1. 藉由「小孩永遠都不夠好」這個訊息，可以鞏固長者說了算的威權地位。
2. 促進小孩的向上心去達成「明確的目標」。

華人實踐負面教養的「明確目標」，就是我們華人幾千年下來一直沒變過的價值觀：「功成名就」，以及，或是「賺大錢」。

所以，華人父母，一直在依照這一個準則。從有孩子開始，大多數人都無意識的根據這一個目的開始了養育的工作，而這一個目的也是每一個家庭以及孩子未來好不好、對不對、會不會被他人認可的終極原則。

在華人的世界裡，一直以來，能達到功成名就的全體共識就是：讀書，而且光讀書不夠，還得成績要好、學歷越高越好，學校越有名越好。

於是，如果家裡出了不會念書的孩子，那和被社會貶低的程度是成正比。家裡若出了會念書的，叫做「光耀門楣」，叫做「有出息」。

其實，華人是極度現實和自利的民族。

只有100分，才夠好

讓我們再仔細地來看看這個教養。

當一個孩子誕生下來，學齡前是個寶，父母通常會讓孩子保有他的特質，因為在這個階段，父母影響不了孩子的心智。

當孩子開始懂得成人的訊息，開始模仿，這個負面教養便開始進行。首先，是讓孩子知道，他會犯錯，他有規矩要遵守。犯錯，沒守規矩，他就是壞孩子。同時，孩子開始學會，父母的職責是在讓他懂得不要表現出自己的缺點，因為除非是100分，否則都不好，也都不夠。

華人的負面教養也做到了一件事，在這樣的成長過程中，孩子一個個的學會認定「我不夠好 」、「我有問題」、「我不足夠」……等等的看待自己。我們華人的小腦袋被洗腦，被這個教養訓練成看待自己的價值不高，同時卻也學會，原來人的價值和年紀、資歷成正比，意思就是，當你成為長輩的時候，你的價值就來了。

「資歷」、「年齡」（seniority）是價值的保證，所以，「我走過的橋比你走過的路多」、「我吃過的鹽比你吃過的飯多」是社會的主流價值觀點。

所以，這個負面教養同時穩穩地鞏固了年長者的言論地位，換句話說，它奠定了長輩或是威權者「我不會錯」、「我說了算」的主導位置。這個位置一旦鞏固，等於教會一個人，對於長輩要尊敬，要害怕，要聽話。所以，這個原則大過事情好壞對錯的真相。

華人世界的真理只有一個：古人怎麼說，爸媽怎麼說，老師怎麼說，甚至大多數人怎麼說。於是，華人的教養教出來的人，注定不是理性的人。

華人是極度崇拜現實利益和自利的人。

華人對孩子的期望很簡單：往名利走。

所以，父母給孩子的一切，都是跟隨著這一個方向。可以讓孩子比別人強的：花錢。可以讓孩子的成績比較好的：花錢。可以讓孩子將來多賺一點錢的：花錢。總之，華人的父母對於可以培養孩子將來賺多一點錢的，或是在社會上比起他人的條件來得「好」，以至於可以多一點機會找到「好」工作，或是「好」對象的，花的錢以及付諸的精力絕不手軟和後悔。這個所謂的「好」的精確意義，它包含了華人窮盡一生在意的最終極標準：錢。

華人重利益，且因為威權、非理性，自我看壞的結果，讓華人面對生活時，開始產生了幾個問題。

喪失問問題的能力

首先是，華人喪失了問問題的能力。

聰明的華人孩子的成績在世界上是數一數二的，在現實的科目上，常常拿到很好的成績。但是，每一個華人的心裡都知道，對於開放式的問題，我們都不懂得怎麼回答。我們每個人都被教會所有的答案，但卻不懂得問問題。

於是，當生活出現了問題，我們也不自覺地常常只想找答案，更常發生的是，直接給了自己荒唐的答案。這個現象的原因在於，我們不懂得用理性看到真相，不懂得區分，也因此錯失了解決問題的能力。

華人年紀越大，什麼是「不能做的事」，就是懂得越多。

華人的負面教養對於成人的行為影響，很少人或是幾乎沒有人去探討。事實上，因為每一個華人的成長過程都學會了不要犯錯，不要露餡（把自己認為自己不好的地方讓人看到），因此，在這個模式下，華人成年人的學習模式展現出來的是一個非常獨特的現象——讓腦袋懂得更多＝我更好的謬誤。

第一個關於華人成年人的學習獨特現象是，讀更多的東西，讓腦袋吸收更多的知識。我想成功，讀關於他人成功的故事；我想做好父母，讀教人怎樣做好父母的書；我要健康，蒐集關於健康的訊息……等。

簡單的說，華人讓自己什麼都要懂，而這一份勤奮的背後有一個很簡單的「脫罪」理論：如果我沒成功，不是好父母，不健康，至少對他人來說，我已經盡力了，因為我很努力。但是，華人沒看見的是，這些背後的出發點，是看待自己是個永遠都不夠好的人。所以，華人一輩子的努力，都在盡一己之全力去說服他人，我不是這樣，我不是這樣。

學習「什麼不能做」，而非「我可以做什麼」

另一個關於華人成年人的學習特質，就是把焦點擺在「我不能做什麼」。

曾經有一本暢銷書，它是關於教人如何過得健康和快樂。書裡頭列舉了兩百五十項行為，其中大約兩百項都是以「不要」做開頭。這位作者是個華人。

華人對於熱衷學習什麼不可以做，已經到了一種類似「信仰」的地步。當然，這和華人熱衷學習這個很棒的特質有關係。因為，華人相信，活到老，學到老。但是，這個學習，到了一定的年紀之後，把焦點放在「不要做什麼」，其實是反映華人這一生負面教養的影響而已。

華人太在意不要犯錯，所以對於不可以做的事如數家珍，但是似乎忘記了，讓我們健康快樂的還有另一面：我可以做什麼。

但是，多數已被負面深深扎根於心的華人會回答：我可以做的，就是學習什麼不可以做啊！

其實，這是可以理解的。在意不要錯，不想要負面感受的華人，特別是想要有改變的華人，學習「不要做什麼」已經是最積極的做法了。

很多人想成為好父母，學習到的是不要罵孩子，要多鼓勵他們，但是，在華人的教養裡，很少很少人會有用語言鼓勵孩子的能力、習慣和「說話技術」，自然，學習不要做什麼比較容易感受到自己做為父母的改變。

但是，「不」做什麼並不等於我「不是」什麼樣的人。好比說，我不責罵小孩等於我不是壞父母，但它和「好父母」是兩回事啊！

所以，將焦點放在「我不可以做的是什麼」，還是基於負面教養影響出來的思維：我努力讓自己不要不好。這個思維的背後，是個很深的毒：我是不好的，我是不足夠的，我是有問題的。

所以，一個想改變讓自己成為好母親的人，她做的是讓自己「不再嘮叨」。一個想改變的爸爸，是讓自己「不要打小孩」。一個深受負面教養影響的人，告訴自己「不可以去批評其他人」。

華人已經有幾千年的歷史，但是，演進的過程，卻是緩慢許多。

一個人有「身體physiological、心智mental和心靈spirit」三個層次。在身體方面，華人越來越懂得維護身體，也就是所謂的養生之道；支撐華人負面教養的功利，在這個時代，也有著更不同的管道、機制和機會支持著心智的進步。華人的聰明是舉世皆知的事實，而且，全世界的華人正處在有史以來，華人最進步、最富裕的一個時代。

但是，在心靈上，華人的演進卻是非常的緩慢，但這並不代表華人對這一個領域是陌生的。事實上，即使有個負面教養，華人和靈性的追求一直有著很深的淵源。但是，即使如此，華人的靈性幾乎都不可避免的，全然或部分是無意識的，追求現實利益的一種抽象方式。

靈性的追求，宗教是一種方式，如果你是有著虔誠宗教信仰的人，請你先中立的把信仰放一邊，一起來了解華人和宗教的關係。

華人的極度現實、自利，反映在宗教信仰上，有一個非常獨特的現象：「需求needy」。比如，當華人拜神時，一定會有所求，這個求是對自己有利的，不管它是金錢、婚姻、關係、考試……等等，其實不管是什麼，到頭來，一定都和錢有關係。即使所謂的「消災解厄」，也就是不要有利益上的損失。

而且，華人的現實也完全表現在，如果當這一個求沒被實現，這個神，這個佛，這家廟，或是這一本經，會被毫不留情地更換，甚至有人會激烈的去損毀。

華人在宗教的信仰上，常常只是求取利益的心理建設管道。不只是佛教、道教的祭拜，當華人基督徒的禱告、請求是為了自己的好處，也是華人根深柢固的現實功利的呈現。

小孩永遠都不夠好？

宗教，對華人，還有一項功能，那就是輝映「小孩永遠都不夠好」教養下，個人心裡頭滋生出來，而且深深相信的信念：「我永遠都不夠好（I'm not good enough）」，「我有問題（There's something wrong with me）」，以及深深烙在我們每一個華人心裡的「我不是個好人（I'm not a good person）」。

「我不是個好人（I'm not a good person）」這一個這麼重的對自我的決定，是負面教養最嚴重的偏頗。它來自成長過程，斷斷續續，但沒間斷過的。每當犯個錯，或是沒把事做對，來自長輩給的訊息：

怎麼那麼笨、那麼糟。不管是來自言語直接的批評，或是搖頭、嘆氣這些肢體語言，它最終要傳達的就是：你不好You're no good。

其實，「小孩永遠都不夠好」是一個可以被扭轉的看法，最起碼的是，在這一個孩子長大成人後，這個念頭應該可以被扭轉。

這一點在西方強調一定的年齡，通常是滿18歲，在心態上需要為自己的人生負完全責任的教養下，的確可以有效的被扭轉，但是，華人的教養裡，沒有關於「獨立個體」的觀念和定義，所以，每一個華人，只要生活裡還有長輩在，都是小孩。

其實，「小孩永遠都不夠好」這個管教創造物，創造出的最大損害，竟然是剝奪了成年人該有的獨特性。

在華人的世界裡，規矩（measures）很多，這些規矩幾乎定義了華人在世界上人與人之間互動的規範和標準，但是不管這個規範和標準是什麼，其實都和面子、在人面前塑造自己不是壞人有關。簡單的說，就是「取悅pleasing」。所以，這其實是個非常矛盾的現象。

教育一個孩子，讓他學會看待自己是不夠好的，讓他學到不可以犯錯、做錯，因為這些行為等於他就是這樣的人，然後當這個孩子這樣看待他自己了，在生活的行為上，卻又要極力的去掩蓋自己內心這種對自己的負面看法，甚至於避免讓自己做出任何讓他人有負面看法或批評的行為。

這樣的人生，會把焦點放在避免，哪還有餘力去創造呢？

如果把人生比喻為一條路，華人走的人生路就像是走在布滿地雷的路上，眼睛總是盯著腳下，避免踩到讓自己被批評、被說不好的地雷。這樣的人生一定會付出極大的代價，那就是：我沒有力量去選擇人生I have no power to choose life！

很多人進入宗教，是帶著「我有問題」的心理去找答案，但學到的是更多的「不能做」。很多人想成佛，但是卻對自己永遠有一堆看法，而這一堆的看法，其實是來自於負面教養，是它阻擋了一個人可以好好的活出最大價值和可能性。

如果沒先看見這一個事實，即使花了幾年時間來重新建立對自己新的正面信念，也可能無濟於事。很多人花了很多的時間和力氣，藉由宗教，想減輕「罪孽」與所謂的「業障」，而這只是輝映負面教養種下的「我不是好人（I'm not a good person）」的種子，以及認為自己已是這顆種子長成的大樹。

認識負面教養，看見的是我自身被這個大教養影響的最核心是什麼，想一想，這樣對嗎？我不是個好人，是這樣嗎？這個信念，我還要嗎？

自身沒有的東西，也不會在他人身上看見。換句話說，我在他人身上看到的，也是我身上有的。不管是我知道的，接受的；還是我不知道，不願意看到，抗拒的。

其實，每一個人來到這個世界，都是夠好的，足夠的，沒有問題的。

華人的負面教養幾千年來，把一個人的價值緊緊的和現實的利益綁在一起，諷刺的是，這樣的教養，在世界的舞台上和西方碰撞時，99%卻只能是他們的手和腳，幫他們實現腦裡的智慧。在世界的舞台上，我們只能在西方的架構下去玩他們的遊戲，難道是華人不夠聰明嗎？當然不是。

看見華人的負面教養，是華人為了要在這個世界蛻變而改變的第一步。

偷偷的不喜歡自己

我們偷偷的不喜歡自己是事實，會這樣其實是沒有關係的，但是，知道了這個事實和了解到我們每一天的生活，自己並不是有意識地在主導地過著，卻還讓它繼續，那就是問題了。

當一個人的成長過程，經歷了持續的負面教養，學到影響一生的是：自己不足夠、不夠好。這不但會遇到更多的批評和負面的回應，也會扼殺一個人的生命成長。

於是，我們很早就懂得把這個看待自我的真相藏起來，變成一種祕密，然後對外努力呈現另一種不會被歧視、取笑、拒絕，而會被接受，甚至稱讚，甚至羨慕的另一面，於是，偷偷的不喜歡自己開始變成不能說的事實。

認定自己不夠好、不足夠的人，會有兩個現象在成人生活中一直不斷地呈現出來。

這兩個現象，一個是不接受自己做得不夠好，另一個就是陷入低尊嚴（low esteem）的常態。而低尊嚴的呈現，就是對於他人，特別是生活裡扮演權威角色的人，所給予的不公平評估，沒有正面的應對能力，而這個現象是扼殺一個人正面生活品質的最大殺手。而且，低尊嚴的人常常讓ego主宰、決定。

永遠不夠好

六十歲的李媽媽和七十歲的李伯伯一早在河濱公園運動後，對著黃媽媽開始抱怨起來。一旁的李伯伯不說話，因為李媽媽抱怨的話也說到了他的心坎兒裡。

「我老公住院的時候，三弟一家人都沒來看過他，我這個弟媳最近竟然和二弟媳抱怨，我這個當大哥的丈夫虧待了他們這一家，可是她從沒想過她的房子是我先生給的。當初分家的時候，我先生還是想辦法給他們每人一棟房子，是老三愛賭，弄到現在要租房子，真是氣死人！」

旁邊陪著他們聊天的王伯伯這時開口了：「所以你沒欠她一家什麼了，對不對？」

李媽媽氣還沒消，回答說：「當然沒有！」

王伯伯聽了以後，輕輕地笑說：「那你氣什麼呢？」

沒錯，既然李伯伯夫婦已經做到了最好，也不欠任何人，但是，對於他人的不真實批評，為什麼還會那麼在意呢？

因為，這個批評不是表面的批評而已。如果僅是批評，一個看待自己是個足夠好的人，自然會把焦點放在理性的去評估、分析自己的作為，而根據這個分析和評估，當事人可以選擇去在意或是忽略他人的批評或是抱怨。

但是，心裡頭已經看待自己是個不夠好的人，做任何事通常都會不自禁的要證明給他人看自己不是這樣。所以來自他人的批評常常會引發內在那一個「不夠好」的自己，被人揭發的恐懼。

這個恐懼創造的是感性的發達，甚至情緒的主宰，而它拿走的是人的理智面和客觀，以及自我防衛不受不正當傷害的能力。

啞巴吃黃連

書博是個工作狂，熱愛他的工作，但是和他老闆Richard的關係常常處於緊繃狀態，最讓他受不了的是，這個老闆很不喜歡解決問題，常常把問題，無論大小都丟給書博去解決。如果書博能解決的問題，他有時就會讓自己當作沒這個老闆，直到有一天……

「Richard實在太過分了！」下班後回到家裡，鞋子才脫好，還沒坐下來，就對還在廚房忙的老婆大聲埋怨。

習慣聽老公數落老闆的老婆並沒有放下手上的餐碗盤，因為她知道，不用問，不用動，書博馬上就會進來告訴她今天發生了什麼事。果然，舒博的聲音越來越近，說著今天發生的事：「你知道嗎？勞工局最近因為我們離職員工去申訴，開始關心公司員工加班沒加班費的問題。」

沒等老婆的回應，書博繼續說：「我早就告訴Richard，要照規定給加班費，因為公司的成功，員工都有貢獻。」接著，書博說出了讓他今天不爽的話，「你知道Richard對我說什麼嗎？」他竟然對我說：「這次是你的錯，以後可不可以不要再給我製造麻煩？」

書博的太太這時轉身過來，問他：「那你有沒有對他說什麼？」

書博回答：「我當下氣得說不出話來。」

這時，他太太輕輕地對他說：「當你爸爸批評你的時候，你好像也是這樣。」

這其實就是所謂的「啞巴吃黃連」現象。把當事人和錯誤、不足畫上等號，其實等於是不尊重一個人，也等於是置他人的尊嚴於不顧。

如果你是當事人，對這種現象不知所措，大概都只能用抱怨，私下發洩來解決這個不被尊重、尊嚴受傷的問題。但是，其實，這裡頭有一個很簡單卻關鍵的問題值得被當事人拿來問自己：**我被這樣對待，為什麼我不離開呢？**

當然，不一定要離開。當事人可以有兩個選擇：**Confront or Leave** 面對或是離開。第一個選項，對於一個看待自己是有價值、足夠的、正面的人而言，他會直接而清楚地詢問對方。這個詢問可能引發對方更不尊重你，但也可能會引發他的覺醒。

如果是前者，選擇離開是唯一的正面選擇，而且可以免除繼續留下的負面後果。如果是後者，你不就是正在影響他人，甚或是從自己熱愛的職場開始轉變嗎？

積非成是

小玲等她男朋友等了半個小時了，不但沒見他的影子，連電話都沒有。更讓她生氣的是，他的電話也打不通。

我終於看見

二十分鐘之後，他匆匆忙忙地出現了，但是並沒有歉意，也沒說什麼。

小玲這時壓抑不了憤怒，質問他：「你怎麼讓我等這麼久，電話也打不通，氣死我了！你為什麼遲到？」

她男友不理會她的生氣，直接說：「不能說。」

這下子小玲更火了。

男友遲到，讓她不知道他發生了什麼事的一直等，終於出現了卻又對她說不能告訴她。但小玲先壓抑她的怒氣，平靜的問他：「你告訴我，我不會生氣的。」

她男友看了她一眼，說：「因為我媽臨時要我回去，而且手機沒電了。」

小玲知道他媽媽對她一直有意見，這下子氣壓不住了！於是質問男友：「為什麼不能在你家的時候打個電話告訴我？」

她男友看著她，無辜的說：「我知道如果那時候告訴你，你一定會像現在一樣！這就是我不讓你知道的原因！」

這個男友被這個社會潛移默化的教會了一件事：自己做錯事不需要承認面對，只要能從這件事裡頭找到對方有問題的地方就可以了！

這個故事其實在我們的生活中，一直不斷地在上演。特別是親密關係裡，而且用來讓一方閉嘴特別有用。

但這當中的問題其實也很單純：當一個人沒被尊重，是不是可以生氣呢？還有：讓人生氣的原因能不能不被情緒蒙蔽，而能理性地看見呢？

在一段親密關係裡，理性的人才能獲得一個自由的空間去感受一段關係裡的感性，所以，理性其實是幸福的基石。

Ego和尊嚴

在美國待了十多年的Rose，五年前因為受不了老闆，不過沒和老公先商量就辭去了工作。之後這幾年，她沒再找固定工作，只是打打零工，賺的錢只夠自己零花。從那時候開始，一家的生計就只靠老公的一份薪水維持。

老公對於她當時沒和他商量就辭去工作，到今天又一直沒固定工作，等於宣告她不再負責家計一事一直耿耿於懷，但是他們兩人卻從沒對這個狀況有任何溝通，而是維持一個表面和諧的關係。

這一天Rose的車壞了，但是明天剛好輪到她載自己的兩個孩子和鄰居的兩個孩子去上學，於是，先生下班後，她問先生明天一早可不可以先開他的車送孩子去學校，同時問先生可不可以買一部新車。

老公同意明天先把車給她開，但是告訴她，車子早上七點半就得開回來，因為他要用。至於買車，他先生冷冷地說：「買車沒問題，但是錢你要自己想辦法！」

Rose是個沒安全感，自我認定不足，也認為自己不夠好的人。她常常會做出短期看來對自己有利，但是長期卻會讓自己和他人受傷的決定。Rose為了要保護自己的不足，只好常常拿他人的「足」來填補自己這一個洞。

由負面教養蛻變到正面，是需要時間去下工夫的。在這過程當中，溝通的能力是關鍵，需要去練習、去培養。

正面的人，能這樣說話。

李媽媽：

妹子，我很遺憾你會覺得你的大哥不公平，但是，幾年前你大哥公平的給了每個兄弟一間房子。你知道你現在的狀況是因為你先生的賭博造成的，責怪你大哥不公平，改變不了這個事實。如果你不滿意你現在的生活，你要怎麼做呢？如果需要我和大哥幫忙的地方，讓我們知道，但是，我也要先讓你知道，我們不能拿錢給你，因為這就真的會讓你大哥變成一個不公平的人了。

書博：

Richard，你說的話我聽到了，但我想知道的是，你為什麼會認為這是我的問題呢？請你告訴我，讓我可以有所學習。同時，如果我讓你覺得我在替你製造麻煩，我很抱歉。可不可以請你也讓我知道，這些麻煩指的是什麼呢？

小玲：

我生氣的是你沒尊重我，而不是關於你遲不遲到這個問題。

我知道你在我和你媽之間一直很不容易，如果我可以做什麼，你讓我知道，但是，你遲到了，你沒向我道歉，反而指責我，認為我一定會生氣，讓你的遲到變成是有道理的事。對我來說，這是二度的不尊重。現在我們都了解了這個過程，我們一起努力，讓我們的感情建立在相互尊重之上，一起把焦點放在可以讓我們關係更好的作為上，你說，好嗎？

至於Rose，就不是關於和先生的對話而已了，而是從自身去醒覺到，當時為什麼會不和先生商量就辭去了一份固定的工作。也許，這個狀況得需要看到更多的自我真相，才能讓蛻變開始發生。

我們偷偷的不喜歡自己是事實，會這樣其實是沒有關係的，但是，知道了這個事實和了解到我們每一天的生活，自己並不是有意識地在主導地過著，卻還讓它繼續，那就是問題了。

看到問題是第一步，這一步會讓人決定去改變或是不變，然後，面對它，就能找到改變的方向，就可以開始下工夫。其實，用比喻來形容一個人的一生，並不是每一隻蝴蝶都一定要成為飛舞的蝴蝶，牠可以一生都是毛毛蟲，或是永遠活在繭裡頭，就像人生一樣，都是一種選擇。

選擇，得要有選項，選項，從看見真相裡開始浮現！

了不起的時代來了

也許我們每個人的影響力有限，一個人的力量沒辦法一下子改變社會，改變不了外在的世界。但是，我們可以開始去運用醒覺，用醒覺去看見，看見一些我們一直囫圇吞棗卻深深落實的信念，原來這背後存在著我們一直看不見，並且對我們要的生活素質產生阻礙；當看見變成一種趨勢，世界一定會不同。

我們這一代的台灣人真是了不起，因為生長在一個了不起的時代。我想人類的歷史上，沒有像我們過去所經歷的三十年有那麼大的改變。

小時候我們經歷的是一個威權時代，那一個年代只有命令和指示，那是權威的時代（Authority-Oriented）。

後來，我們經歷了民主的濫觴和起源，差不多有十年的時間，到處都在發表意見和看法，我們個人也開始有自己對事的主觀和看法；那是意見盛行的年代（Opinionated-Oriented）。

如果我們現在開始厭倦了主觀看法所帶來的自我膨脹和分裂爭辯，我們心裡會開始期許洞見的誕生；這是洞見的時代（Insights-Oriented）。

威權時代，管理人們用的是愚民政策；命令或是指示裡內含恐懼、威脅。被管的人就會乖乖的，大家都像是一部一部的火柴盒小汽車，走東或是走西由不得自己。從電視上看到現在的北韓畫面，就是這樣的極致。

民主的落實，讓人們可以言無不盡，這從政客開始，然後名嘴讓它發揚光大。這幾年下來，意見的形成竟然搞到人們你不聽我，我不聽你；政論性的談話聽久了，膩了，也累了。在生活上，每個人都有話要講，看看過去十年出版的書，真的是什麼樣五花八門的內容都有，不但有專家，素人也來了；這麼多年來，媒體不斷地在引導我們去看名人、富人的生活有多麼地特別，把我們也搞累了。

民粹把人的自我過度膨脹，每個人都在乎自己，過度的在意自己，雖然對弱勢的同情心還在，但是對一般人的同理心卻越來越蕩然無存。其實在我們心裡都知道這樣不對勁，但是又無奈，因為不知道這一切在未來可不可以有所不同。

一個聲音已經悄悄地在我們的心裡升起：「夠了！我覺得這應該夠了！」

讓我們回到自己的身上，這個覺得夠了的我不只是「小我」的我，還包含了一堆「小我」造成的「大我」，還有和世界的關係。

經歷了過去的十多年，我們在等一種東西，一種可以激發人心裡產生共鳴，但是卻說不出來的東西。我說不出來，不代表我沒感覺，但這感覺，我知道不是關於「意見」，不是關於我的「主觀看法」。

可以讓人有共鳴的東西是會讓人有熱情、有真感情的；它不是主觀的，是普世的；它不是關於對錯的，不是關於好壞的，而是一種我們能懂的、存在的真相。這樣的東西和意見不一樣，它叫「洞見

Insight」。

看看我們人類的歷史，以威權式命令指示盛行的年代有多麼地長久，我們經歷了它的尾巴；意見和看法的年代在西方國家也流行了好多年，我們大概有十來年。

「洞見」正在開始，因為，我們渴望也願意去看見真相和道理是怎麼一回事。洞見代表深度，代表事實，代表你我都會懂，但卻不曾看見早已存在的事實；富有感情、同理心的洞見，讓我們初次見到時，都能被引發出「哇」的一聲或是會有深深地一聲「嗯」，這一聲「哇」或「嗯」代表共鳴。

這本書集結了一些文章，期望做到引發出你的這一聲「 哇」或是「嗯」；當「哇」出現的時候，會像是腦袋裡的一顆燈泡亮了。

這些文章是來自生活「醒覺」時，一個又一個的Eye-Opening（開眼界）事件。願所有人的腦袋越來越亮，這也代表越來越「醒覺」，能看見生活裡的一些「信念」和「好壞結果」的關係；而這可以讓人開始丟掉過去千年的威權式影響，不再糊塗的傳遞行不通的模式和系統。

其實，這就是真正的「醒覺」！它就是真正的看見！它是關於生活種種的！

也許我們每個人的影響力有限，一個人的力量沒辦法一下子改變社會，改變不了外在的世界。但是，我們可以開始去運用醒覺，用醒覺去看見，看見一些我們一直囫圇吞棗卻深深落實的信念，原來這背後存在著我們一直看不見，並且對我們要的生活素質產生阻礙；當看見變成一種趨勢，世界一定會不同。

這一種看見，其實是要學習的，可以練習的，可以變成新的生活的。這一種學習，可以在生活裡產生新的習慣；因為，有一天，每個人都可以開心的說：「睜開眼睛，我終於看見……」看見真相，看見一直存在著，看見可以去做新的選擇。

接下來，你可以循序漸進的進入這個新的領域。

這本書總共有六個章節。它是為了支持正在讀這一本書的你。

1.了解我們的過去，其實是被一個簡單的負面「設計」箝制了我們的正面能力。
2.我們可以開始學習對自己每天生活裡發生的種種，有所「看見」。
3.開始練習「區分」，利用這一個工具去釐清生命裡一些習以為常的觀點，看看這些不同生命領域觀點裡的盲點，把以為知道的所有答案丟掉，讓自己問問題。謙卑的重新面對自己的生活，它會為你的願意開啟無數答案之門。
4.藉由分享，啟發你也可以一起由負面之門進入，但卻能看見正面的世界。
5.為可以打造的、美好的不同未來做準備。

我們真的值得慶幸活在這一個了不起的時代！

目 錄

我終於看見

目 錄

我 終 於 看 見

目 錄

我 終 於 看 見

1 不同的未來

人，生而擁有的天賦之一，就是想像力；一個人對未來的圖象能看得越清晰，成功的機會就越大。接下來的文章，藉由研究結果讓你去了解過去不開心的原由，但更重要的，你可以在人生裡，也許第一次可以真正去體驗到，原來同理心是從給自己開始。同時，也期許你可以開始想像你的不同未來，一個值得擁有的不同未來。

有了這一個圖象，就等於擁有了一個獨特的自我人生願景；達成它，只是做法的問題，而且，實踐的一切力量永遠都在你手中。

你，永遠有掌握它發生的力量！You, always have the power！
請記住，改變的發生，從來不是能力的問題，是意願（Change, it is never a matter of capability; it is, if you are willing）。

什麼可以讓你對改變擁有全然的意願？這個答案和你每一天起床，面對人生新的一天，不管昨天如何，讓你可以說：每一件事都有可能（Everything is possible!）是同一個答案。

來吧！開始！

一、看見，就是新的可能性的開始

人的一生，其實是關於愛人和被愛的，就這麼簡單！只是，我們都把它搞得複雜了！

我們都渴望這種關係！

我有一個願望，就是有一天，為人父母的每當看著自己的孩子時，可以自然的對孩子說：「我就是愛你的樣子，我不會要你做任何一點的改變（I love you just the way you are, I wouldn't want you to change a thing）」；情侶夫妻之間也可以自然的、幸福的用這一句話作為彼此的關係基礎，去一起學習成長，一起經歷人生，一起變老……

我希望我的這一個希望也是很多人的希望，但是我也知道，大多數華人想這麼做時，可能都會有一個普遍、共同的反應，那就是：「要能這樣直接誠實地溝通表達，把它講出來好難喔！」當然，會覺得難絕對理所當然，畢竟我們的成長過程中，不常聽到父母對我們這樣說，而能這樣說的人應該算是華人裡的稀奇珍寶，所以，既然我們沒有這樣的溝通背景，要能自然的對自己所愛的人這樣表達，真的是很不容易。

不容易，甚至困難是真的，但，不是不可能！

但……這真有可能嗎？每一次我們看見自己愛的人，不只心裡知道，而且還能無阻礙的把心裡的話溝通出來，甚至講出「我就是愛你的樣子，我不會要你做任何一點的改變」這樣子的話，這樣子的人生應該會有多好？

如果我們曾經目睹有人真的是這樣的互動，一定會記得那種「我也想要有這一種關係！」的那一分感動和深深的期望吧！不只我們期望自己能對愛的人這麼做，我們的內心更是渴望，愛我及對我重要的人，我在意及認同我的人也可以這麼對我說。

也許這樣的一個華人世界還不存在。但是，它會發生，可以從我們自己開始！

誰是我們的馴練師？

讓我們先把焦點擺回我們現在的狀態。

首先，我們可以問自己這一個問題：這麼簡單的人與人之間直接誠實的正面說話能力，為什麼沒有了？為什麼做起來這麼困難？我們怎麼了？我們身為一個人的溝通能力，為什麼在華人的世界裡，正面的溝通能力不再有了？這個影響我們一代又一代人際關係的真相，該是時候去看，去問，去重新檢視，甚至做選擇了。

我們曾經看過馬戲團裡的動物，牠們外表和野生的動物看起來沒有不同，但是，這些馬戲團裡的動物，不管多兇猛，牠們都少了一樣東西：「獸性」。因為馴獸師要能控制這些「野獸」，所以給了這些動物們必須在大自然裡，經過求存奮鬥過程才能得到的重要東西：「食物」。

馴獸師們除了讓動物們對食物的取得變得相對容易，同時也懂得運用處罰來達到馴獸的目的。一旦動物們能做到馴獸師的要求，這些「野獸們」就可以輕易的得到食物，作為獎賞。慢慢地，牠們的獸性少了，雖然牠們還是動物，但是如果我們仔細的看看這一些被馴服的野獸的眼睛，會發現用人類的角度來說，牠們變得溫柔了，但是也失去了光彩。

同樣地，我們的「人性」也在成長的過程中，像被馴服的動物一樣，被拿走了。很多時候，我們溝通中簡單的人性特質不見了，我們開始繞彎講話，說出來的不是我們真正的意思，真正的意思卻說不出來。但不管是人性或是獸性，共同的特質就是：自由自在。

誰是我們的馴練師呢？或者我們要這樣問自己：「誰是我的馴練師呢？」

你也許猜到了，是父母和師長們（或是在成長過程中扮演這些角色的人）；但是，這個問題不應該在這個答案停下來，因為我們問這一個問題的目的不是要找到原因及對象來責備，而是讓我們去看見根源。所以，下一個值得我們問的問題是：那誰又是我父母和師長們的馴練師呢？一樣的答案，是他們的父母和師長。

如果我們把這一個問題無限上綱往前推，會發現，找這一個問題的答案，已經沒有意義。但有意義的是，我們已經看見它就是一個到現在華人還一直傳承和存在的現象。一旦我們明白且看見了這個現象的存在，它還可以引發我們去問一個實際，但又簡單的問題：這樣一代傳過一代，再傳過一代的馴練式教養還行得通嗎？

中國人的歷史久遠，不管是已經住在大陸內地幾千年的中國人，或是明朝開始外移到東南亞的華人及來到台灣拓墾的閩南人，還是清朝時開始跑到美國舊金山淘金的第一批移民美國的中國人，甚或是國共內戰後最後一批因為戰亂移民到台灣的所謂外省人。不管在哪裡的華人，所有人幾乎都依循著一樣的模式在教育下一代：「愛之深，責之切」。這份愛，早就被化為不同形式的要求和責備。簡單的說，就是極度崇尚負面溝通的教養方式。

生活在這一個世代的我們，經歷了一九八〇到西元兩千年後，這一段華人世界的大進步，其實我們已經多少體驗到這樣的方式不對勁，但是卻還沒能真真切切地看到這個行不通，對我們個人產生的重大影響在哪裡。但是，我們夾雜在聽命於上一代和避免讓下一代重蹈覆轍之中，知道這樣的教養不對勁，於是便消極的抗拒，不想要用過去自身經歷過的養育方式教養孩子，但這積極的消極之後，卻常常讓有心想改變、想做好父母親不同角色的這一代，做得又辛苦又累，甚至很挫折，然後又陷入看待自己做不好的舊洞裡。

父母沒能力給我們的

其實我們要做的是，全面性的看見存在已久的負面教養對我，我這個大人、成年人自己到底產生了什麼樣的影響。然後可以思考的是，華人可以有的、行得通的，不同的教養方式是什麼。這個願景、目標有了，下「意願」做一個選擇，從我自身開始，把自己父母沒能力給我們的一句話：「我就是愛你的樣子」，開始讓它在我們自己的生活中發生。

但要知道，這其實無關我們一般常常習慣的把焦點擺在孩子身上，想要馬上去學習怎樣和孩子能這樣溝通。要落實這樣的能力，很簡單，不過其實你懂，也可能是最難的，但就是這句話——**要能先從自己對自己說出來開始！**

我們已經習慣自我的誠實對話是什麼呢？有醒覺力，能看見真相的人都知道，當然不是「我就是愛你的樣子」這種正面的對話。

我們可以做個動作，例如讓我們好好地用一面鏡子，看看鏡子裡的自己，誠實地去聽一聽我們都會自己對自己說些什麼。嗯，等等……這是醒覺的第一步，有些聲音聽起來很熟悉，因為不管我們今年幾歲，這些熟悉的聲音其實已經跟著我們好久好久。

有沒有注意到這大部分的聲音，都是對自己的批評和看法。這些聲音是負面教養在我們身上種下的結果。如果我們真的願意好好地看自己，聽自己的話，這一個看，是看著自己的眼睛，進而看到自己的內心。

到底發生了什麼事？為什麼這些負面的聲音是這樣的不容易面對，不容易好好地聽到？甚至抗拒去聽到。

值得我們去發現的是，我們是不是默默地、經年累月的在心裡，那個其他人都看不到的地方，已經用這一些負面的看法和聲音，來認定我們就是這樣的人？

如果我們自問下一個問題，應該可以容易地看見我是怎樣看自己的！這個問題是：當我的父母親或是對我有不滿的長輩說起我的時候，他們會怎麼形容我呢？這個形容裡頭有多少的負面看法和批判呢？

我們可能一方面對這些陳述很抗拒，很生氣，很不認同，但是如果我們願意誠實的看看我們自己的行為、做決定的方式和人生結果所引來的看法，也許會很驚訝自己原來一直常常地在重複印證這些負面的看法和批判，是正確無誤的呢！

我們不認識自己了

另一方面來說，在我們和下一代孩子的互動過程裡，是不是也會常常動不動就用一樣的公式、說法，去highlight增強我們所不喜歡的孩子的「負面特質」，或是強調他們永遠都不夠好呢？

在和孩子的互動中，如果我們願意看的話，之前我們被馴服、被拿走了的人性，我們現在是否也正在複製，已經成為自己孩子的馴練師，正對他做一樣的訓練？

或是，另一個極端，過度抗拒過去的教養方式，所以怎麼都不會去指出孩子的缺點，眼看這孩子變成另一種變種的「動物」。其實我們都曉得，不論年齡多大的人，表面上可能被「馴」了，但是這個人真的「服」了嗎？

這種養育方式之後的結果是，我不認識自己了。

讓我們好好地想一想，我到底是誰？為什麼我還那麼在意或是害怕不能成為他人心目中的樣子？我真正的樣子是什麼？我們有多害怕自己真實的樣子不被接受，我們有多害怕自己的樣子會和他人格格不入？

我相信，如果這些問題是來自於你自己的孩子，你一定會想盡辦法去幫他（們），但，你有沒有想過，已經是大人、成年人的我們，事實上，因為負面教養的洗禮，都有這一個問題，那值不值得去關心呢？

我就是愛你的樣子，我不會要你做任何一點改變

難怪我們人生開心的時刻少，憂心的時刻多。這麼多的負面看法，都是來自自己負面的看待自己，然後自動的投射在我們看到的人和事上。難怪，嘴巴要把真心的正面話語說出來是這麼的難，這麼的不自在。

其實，我們每個人心中都非常渴望自由自在的成為自己，被看見，被接受，這非常重要。而這其實只不過是身為一個人天生應該擁有的權利而已。但是現在，人們卻必須盡很多的義務去得到這些。這些義務包含討好、妥協、維持人際關係、不要被討厭、被批評……等等。

但我相信有一天，做父母親的華人在每次看著自己的孩子時，可

以自然的對孩子說：「我就是愛你的樣子，我不會要你做任何一點的改變」；情侶夫妻之間也可以自然的、幸福的用這一句話作為彼此的關係基礎，一起學習成長，一起變老。

人的一生，其實就是愛人和被愛的，這麼簡單！只是，我們的負面教養，加上華人的現實利己教育把它搞得複雜了！

如果我們要能這樣自然的正面溝通，有幾個步驟：

1. 第一步就是先看見，看見我們受負面教養展現出來的行為，是習慣看待自己和所愛的人的不足、不夠和不好的一面，並且看見我們簡單的正面溝通能力居然不見了。
2. 然後，開始去問一個問題：這樣行不行得通呢？這樣的模式我們還要傳下去嗎？如果決定這些負面夠了，我要它改變，我們就可以問自己很實際的問題：
3. 該怎麼做？怎樣開始？

忽略它，不代表它不存在

這樣，我們就能開始可能是華人等了幾千年來終於要進行的重要改變：**找回正面的力量**。對華人來說，這才是**落實尊重生命的開始**。

每天我們都會和自我的內在對話，從早到晚不斷地叨絮進行著，但是我們常常聽不到，因為我們從沒被教導要怎麼去聽見這些自我對話。其實，我們都知道它都在說些什麼，不是聽不到，而是不想聽到，因為大部分的內容都是負面，甚至醜陋的；而這些聲音也實在太擾人，我們不想讓自己打敗自己，所以選擇忽略這些聲音。但是，這卻常常讓我們自己成為自己最糟的敵人。因為，忽略它，不代表它不存在。

我們每天的自動化行為都是被這些聲音主宰，所以，讓我們去聽到這些聲音，面對這些自我對話，去認識它們，是做一個不同的、自在的自己的第一步。

我們常聽到要有同理心、要寬容、要原諒、要放下、要快樂、要惜福，也常常想讓自己不要批評、不要責備、不要抱怨，能做到這些，是不是很厲害，根本就是聖人了呢？

其實，**所有的華人要能正面，最基本的「工程」只有一件事，它也是正面的指標，就是：「自我完整接受」**。華人的負面教養程度和每個人「接受」的能力成反比，這個接受，包括英文單字的receive和accept。

「接受」，就是面對自我對話，去認識它們，看見它們，和它們互動。

有一天，你會接受這所有的聲音，不再抗拒，不再畏懼，也不再驕傲，不再批判。

這一天，這些聲音，你會明白它們原來都只是來自過去的美麗噪音。

二、比「祕密」清晰的祕密

如果教會了一個人認為不夠的是「自己」這個人，而不是能力上的話，等於告訴他，他是一個瑕疵品。

當一個人認定自己是瑕疵品之後，考試一百分，賺到天文數字的收入，或是到處拿冠軍，這只是證明自己不是瑕疵品的過程，但是，證明是給他人的，那個心裡的洞卻是永遠也無法填滿。

原來我沒有不夠好

新加坡曾發表一份關於華人教養的報告。這份報告提供一個調查結果：華人社會的父母在教養孩子的過程當中，90%的溝通，不論是言語上、語調上或是／以及肢體上和態度上，給孩子的都是負面的訊息。換句話說，華人的教養是「負面教養」。

老實說，初看這個結果，也沒什麼好驚訝的，畢竟每一個華人的腦袋裡誰都明白，不就是因為我們認為：愛之深，責之切，還有這樣的管教是為了不讓孩子變壞。所以，其實每一個華人心裡都已經習慣去認同這樣的教養，也認為這樣的「負面教養」是沒問題的。

華人的教養是「負面教養」！這是所有華人都知道，都看得到，不過也從來沒去仔細研究的教養方式，而且裡頭竟然有一個最大的祕密！

這個祕密就是：難怪，我們都會對自己的批判最大、最多。難怪，這個模式一代傳過一代，傳到現代，是每個華人內心會偷偷不喜歡自己的緣由！難怪，華人會是情理法這樣順序的民族！難怪，華人老覺得賺錢辛苦！難怪，在國際世界的舞台上，華人老是在陪襯西方人！

華人的負面教養對每個華人的影響不僅深遠，而且是普遍性的。它對於每個人自身、家庭、社會、國家，甚至和這個世界的關係的影響是有脈絡可循的。

這個負面教養為華人的生活面相提供了很多的答案。這個基礎造就了華人世界在修身、齊家、治國和平天下這四個領域，注定和不同教養文化的種族有全然不同的結果。

華人的教養是「負面教養」這一個資訊，讓我們首先可以擁有一個最大的不同看見：

原來我不是錯的，我不是不夠好，我不是糟糕的！（I’m not wrong, I’m not “not enough”, I am not awful.）

這個訊息，提供給我們每個華人一個重新看待自己的選擇：我是個好人！I am a good person！

而這裡頭還有個很重要的意涵：身為一個人，我是足夠的I am enough as a person！既然我是個好人，**我是個足夠的人，所以我做錯事、犯錯，那是我的行為，而且我知道行為可以進步以及被糾正，**並無損我是一個好人，是一個足夠的人。

原來華人的負面教養是拿一個人後天的行為來定義，和決定一個人是怎樣的人，難怪，在負面教養下，每個華人個人都因為被放大和強調負面、不足，而這個負面化又隨著權威的不可撼動性，致使每個華人成長到十二歲以後，開始將這些負面和批評內化為每一個人內在很深的相信，然後，用窮極一生的力氣去掩蓋，避免那些所謂的「不對」以及「不好」的行為露餡，暴露出自己內在的羞愧。

簡單的說，華人被教導一生，

要追求：名fame、利fortune、認同recognition；

要避免：錯誤wrongfulness、丟臉shame、愚笨silliness & dumbness。

所以，華人的負面教養是這樣：一個人的行為和一個人的成果＝這個人是什麼樣的人，而這個人在負面教養的價值觀下，很早就被教導和決定自己是一個永遠都不夠好的人。這樣的人生，怎麼會懂得贏的真諦呢？

所以，這一份看來平凡無奇，關於負面教養的資訊，對我而言卻像是當頭棒喝，反而給了我完全**正面的動力和同理心**，幫助我找到人生方向，開始讓我清晰地一點一點看見身為華人會經歷的種種狀況和它背後的原因。

同時，對我個人而言，它讓我在生活上實踐醒覺十六年後，終於開始進入接受完整自我的過程，這個過程是讓我成為正面的人的過程。

給自己一份同理心

這個過程常常是這樣：

在我自處或是和他人互動時，一旦我體驗到自己的負面（想法或

是行為上），或是體驗到對方給我的是負面的當下，我能看見這些當下的想法或行為。這些想法或是行為不論是正面或反面，我發現我可以有中立的同理心對自己，去包容我自己或是對方的負面。

這樣的看見很像自己變成旁人，看到自己，和看到他人與我正在互動的情形。這些情形，我稱它們是一面一面的「鏡子」，因為它讓我像是照鏡子一樣，看見「行不通」是呈現什麼樣子。

當我在那個自己有著負面想法或是行為的當下，接受自己或是他人這樣的負面思想或是行為是ok的時候，可以不帶批判，甚至後來對自己和他人可以充滿感激之心，我才知道，原來，這就是最基本的同理心。

世界上最基本的同理心，原來是給自己的！

有了這樣的同理心，讓我在生活上不再像過去一樣「處處放大」或是「故意忽略」我的缺點，時時要求自己不要做錯，或是抗拒已犯的錯；或是告訴自己不可以有不對的行為出現，反而可以開始去放鬆，自在的看見每一個當下的真實呈現。

然後，我看見，原來，這些來自過去的教養在我心裡種下的負面，只有透過我自己的同理心，才能**被原諒**、**被放下**。

原來，只要我的出發點不是要刻意去傷害他人或是傷害自己，我都值得被愛，在人生的路上去學習，去成長，成為一個更好的人to be a better man。

原來，這樣的人生目標和我在華人負面教養下，只能讓自己不要成為一個壞人，don't be a bad person，是兩個完全不同方向的人生目標。

當我看待自己是一個**good** person，我的進步是be a **better**

person。當我看待自己不是一個good person，我最多就是避免讓自己成為一個bad person。

當我的目標是成為一個better person，我有好多的事「可以做」；當我的目標是避免成為一個bad person，我有好多事「不能做」。我開始看懂了！

當我有同理心時，我對自己和他人呈現出來的負面是沒有問題的，因為，我對華人習慣負面這一個事實是沒問題的，但是我知道這個沒問題，不代表未來也應該繼續這樣。

有了這份同理心，我繼續藉由我已經實踐了十多年的自我「醒覺」這個方法，從我自己的生活上去看見我的生活是如何的被華人負面教養所影響（看見我自己的種種信念、標準、規矩……等等），我身邊的人是怎樣和我一起帶著這種負面教養在互動（練習中立的看待彼此的互動），然後，我發現我越來越喜愛這樣的過程：我稱它叫做「看見」。

所以，我決定去「看見」，去整理出華人的負面教養是如何影響我們日常生活中種種的行為模式。

我把它一一區分歸類整理出來，用它來支持更多的華人能和我有一樣地「看見」，可以去改變我們的教養模式，去改造我們和孩子未來的華人世界。

在我們的生活裡，一直在重複「視網膜效應」。華人的負面教養讓我們時時看自己的不足、缺點和問題；所以，無可避免的，我們眼裡看到的人、工作、環境，也都在不足、缺點和問題上。難怪，相對的，當我們大多數人對於他人真心的讚美自己，說自己好的時候，不僅不懂得接受，也會非常的扭捏和不自在。

我們心裡的黑洞

一個人能夠知道自己不夠、不足，的確可以刺激人的學習、成長和進步。但是這個不足指的是人的能力、知識和技能這些後天的東西，能力、知識和技能的進步可以讓事情有更好的發展。這在世界上具體呈現的結果，就是我們今天的科技文明。

但是，如果教會了一個人認為不夠的是「自己」這個人，而不是能力上的話，等於告訴他，他是一個瑕疵品。

當一個人認定自己是瑕疵品之後，考試一百分，賺到天文數字的收入，或是到處拿冠軍，這只是證明自己不是瑕疵品的過程，但是，證明是給他人看的，那個心裡的洞卻是永遠也無法填滿。

所以，看待事情，是永遠都可以認為它們不夠好，因為這促使了人類的不斷進步。然而，**人，原來都是不完美的完美個體，但本質上都是足夠的、是好的！因為，這是愛的來源。**

《教養大震撼》（Nurture Shock）這本書提出了一個很有力量的問題：親子教育成為顯學已有二、三十年，那麼多的書籍報刊都在討論教養，為什麼孩子的問題還是一大堆？

這種疑問，我過去也曾經問過自己：我的自我醒覺路走了十多年，為什麼醒覺越多，我的問題越深？

我終於看見

現在，我明白了！如果我沒看見關鍵的問題點，就可能走不對方向。所以，只要基本上，當我還是沉浸在華人的負面教養裡頭，看不到自己被影響，深深地認定自己不夠好，我所醒覺到的焦點，其實也只是在越來越深的醜和壞。醒覺這個工具和方法其實沒問題。

醒覺，這個可以讓人有所不同的方法，扭轉不了人生的方向！過去我沒看見的、關鍵的根本，是華人社會一直傳承的「負面教養」。

這個「看見」，它一下子打開了我看待人生的視野。很多疑問，因為看見，找到了答案。這個幾乎讓所有華人都習以為常，但實際上是駭人的事實，原來是這麼清晰的祕密。

難怪，有好長一段時間，對我來說，醒覺能力越強，人生的問題卻越來越多。現在我也終於知道，很多從事宗教、靈修、心靈成長的華人，踏入越深卻離現實越來越遠，是一樣的道理。

從小被負面教養影響的華人，如果沒去面對、認識和進一步處理這個負面，走再遠，用的方法再神奇，還是在原地打轉。這就像在沙漠裡種松樹的道理一樣，一心想種出又大又高的松樹，但是卻看不到自己一直把種子種在沙漠裡，才是長不出松樹的原因。這樣的隱喻，值得所有想提升生活品質的華人去看見。

找對方向比方法重要，所以，過去我即使做了十多年的成長訓練，很會做區分，很會看問題，讓我成為看問題的專家，成為解決問題的高手，但原來我都還是在「人們永遠都不夠好」的負面基準點上打轉。

當我把「事」的問題和「人」連在一起看待時，我的焦點無可避免的會放在「修理」狀況上，包含事，也包含人。事情的問題是可以被修理好的，但是，人呢？

我的這一個「看見」，解釋了很多人的行為、態度和模式。原來，我們都是這樣的被深深影響。這份明白，也同時回答了《教養大震撼》問的問題。

讓我成為你的「鏡子」

其實，我們每一個人都是好人good person，都有一個美麗的靈魂beautiful soul。人生路上，我們當然會創造出問題，會犯錯，但是，犯了錯、出了問題的我們，事實上，每個人都沒有問題，也不曾有問題。人的一生，藉由這些犯錯和問題，終能學習成為一個更好的人a better person。這樣的人生旅程，是一趟源源不絕的正面成長之旅。

華裔NBA籃球好手林書豪在他大放光彩之後，輸了一場比賽，賽後他做了這樣的分享：「我曾經想在球場上證明我自己，結果讓我很慘。現在我知道，比賽我可以犯錯、輸球，但是這可以讓我有所學習，成長為一個更好的球員。」

曾經想要證明自己的林書豪，是那個承受了很多對他負面評價的球員，掙扎著不讓人看壞他。當林書豪看待自己是一個專業球員，不再把焦點放在自己的負面時，他的錯、失敗都是成就他成為一名偉大球員的有價值的、正面的過程。

所以，我們身為一個人，今天活在這個世界上，不管過去如何，要決定的是：「我可不可以看待自己是個好人、足夠的人，而沒有問題？（I am a good person. I am enough.）」

看見這一個祕密之後，我們可以開始去看見生活裡的種種，和這個負面教養的關係是如何運作，然後藉由了解，可以去幫助我們將看到的問題，把它們轉成為中立的事實。

因為這樣，我們就能成功地建立對自己的同理心，也才能中立地將同理心運用到其他人的狀態上，讓我們對他人能有真正的同理心，然後也才能真正進入學習正面、接受的過程。

如果你想有醒覺的過人生，「區分」是一種很有力量，很值得去學習和鍛鍊的工具。我自己親身的經驗讓我知道，有效的區分能力也得要基於對的知識。區分和知識同等重要。

對我來說，當我找到對自己的同理心之後，再加上發現有效的中立的知識，等於帶著具有洞見的區分，人生便走上了一條日光大道！

接下來，我會開始用我自己的例子，來分享我踏上正面的過程。換句話說，我希望我的一些經歷，能成為一面對你有幫助的「鏡子」。

當你在看我的分享時，我期許你可以同時問你自己：我有沒有類似的狀況？我的第一反應會怎麼做？正面的我又會怎麼做？我分享的例子是我的生活、我的經歷，更重要的是，期望這些分享會引發你在你自己的生活裡，去創造你值得擁有的正面的、不同的人生。

同時，我想藉由這些分享給出一個訊息：最有效的方法就是可以把它隨時用在生活上，然後每每回頭看過去時，看到自己又為自己的人生成長進步多走了好幾步路。

這個方法叫做：看見。

2 看見之路

改變；從「願意承認我不滿意我的人生，它也是我自己造成的」開始。沒有這個承認，注定一生都要在這個不承認的結果裡翻滾，而且受害。

改變；從生活裡的大小事發生當下，看見自己是怎麼想、怎麼說、怎麼做開始進行。有時，它很像自己突然跳開那一個當下，從旁看見自己的想法、行為和態度；有時，在那一個當下，新的思維、新的態度，或是新的行為也會馬上跑出來；但有的時候，只是看見而已。

但是，無論怎樣，改變已經正在發生。

〈看見之路〉這一篇，希望我自己的分享，能成為你的一面「鏡子」，在你讀的同時，把「看見」這一個棒子交到你的手裡；期望你腦袋裡的燈泡，就此有機會不時的看見你自己的人生，且開始一盞一盞發光。

一、找到源頭

當傷痕被看見，就是療癒的開始……

每一個小孩在他所愛的人創造出的環境下，會發展出一個特別的角色，用來保護他的家和他愛的人。

對一個小孩子而言，愛是無條件的，有時展現愛的方式是將親人的信念無條件複製在自己的生命當中；而小孩不會有看法，因為他愛的人或者讓他感受到愛的人，是他世界的全部，是他的信仰。

一旦我們打從心裡頭決定，要揮別過去主導人生的那些負面，選擇成為一個正面的人，機會馬上會在我們的生活裡呈現。

我的人生當中，曾經發生了幾個重要事件，在我看見華人負面教養對我的影響，決定成為一個正面的人的當下，提供了關鍵時刻。讓我自己有機會去醒覺、看見，甚至能在當下停下自己的慣性和反應，做出一些不同的行動來幫助我走向正面人生的道路。

這些事件的發生有的是來自於和父母間互動的時候，有時是在我和朋友間的互動，有時只是一件事情結束後，去感受體驗時發現的。

在我們的生活上，常常會用自己的立場去看待另一個人的感受。

簡單的說，我們都會主觀的去批評，甚至批判他人。很多時候，我們甚至會否定自己的體會、感受和感覺。然而，每一個人在自己身上所感受到的種種都是絕對真實的，這個真實也是絕對的主觀。

因為人的感受、想法和情緒都是來自於過去的學習、累積和變成一種慣性；所以，如果我們在事件發生時，把自己停下來，注意「體驗」自己當下的體會、感受或是感覺，通常就可以看到這個慣性發展的源頭。也許，我們也能把握住這個機會和用不同的行為方式，開始培養一個新的行為模式。

我對自己曾有過一個不舒服而且強烈的接受過程。當然，接受後是無比的自在。

汲汲追求贏的感受

我算是一個好勝心強的人，簡單的說，汲汲追求贏的感受，不喜歡輸，和輸有著負面的關係。

這個特質和我的工作息息相關。

我的第一份工作是美商李奧貝納廣告公司的助理AE。當時頂著剛剛畢業的MBA，但我很清楚做事就是要從最底層做起。

這個開始的職位是AAE，就是業務助理。老實說，當初這一份低薪、低階的工作，讓我爸的反彈不小。但是這一份工作讓我學到了兩個在美商公司出人頭地的衡量標準：表現performance以及卓越excellence。這兩個標準讓我有著明星級的工作呈現，加上我計畫好的兩年一跳，工作8年後，跳到了當年的新力音樂（後來中文改為索尼音樂）擔任國際事業部的總監。

新力音樂是我最後一份在美商公司的工作，之後，我轉換跑道，

開始學習在台灣成立公司，最後走上了訓練的路。

會在意輸贏，是我在國中時因為比賽嚐到甜頭後學到的。

國二時，教國文的導師在我們自習的課上，讓我們玩翻英文字典的遊戲。最快翻到英文生字，講出中文意思的人會有獎品，其實它就是一種比賽。

那次的比賽，我拿到第一名之後發現，剛轉到這一班的我，被導師注意到且嘉許我的英文能力，同時我也結交到班上成績好的同學當朋友。對我來說，比賽贏代表的是受歡迎、被接受。贏＝被接受的念頭，在國二種下以後，變成了我人生很重要的一種信念。因為，我同時也學到沒贏＝可能不被接受。

我們每一個人都有類似這樣的經歷，讓某種信念在自己的生活裡主導很多的決定。

在生活裡，輸贏，對我的意義是和被不被人接受有關，對你的意義是什麼呢？

生命轉了個大彎

後來，我這種在意輸贏的特質，讓我在工作時停不下來。

通常完成了一個目標的同時，我又已經忙著另一件事……除非，除非我真的被迫必須停下來。但是，人生有時是要停一會兒的，不管是不是自己願意。

對於我這種習慣在人生開快車、停不下來的人，逼使我停下來的後果，就是讓我開的這部快車撞到了牆。

我工作生涯中，一次停下來的經歷真的就是像這樣。我曾經成立一家訓練公司，沒日沒夜的工作了三年半，雖然很拚，努力不懈，卻都不能如我意地上軌道，達成營運目標。

拖了半年多，最後，事業的不順遂碰到了我的良知底線，意思是就事論事，該停就停，即使它還沒到谷底，雖然還可以運作幾個月，但我知道，我已經沒辦法持續提供好的訓練給來學習的學員，它必須停了。於是，我快速地讓自己結束這一個事業。幸運的是，這個公司有同行接手，讓我的虧損少一點。

但是公司轉手後兩星期不到，我的身體馬上出了問題。先是身體奇痛無比，且動不了，後來診斷出來是脊髓的問題。當然，好勝心強有時候也可以用在意志力上，比如這一次我就決定，才四十多歲的我怎麼可以讓自己身體變成這樣，我一定要好起來。

天助自助者，我真的是這樣開始恢復我的健康。

健康慢慢恢復了，雖然擁有一個生命中重大的失敗，面對未來也不知如何是好，但我決定當下好好地休息，這一停就是一年。這失業的一年，是我人生的轉捩點。

這一年當中，生命也開始支持我當時選擇的方向：成為一個正面的人，讓我在許多事件中開始去「看見」、「體驗」及「面對」，甚至於有時還能選擇出不同於過去、負面主導的行為，讓我的人生開始轉了彎，從負面車道變換到正面的車道上。

這段期間，我開始了解，我們有些負面的來源，其實並不是因為

我們經歷過什麼而累積來的；**有些負面的形成，只是我們對於我們所愛的人一種認同的決定。**

在我失業休息的那一年，偶爾還是會做我愛做的閒事，比如打打牌。

訓練公司結束時，我身上不但沒錢，甚至還有負債；這是那一次打牌時的背景……

那一次熬夜打完牌，輸了不少錢；但是打完牌，我睡沒多久就醒了過來。

那一次醒來的體驗，我永遠忘不了：「自我厭惡感」。

我的腦袋裡開始了一種詭異的運作，它像是播放電影般，一個個我生命中過去的人出現在螢幕上：過世的母親、前妻、前親密伴侶，以及過去意氣風發的年輕自己。我心裡出現了一種沒有過的沉重，我厭惡當下的自己。

那一瞬間，我感受到自己所有過去的努力和身邊曾經付出給我的人所做的種種……都被我耗費殆盡。

我是一個控制型的人，在我的生命裡，達成目標是很重要、很簡單的事；面對失敗，我一向不會用自責的方式處理，我會很快的檢討原因，然後，歸零，再來一次。過去常常讓我自豪的是：「我如果今天死了，沒有遺憾，因為想做的事，都做了（有沒有持續是另一件事，在我的價值觀裡，沒給它重量）。」

可是，當時的那種感覺是怎麼一回事？沒過多久，我感覺自己好像變成一個磅秤，感到一股股負面的重量壓著我。我感覺到，坐在這個磅秤上面的是祖母重重的羞愧和自我貶低。到底是怎麼一回事？

在過去的工作上，我曾經和一位六十多歲、來自美國的女講師合作。她曾經和我分享過，**一個人的能量，它來自承接了上七代的祖先，也會往後傳七代。**

負面下，藏著一份「愛」

我是整個家族裡的長孫，在我十歲左右曾和祖母同住兩年，這段時間裡，她用這一生懂得的方法，完完全全無條件地愛著我，但是在家人當中，她的這一面，只有我感受到，因為她是一個很難相處、喜歡罵人，甚至是一位話語很傷人的長輩；簡單地說，她把負面的話給自己的家人，也包括給我。

當我出了社會以後，有好長一段時間，我也非常不喜歡和她在一起。

其實我不明白，在這負面底下藏著的是一份「愛」，我對祖母的感受是矛盾的。

幾年前，有一天在大賣場聽到正在播放著蕭煌奇「阿嬤的話」這首歌，當下聽不太清楚他在唱什麼，只聽到「阿嬤」就買了那張CD。

我在回家的路上，一次又一次的播放著這一首歌，沒想到，一路上我聽得淚眼模糊。

那一股厭惡感，一天後消失了。

這一個體驗後來支持我去了解祖母年輕時候所發生的事。那是日

據時代，祖母曾經經歷過幾件重大事件，在她心裡留下了很大的傷害。這份傷害帶給她的負面特質，傳到了我這位長孫的身上。

那一個晚上之後，我了解到，我們身上帶著的負面，有一部分是承襲了上一代或是上上一代的東西。那一次的經歷，讓我開始去了解老一輩人的經歷，開始對於他們影響了我的過去和現在他們的樣子，有了「同理心」。

當我們真心決定要正面時，我們會有很多的時刻先去「聽到」，那些我們習以為常的自己的聲音。那一次，我聽到了一個負面聲音，當下停下來，「聽清楚」，「感受它」，等於把「它」捉了起來，攔了下來，然後有了新的看見。

這一次的過程，讓我處理了來自家族過去累積，傳到我身上的負面能量。

用眼淚清洗祖母人生傷口傳給我的信念

接著幾個月後，我又有了另外一次關於處理傳自我祖母負面的經驗。

有一天，當我在看奧斯卡金像獎頒獎典禮時，看到一名音樂製作人得了最佳配樂獎。而這部電影是這名音樂人看到了他覺得很不錯的劇本，幾經奔波，後來終於找到願意出資拍攝的電影公司將它拍成。他是音樂人，所以這部電影的配樂就是由他本人操刀。

當下，我「看見」我心裡馬上跑出了一個充滿鄙視的聲音：「原來你想辦法要讓這一部電影被拍成，為的是自己，好讓你有機會作音樂，讓自己得獎。」

這個看見，我很震撼，因為我這次清楚聽見了一種，這麼多年來其實常常會不自覺跑出來，對他人品頭論足的聲音，更讓我當下清楚看見的是：「我是在批評一個成功得獎的人。」

天啊！我的焦點不是放在去欣賞他的成功。我，見不得別人好。他人成功，我就變成了一顆酸葡萄。我怎麼會這樣？

醒覺到的那一刻，我開始哭了起來。那個哭是一種痛，一種體驗到酸葡萄的人心裡無關乎他人那種真正的難受，以及對酸葡萄的人擁有的同理心的痛：會酸葡萄的人是經歷過了怎樣的過程，受到他人怎樣的對待，才會變成這樣呢？

同一個時刻，我腦海裡馬上出現了一個人：我的祖母。

我很清楚的記得，那一刻，沒經過任何的思考，我明白了一件事：「我傳承了祖母一生所累積的對人的看法。」

日據時代的祖母，她是個必須面對他人殘忍數落，沒人依靠、沒人疼惜的女人；**她一生當中曾經發生過太多的事，讓她堅強的在屈辱中，決定用這樣酸葡萄的看法看人，這樣才能把焦點放在外面，不讓自己感覺到心中那千瘡百孔的傷口。**當時的環境所教給她的是，他人的成功，反而反映出自己的不足和羞愧；祖母一生所學到的是，要她這樣地去看待別人，才能逃避自己的傷。

其實不只是我祖母，不只是我，我知道這樣的模式可以在太多的華人身上看見。

當下，我也想到了一個理論：每一個小孩在他所愛的人創造出的環境下，會發展出一個特別的角色，用來保護他的家和他愛的人。

對一個小孩子而言，愛是無條件的，有時展現愛的方式是將親人的信念無條件複製在自己的生命當中；而小孩不會有看法，因為他愛的人或者讓他感受到愛的人，是他世界的全部，是他的信仰。

在我還是個孩子的時候，和祖母住在一起的幾年當中，我繼承了祖母的人生對話，成為我的一部分。**我保護祖母的方式，是複製她的信念，讓她不會孤單！我回報祖母的愛，就是吸收她的一切，成為我的一部分；**因為，一個擁有無私的愛的小孩，會願意去複製他愛的人的信念和行為，將這樣的生命延續下去。

讓負面聲音完整表達出來

那一天看見自己有著憤世嫉俗的負面對話，不是舒服的「看見」。但是，想起祖母，還有當下升起的對她過去的同理心，那一天我為她，用眼淚清洗了她過去人生傷口所傳給我的信念。

這一個醒覺，讓我了解到，在我平順、有福氣的一生當中，那些莫名的不開心，那一些酸葡萄心態，是來自哪裡？原來這一些負面，不是來自於我自己的人生經歷；原來，那是我表示愛我祖母的一種人性的決定。那天的眼淚，洗滌的是那一些祖母沒辦法面對的傷痕。

那一天之後，我開始有了和自己這 方負面對話的不同關係。

首先，當「它」跑出來，我能聽見。而我的做法是「讓這一個聲音好好地、完整地表達」，因為我知道這一種負面形成的原因，是基於愛；只是，我也知道這樣的聲音在我的人生當中已經行不通了。而我當下做的就只是去聽這個聲音，不像過去會忽略它，這次去和它相遇，不帶批評的聽著它，而這就是一個很重要的自我同理心過程。

有「同理心」，就會有「體諒」。

再來，因為這一個負面的聲音有了出口，而我又能抽離的面對它，我也可以檢視它會影響我的哪些決定。有了這種醒覺，它影響我做決定的機會就變低了。

這是我的經歷，而這樣的經歷其實常常很可能會發生在每個人的生活裡。比如：

你的同事得到公司表揚，你腦袋有個聲音：還不是拍馬屁來的！

你的鄰居老是把孩子塞到你家，請你照顧。你每一次都對她說沒問題，但是心裡跑出一個聲音：真是不負責任的母親。

你交往了一個男友，不是母親期望的多金型，每次想到母親，既害怕無力，可是又不想妥協。

你開了小公司，基於公平，你把今年的盈餘都分給了員工，自己沒留半毛錢，但是員工並不知道你的「犧牲」。最近你發覺你對員工越來越沒耐心，特別是表現不出色的員工，但是你常常忍著。

在這些情況下，每一個人的腦袋其實都有聲音在此起彼落的說著話。這是非常棒的機會，讓你能開始去讓自己聽到這些，可能從來不想聽到、忽略，但是充滿批判的負面聲音。

這好比你正在專心做一件事，但是從來沒發現身邊有好多隻蚊子

在那裡飛來飛去。看見自己的聲音，會很像突然聽到蚊子飛的聲音，然後更進一步打到牠，仔細去看牠長得是什麼樣子。

當你可以看見這些聲音，把它攔下來，去檢視它，你就能開始擁有你自己的體驗，開始了你的看見。

二、面對負面的醒覺

長輩對晚輩的負面對話，我看見的不只是父親對我這樣，祖母對他們也是如此。

我看見不只在我家，我發現全台灣，甚至全華人的家庭都是這樣。

我決定改變，我對父親說：「我知道你不是故意這樣的，因為祖母也這樣對你們。可是，我不想我們的關係，變成你和祖母的關係一樣，只有忍受而已。」

我想很多人可能都會同意我這麼說：「對父母說出自己心裡的話是最難的，尤其當這些話是關於自己誠實的感受時。」

培養正面的習慣，必須先培養面對負面對話的能力。

小惠公司的老闆做事很隨興，比如說，他心血來潮時，會突然把大家召集在一起開會，或者，在下班時間之前沒多久的時候，忽然要大家加班。

這些情況在小惠剛到公司上班發生時，小惠會覺得不舒服，但也不敢說什麼。久了，自然加入了「敢怒不敢言」的行列。

和婆婆同住的雅芳，每一次購物完回家，一定像個賊一樣，遮遮掩掩，因為她不想讓婆婆看見她買的東西，認定她是個會浪費錢的人。

其實，真正的問題是，他們夫妻結婚六年，還沒生小孩，而她的

老公又是獨子。

小李不喜歡回家和爸媽吃飯，因為每一次都要聽老爸對他說，隔壁黃伯伯的兒子今年又拿了多少獎金，包了多少紅包給他。

明珠已經習慣一件事，那就是每一次吃飯時，媽媽都會不經意地說：「你啊，如果能瘦下來就好了……」

第一次，和父親平等、直接的溝通

在華人的負面教養之下，面對權威，我們被教導的規矩是：小孩有耳沒嘴，或是頂嘴就是不孝。其實讓人常常啞巴吃黃連的原因是，我們被訓練成不懂得和所有人平等、直接的溝通。

曾經有一個機會，讓我跳出被負面教養影響的模式，和父親開始第一次平等、直接的溝通。那是一個晚上，吃晚飯時，父親用我不喜歡的方式關注我。那一晚，宇宙給了我一個機會去讓我和他的關係轉了個彎。

父親關注我的是我對音樂的熱情，買CD這一件事。

他那一晚說的是：「買那麼多CD有什麼用？」（我愛音樂愛到骨子裡，蒐藏的CD有兩萬多張。）

我和我父母的關係是這樣：其實他們很少會唸我，因為我們之間多年下來有一個固定的模式。

首先他們已經知道唸我，對我嘮叨，我會不高興。

但是他們每一年還是會忍不住唸我兩、三次。

我終於看見

父親當晚唸起我的時候，瞬間，我覺得腦袋上方有一個電燈泡亮了起來，讓我當下看到一個真相。

原來，這四十多年來，寡言的父親和我的講話，只有負面方式的對話。

原本我們父子之間的對話已經夠少了，但是每一次的對話都是他負面的說話，而我的反應也只有一種——說不出話，讓不高興寫在臉上。

當下，我突然有一個清楚的「看見」。

我們之間，這樣的長輩對晚輩負面對話已經是我們家的傳統了！我看見的不只是父親對我這樣，祖母對他們也是如此。我看見不只在我家，我發現全台灣，甚至全華人的家庭都是這樣。

當下，我也有一個清楚的決定：我可以改變我們這樣的關係，而且當下從我開始。我知道，除了默默忍受長輩直接的負面評論，和他們只保持一種逆來順受的忍受關係之外，我可以有不同的選擇。於是，我決定做一點事。在父親說了那句背後帶著很多不同含意的話之後，我對父親說了我看到的行不通的真相。

我大致上是這樣和父親溝通的：

「爸，你很少和我說話，但是，你有沒有發現，過去四十多年來，你對我說話時，都是你看到我的負面。爸，其實，只看到這些負面和看『衰』是同一件事。我知道你可能從來沒想過，而且不是刻意要這樣，但是，看衰自己的兒子對你有什麼好處呢？我在外面很容易得到外人的肯定，但是，回到了家，一定要面對到你對我的負面看法；其實我們家不懂得提供給孩子在外面努力時，想從家裡得到的支持。在我事業順利的時候，我不在意；但是這個負面，在我工作挫敗，想再爬起來的時候是很大的阻力。**我知道你不是故意這樣的，因為祖母也這樣對你們。可是，我不想我們的關係，變成你和祖母的關係一樣，只有忍受而已。**」

那一個晚上之後，我們之間的關係並沒有明顯的改變，但是似乎又好像開始了一種新的關係：「過去我不被尊重的關係有了不同」。因為，我知道我要的父子關係是彼此尊重的關係。

當長輩說：「我要你好，所以才說你。」

在我們的生活裡，尊重父母，我們通常都做的不錯，但是，父母對孩子，特別是七、八十歲的父母對已經中年的孩子其實是不懂得尊重的重要性。但這不是他們的問題，因為在上一代父權至上的社會，幾乎沒人想過這一個問題，也沒有人會這樣做。

但是，在我們和父母的關係上，通常當晚輩的不願再沉默而選擇開口時，都已經是被負面逼到了牆角式的反擊；可惜的是，在這種時候，通常因為忍太久，像是一顆氣球被吹破了，這裡頭的負面更強。

溝通的時候，只剩你對我錯，沒有同理心，對彼此的關係只會幫倒忙。而且通常做晚輩的做了一次這樣的反擊，得到的結果只是加深自己對關係改變的絕望，還有深深的內疚和自責的罪惡感。

我很確定的是，我不要上上一代和上一代這種「我要你好，所以說你」，而且只溝通負面的關係複製到我和父親未來的關係上。所以回頭看這一段對話，我間接、直接地說出了這一點；我也溝通了負面對話對我的影響，我也點出了我不要和父親變成這一種關係。

對父親說的這些話裡，我提醒父親，負面溝通創造的是行不通的父子關係，我們可以開始建立正面的關係。當然，回頭想，說出一番真話，我的出發點是基於尊重我自已，不讓這一種不尊重的事再發生。說話的同時，我反而能對我父親還是有著尊重的態度，因為我對他負面批評的這一個行為，早在那一天溝通之前就先有了同理心。

我爸媽年紀都大了，這樣的負面關係，要轉為我理想中的正面關係絕非一蹴可幾，但是，未來我們的關係只會進步，我們的未來已經走在正面的方向上。

能看見華人人際關係上的一個事實，會讓這種負面溝通的改變更快，因為它是關於大方向的事實。這個事實就是，華人社群裡，人與人的溝通，是不斷的重覆「父母—小孩」的模式而已。

所以，一旦人與人之間能開始用「成人—成人」的方式彼此溝通，那種負面就會消失。

在「父母—小孩」的溝通模式裡，一定是帶有批判和負面的情緒，感受主宰，但也一定改變不了現狀，解決不了問題。

而「成人—成人」的溝通模式，一定會有尊重。解決問題比人的感受重要，是簡單的「就事論事」理性溝通。

三、腦袋如豬，吃喝而已，它也要「愛」

我看到了小時候的自己，於是，我在心裡去和這個當年的孩子相處，感受到自己當年那顆脆弱、被傷過的心，然後擁抱他。

當年，幼小的自己默默的經歷，此時，這個已經長大的我，可以反過頭來去擁抱愛護那個還是孩子的我，告訴自己：「沒關係，我在這裡；我懂你，你知道嗎？你長大了變成了一個很棒的人，就是我。」

腦袋是人學習知識的中樞。信念，是人生存必須依賴的重要關鍵知識。信念（belief）是什麼？

男人都會說謊，女人都容易受騙。

賺錢是很辛苦的事情。

錢是髒的東西。

做人要犧牲自己，成全他人。

好事之後一定會有倒楣事發生。

各人自掃門前雪，莫管他人瓦上霜。

信念，是保護，卻也是限制

這些想法、教條或是親身的經驗就是信念。換句話說，信念指的是一個人一生中，因為家庭教育，以及生活經驗，累積的那一些自己相信的東西。

一種信念，可能某人深信不疑，但對另一個人而言卻一點意義都沒有。

一個人的一生，就是由自己所有相信的信念結合而成。你的人生，反映的就是你的所有信念。

腦袋和信念的關係很像豬和食物，如同豬吃食物是為了生存，而且常常飢不擇食；人為了求存，腦袋必須學到相關的信念，有時是為了保護自己。這些信念一旦用過有效，就常常會跟著主人一輩子。

用豬來比喻腦袋真的是傳神，因為腦子就和豬一樣，給它不斷的餵食，它就不斷地亂吃。它也很懶，只待在安全的地方。另外，我們每一個人，每一天都不斷地在自己的腦袋裡自我對話。有時候，會像是這樣：

「要主動告白嗎？」

「你瘋了？被拒絕的話多丟臉！要是別人知道了怎麼辦？」

「可是，我真的想這麼做啊！」

在我們的生活裡，不論事情大小，一直都是這樣不斷地在自我對話，不管對話的內容是基於什麼樣的出發點，這些對話是很個人的，每個人都有不同的內容，這些聲音龐雜，像是噪音。

它大多數的時候，都是受到過去不愉快的經驗影響，所以，這些聲音都是保護我們不要重蹈過去負面的經驗，保護我們不要回到過去的傷害，但同時也限制了我們的未來。

這些都是信念的聲音，我們把它稱為「豬」吧！它住在腦袋瓜裡，而且叫的很大聲，它想盡辦法用叫聲阻擋那個來自每個人心裡，那個真誠的聲音。

我們從小開始，就讓這隻豬一點一滴的把學到的保護機制不經選擇地全部吃下去，牢牢黏住；腦袋這一隻豬，它被餵食的不只是來自個人經驗的信念，它也會把從其他人腦袋裡那一隻豬呈現出來被看到的，對求存有幫助的新信念一併吸收，成長茁壯。所以，生活上，任何一件事發生的第一時間點，豬就開始咿咿叫。

其實，這一頭豬更厲害的是，它像是有一個雷達，在任何事會發生之前，它就開始偵測並且立即讓這一套機制運作起來。

用豬來形容我們每一個人要求存的那個聲音，實在生動，所以，我們會在提到這一些代表信念的聲音時，帶出這一隻「豬」，用它來代表。我們每個人從不同的人生經驗，累積了種種信念用來保護自己的豬，讓我們的「自我（ego）」也越變越大。其實，豬＝ego。

豬叫得越響亮，我們的心反而睡得越深沉。

找到你心裡的豬，抱抱它

沉睡的心會使人不懂得讓自己熱情、誠實地過自由自在的人生，而這是人生行不通的根源。

我終於看見

但是要讓心醒過來，必須去面對一個一個包圍在心外圍的保護信念，這會像是要去城堡救公主一樣，必須先看到擋在城堡前、扮演捍衛工作那一頭又一頭的豬。

要最快、最有效率的找到原來的真心，你必須先去看到這一頭又一頭的豬長得是什麼樣子；而且要去看見它。

看著它的眼睛，也一定要抱一抱它，然後，找下一頭豬，做一樣的事。然後，你就會一步一步朝著藏在城堡最頂端的心走去。

這一個過程，即使生活裡時時有機會，隨時可以發生，但你必須練習有意識地去看見，停下來，它常常會讓你有撥雲見日般的體驗，並認識自己。

唯有找到真誠的自己，才有可能找回滿足自己人生的真正目標。找到了目標，繼續運用醒覺、練習醒覺，持續地看見，看到自己的信念；也就是說，去看到豬長得怎麼樣、會做什麼事。

這一個看見越多，對自我的了解就會越來越廣，然後，會看見人生裡頭，過去看不到的新選擇，換句話說，人生的選擇會多了起來。

這個時候，你就可以開始體驗，什麼是：我選擇人生，而不是過去的人生選擇我。（I choose life, rather than life chose me.）

所以，將這個過程整理，就會像是這樣：

・練習看見自己的信念（豬）。

・找到真實的心。

・訂下新的目標（選擇人生）。

・繼續看到信念。

・根據目標，清楚選擇可以支持有效行動的信念，去行動。

而這就是為什麼要練習醒覺的意義。每一個人選擇的人生目標都會不同，但我們可以先選擇一個關於華人最重要的基本目標：成為正面的人，這也是這本書的目的。

醒覺的過程也很像打獵。看見目標物後，接下來就必須鎖住這個目標物，那麼自己和它之間就擁有了主導的位置。這一個過程，我們也可以稱它做「抓豬行動」。

一旦培養了醒覺的習慣，就會看見。然而，醒覺這個過程不一定要看見什麼大不了的事件時才會有價值；我有一個例子可以分享。

在心裡拉扯的兩隻豬

這一個例子，它讓我經歷了停、看和選擇的過程，讓我對於我自己的特質能有更進一步的包容。

有一天早上，我收到了好朋友寄來的網路文章。我朋友當中有某些人，對我而言是有激勵進步的作用的，這樣的作用對我有好有壞。

好的是，看到他的狀況進步，我會想和他一樣，就會有努力的目標；壞的是，我有競爭的特質，會做比較。這些特質過去給了我不少好成果，但我醒覺後，也開始讓我體驗到我有時會無意的帶給他人痛苦。

我終於看見

朋友傳給我的是一篇關於讓人成長的文章。收到這一篇文章的那一天，我也清楚的看到自己是如何抓到了我的豬。

我當時像是置身事外的自己，看到自己的腦袋正在對話，也聽到腦袋裡，豬發出來的對話。

豬在我腦袋裡悄悄冒出的第一句話是：「他以為他是誰啊？居然傳這一種東西來！」（這是我的ego在說話，很清楚的，因為我是一位講師，所以有個自以為了不起的心態。同時，一堆批判存在這個對話裡。）

然後，我感受到這對話裡頭對人評估、判斷，它帶出來的不舒服。

我的豬接著說：「那就不要看，把它殺掉！」

但是立即的，另一隻豬出來介入了：「不要殺，看一下吧，你這樣做不好吧！人家在幫你ㄟ！」

第一隻豬的聲音比較強勢（因為負面的年資比較長），它影響兩個聲音彼此妥協。這時，我不像過去一樣自動化的把它殺了，這次，我沒看，也沒殺。因此，「改變」因為我對信念（豬）的看見，在我的行為上開始展現，即使是這樣很細微的，什麼都沒做。

其實，兩種不同的聲音（或更多）存在拉扯的這種情況，常常發生在我們的生活裡；在我過去的人生裡，在我還不懂得醒覺，根本不知道自己有聲音在背後主導我的時候，我只會根據第一個出來的聲音去行動。結果是，我會馬上刪掉檔案，而且帶著忿忿不平的看法和情緒，而看法常常是針對這一個給我電子郵件的人。

後來，當我練習醒覺，它開始變成我的習慣以後，我會在這兩種聲音並存的狀況下，先停，然後什麼都沒做。

那一天的這個過程，我停下來的機會讓我想起，其實在我心裡，我已經清楚的決定成為一個正面的人。所以，有一個過去所沒有過的、新的聲音當下跑出來：這一位朋友花時間想到我（他不是同時寄給很多人，而且是打發自己時間後覺得有趣的那一種，再傳給其他人打發時間的郵件，是特別寄給我的），我一定可以學到一些東西。

果然，看了這篇文章之後，我覺得很棒，後來我把從這一篇文章學到的，分享給我其他的朋友。那一刻，我心裡充滿了感激。

那一天早晨，我從自動化對人評估、判斷的不舒服，停下來，根據我的人生目標（成為正面的人）做了一個新的選擇，然後體驗大大的不同。

擁抱當年還是孩子的自己

其實，在我很小的時候就學會了對人評估、判斷。所以，我第一隻跑出來的豬，它是自卑感強，防禦心重的，因為它擔心如果我不馬上對人下評估判斷的話會受傷；第二隻豬，它來自我的童年，他是個善良的好孩子，但是這份善良的呈現也變了，變成在乎只可以做出「對」的行為，好去討好人、獲得他人肯定。這份善良，竟然變成了一種負擔，變得彆扭。

負面的教養，讓原本屬於我的獨特特質，漸漸成為追求目標的負擔。而我以為那些讓我覺得對的信念，其實是阻礙我達成理想的。

因為我的目標很清楚，是過正面的人生，所以才能讓我在醒覺時看到信念。抓到豬的同時，也給了我機會去更進一步看見這些屬於我的信念形成的原因，但我不只這樣，我又做更多。

這一次抓到了豬，我也看到了小時候的自己。於是，我在心裡和這個當年的孩子相處，感受到自己當年那顆脆弱，被傷過的心，然後擁抱他。

當年，幼小的自己默默地經歷，此時，這個已經長大的我，可以反過頭來去擁抱愛護那個還是孩子的我，告訴自己：「沒關係，我在這裡；我懂你，你知道嗎？你長大了變成了一個很棒的人，就是我。」

讓豬安靜，是一輩子值得做的事

這次，我發現人生裡，關於包容與疼惜，現在我有能力為自己做了，而當我每一次這麼做，就是在為自己付出一次；過去負面形成原因的療癒，也就是這麼開始。

於是，這兩隻豬是暫時被包容了。我知道，還有很多其他的豬，會在不經意的時候隨時出現：像過馬路、接電話、看電視、吃飯……等等。如果，你開始有這個「抓豬」習慣，這麼做得夠久，你會發現，歸類之後，這些豬的數目比你知道的還要少。讓這些豬安靜，是一輩子值得做的事。

其實，這一條路，不過是回歸到「做好一個人」而已，回歸一個正面的人而已。

抓豬的目的可以讓我們可以好好地看見，每一天的生活中自己是如何跟自己在對話。一個人如果連自己的聲音都聽不到，或是抗拒自己誠實的聲音，甚或否定自己的聲音，呈現在外的，就是聆聽不到別人的聲音，永遠是單向溝通，同時也會抗拒他人的誠實，和傾向於只聽到他人話裡的負面。

抓豬，當你和它接觸時，記得輕柔一點，因為這一隻豬，只是一直在保護你而已。它根本不知道，你現在已經不再需要它了。讓它知道這一點，是你的工作。

抓豬，可以靜腦；腦靜了以後，心才能啟動，生命的能量就可以不同。而這些不同會在我們生活上的人、事、物當中呈現出來，回應給我們。

四、留意小事情背後要給的禮物

這個醒覺讓我驚訝：「原來我是個不喜歡有衝突的人」。
諷刺的是，在我的生活裡，我常常是製造出衝突的那一個人。
表面上我不怕挑戰，甚至有時會喜歡挑釁及面對；但這原來也只是屬於我的自我保護機制的一種，它是為了不要讓我置身於來自他人創造出來的衝突當中。

我們的人生焦點，在自我保護

你是不是已經開始有這種體會：我們每一天的生活裡，無論人在哪裡，也不管有沒有在做什麼，腦袋一直都在忙個不停。

腦袋的忙通常有幾個目的：反應、分析、詮釋、辯解。而我們的腦袋，就像之前提到的，像是一隻豬，不管自己做了如何的反應、分析、詮釋和辯解，最後這些東西都會被吃進去。

這一隻豬，從我們小的時候就開始不斷地吃進他人的想法，吃盡所有可以幫我們避免不舒服的想法，變成我們的信念。因為豬的功能是保護主人，只在乎會不會受傷，感受舒不舒服，所以即使是有價值的東西進來了，只要不符合我的信念的，一律丟掉。

這是因為在我們的成長過程中，我們曾經說了一些真話，做了一些真事，但得不到大人的讚賞，或反被批評，或是被處罰後，腦袋這

一隻豬學到只能吃一種東西進來，那就是不讓我們被批評或是被處罰的東西。於是，我們表現在外的行為模式也開始依循著這一些被吃進去的訊息，轉為信念，把它們當真理，緊緊握住、抱牢，開始在生活裡不停的運作。

這樣的架構下，我們的焦點在於自我保護。大家都這樣。

基於自我保護的目的，我們強化了這些為了生存的信念，也將它們發展成我們每一個人獨特的行為模式。但是，就算我們把這一些學來的保護信念內化得再好，我們真正的「本我」其實根本沒有消失。而且大多時候，我們心裡都知道，那個真正的「本我」和後來在這個世界上呈現出來的，給人看到的樣子完全是兩碼子事。

因此，要讓自己成為一個正面的人，過一個快樂、幸福、自由自在的人生，找回這一個「本我」很重要。因為，當一個人的呈現是和自己的本性一致，那麼內在外在就能朝同一個方向，不會有自我衝突，可以將力量發揮在想做的事情上，焦點自然不會再放在自我保護上。這叫做「自我一致的力量（The Power of Self Alignment）」。

尋找情緒的來源

在每一天的生活裡，我們常常會忽略一些小事件背後會有的感受。我個人的醒覺過程，讓我很驚訝這樣的情況竟然不少。我學到，這些小事件背後的感受裡，其實是藏了一份禮物，而且這份禮物讓人有機會拿回「自我一致的力量」。

我終於看見

又是一個電子郵件事件，是朋友寄來的。

這一封郵件的主題是關於我們一群人要共同做的一件事。是這樣的：A是負責這一件事的頭，但是B的經歷很豐富，工作成就也不錯，即使B不是負責這件事的頭兒，如果他有任何意見的話，大家都會特別尊重B的意見。其實，B就是大家都認識的一種人：不願出頭的地下領袖。

那一天，A先發了一封郵件給大家這件事的一個架構，也提出了做法。他的做法當中也明確的要求B要做什麼。

接著B馬上回覆他的意見給A。內容是對A的要求不認同，B提出了他的看法。

看了這一封電子郵件，我的直接反應是不太舒服，因為我在這一封郵件裡竟然被B秋風掃落葉的提到，拿來反擊A，讓我覺得無辜冤枉，而且不公平。

我當下的反應是很想直接回給B，讓他知道我不舒服的感受。但是我也猶豫了一下，問自己這樣做，好嗎？

我的猶豫是有原因的，因為我在第一時間想回B，是來自我的不舒服。

在我的模式裡，通常在第一時間內有的感受都會有對錯的評估和對人的判斷在裡頭。這件事，讓我看到了這一個過去常常會發生的情形：「我回覆的目的其實只會是對當事人倒我的垃圾而已，它不營養，不會對正在進行的事情有建設性，而且那不是我真的想溝通的東西；但是，如果不把它表達出來，我也會一直惦記著這個不舒服的感

覺，放不下。」

在這種情況下，我選擇忽略它，想讓事情過了就算了。但是，那一天，這個放不下的不舒服感受一直困擾著我，而我如果又不把它丟出去，看來是沒出路了；突然，**我問了我自己，這個不舒服到底是什麼？**這個引發出來的問題，出乎我的意料，竟然給了我一個很重要的另一個層次的看見。

我先看見這個過程對我造成不舒服的關鍵：「這一封電子郵件引發了我負面的感覺，是因為把我扯了進去。」

我體驗到的負面，有生氣、不滿、委屈、被冤枉、被侵犯……等等。經過了幾小時的沉澱，我發現，這封郵件最干擾我的一點是，它帶有衝突的味道。

這個醒覺其實是讓我驚訝的：「原來我是個不喜歡有衝突的人」。

當我再進一步聽到自己的聲音時發現，這樣的衝突一旦產生，無論是直接或是間接提到我，只要和我有關，我的第一個反應是：「不要做了，犧牲我好了，只要沒有衝突。」

諷刺的是，在我的生活裡，我其實常常是製造出衝突的那一個人。

表面上我不怕挑戰，甚至有時會喜歡挑釁及面對；但這原來也只是屬於我的自我保護機制的一種，它是為了不要讓我置身於來自他人創造出來的衝突當中。然而，針對衝突這一個東西，我卻有一種「寧可主動挑起衝突，也不要有被動的接受」的模式。

其實，這是我一直以來都知道的一種特質，但從來都不想看見的是：我自己非常怕看到別人的衝突，特別是當我也被牽涉在其中的時候，因為我不喜歡這種狀況，所以我盡量避免它發生，或是忽略它，徹底的忽略它。

但是，我避免它發生，或是發生後我忽略，有一個東西是存在的：就是這種衝突給我的感受。

這次，我忽然明白了，我要避免的，和我所忽略的，就是我的感受；這一次，我沒有忽略它，所以當下對這一個經歷過程，我一開始是搞不清楚、是陌生的。

抗議當年的那一個衝突

有了這一個陌生的體驗，腦子立刻浮現了一個畫面。

祖母從她年輕開始，一直以來，和對門的鄰居吵架是家常便飯，母親懷著我的時候，這種情況一樣不時發生。

有一天，祖母又和對面吵架了，這一次不同的是，對方拿了一根竹子要打祖母。這時，母親跑出來想要阻止，但是卻被這對方用竹子打到肚子。那一天，我被迫提早兩個多月生了下來。

我看到了，為什麼我會那麼怕？不，應該說，難怪我會那麼厭惡人與人之間的衝突。但有趣的是，在我長大後，卻常常把自己放進和他人的衝突中，尤其是那些對我重要的人，而這樣的衝突還常常是我自己製造出來的。

我原來錯過了我的人生很久了。我這樣的模式，「原來只是在抗議當年的那一個衝突」。

那天因為一封電子郵件，讓我了解到我從來都沒意識到的本我。

如果我們能去注意過去會忽略的、盤據在心裡的、常常出現的感受，也許可以去打開它正在呼喚我們去找到那裡頭藏著的重要寶物。

原來，一旦決定踏上正面的人生路，一定會有機會藉由負面的體驗，回溯到生命過去，找到今天的答案。

找到答案，生命的寬廣度會打開；如果我們注意到了過去一直被忽略的，但卻盤據在心裡的、常常出現的感受，也許會找到那裡頭一直呼喚我們，藏著的重要寶物。

五、因為看見，找回力量

法國名廚師貝爾納·盧瓦索（Bernard Loiseau）在1991年首度得到了米其林的三星，而且維持12年不墜；但是他在2003年2月卻以自殺結束了自己的生命，震驚世界。
據說，讓他自殺的原因是當時傳出了一個謠言：米其林會在那一年把他的三星降級。

立志「不要當一個失敗者」

有一天早上，我腦子沒原由的忽然冒出三個英文字：「What A Loser!（好一個失敗者！）」我當時聽到腦子的這一個聲音，直覺的反應是誰惹惱了我，但是，這一次，我不去搜尋被我罵的對象，我先讓自己停下來。接著產生了一個重要疑問，我不知道腦袋為什麼跑出這一句話來，這、這是在罵誰啊？

然後我想到了一件事：一星期後要繳信用卡帳單；我也想到昨天股市開始漲了起來，但我已經在前一天因為要繳信用卡的帳單，所以認賠賣掉了基金；我也記起來，就在前一個晚上夢裡，我好像殺了人。我知道被我殺掉的那個人是個壞蛋，而我殺了他之後就開始一直跑、一直跑。終於，我搞清楚了，原來這個「loser」是在罵我自己！

我清楚記得，在那一瞬間，不但沒有不舒服，反而有種豁然開

朗；接著，我開始把腦袋裡的話，乾脆用嘴巴把它說出來：「loser，loser，我是一個loser！」當我說的時候，真是不舒服！

其實，這句我會用來鄙視一個人，罵人的話，也是我最抗拒的！不過，我繼續不斷地再用這一句話來說自己。過了一會兒，想不到一開始時的不舒服、不習慣漸漸不見了；我體驗到從不舒服、抗拒，慢慢地變得自在，同時我也發現了一個阻礙我成功，藏在我背後的重要人生信念和焦點。

原來，我一輩子努力的方向都不是在於「要成為一個贏家」，而是「不要當一個失敗者」，這是一個多麼奇特又根深柢固的信念啊！

我甚至不知道這個念頭是從哪裡來，從什麼時候開始，原來我的人生跑道一開始就蓋錯了方向。

立志「不要當一個失敗者」的人通常有兩個特質：一方面覺得自己不值得擁有成功，一方面又有極度自卑所轉成的高傲，非常抗拒失敗，害怕失敗，也非常抗拒犯錯，厭惡犯錯（明顯的呈現在看待自己和他人是否失敗或是犯錯上）。

有趣的是，這樣的人追求成功，即使有了成就，卻體驗不到成功，反而更極度的害怕自己會失敗。

這樣的人生觀底下，追求成功的表面動力永遠比不上內心害怕失敗的恐懼力量。

從名廚自殺，看見自己

當我知道自己有這一個模式，再從電視節目裡看到一名自殺身亡的廚師，我有意識地選擇了不同的人生方向，讓我的焦點從不要失敗轉到我要成功。

這是一位名廚的真實故事。

世界名廚的大夢就是得到米其林Michelin的極致三星；這個極致的追求就像我們的人生，訂下了一個高標準去達成。它是我們成功的目標。

法國名廚師貝爾納・盧瓦索（Bernard Loiseau）在1991年首度得到了米其林的三星，而且維持12年不墜；但是他在2003年2月卻以自殺結束了自己的生命，震驚世界。

據說，讓他自殺的原因是當時傳出了一個謠言：米其林會在那一年把他的三星降級。

我從「盧瓦索」身上看到了自己的某些影子，那個為了保持卓越形象而不能摔跤的個性。他害怕面對失敗而結束了自己的生命；他讓我想到自己的是：我的工作失敗了，但我卻找了很多理由告訴自己：沒關係，失敗了可以重來，甚至，我給自己打氣，告訴我自己，事業失敗不代表我是個失敗的人。

其實，在這些說法的背後，一直緊抓著「我不是失敗者」的形象不放。從小到大，在我的內心裡，因為一直比較，因為一直競爭，因為一直害怕讓人看不起。這一個根深柢固的自我認為自己是個不足的人，是一個做什麼都不夠好的人，所以內心真正害怕、抗拒、討厭、排斥的是將「失敗」這兩個字和我自己連在一起。

當被貼上失敗的標籤

我們每個人如果把焦點放在害怕失敗，等於不能接受自我被貼上失敗的標籤，於是，這也等於設下了不要別人說我是什麼的底線；我們要避免的可能底線也許是，不要人家說我是：「不負責任的母親，沒用的兒子，笨得要死的員工……等等」，而等於讓我們害怕的，是別人這樣認定我：「我是一個ＸＸＸＸ（負面評論）的ＸＸＸＸ（角色）」。

一旦我們的一生是為了不要被負面說法歸類、貼上標籤，這等於窮極一生注定要把生命的力量放在想避免這樣的標準上；而loser、失敗者，只是這種標籤當中的一個。

帶著這種決定過生活，就像是在茫茫的大海裡，不想被溺死；所以，即使擁有暫時的成就，也不過是等同於找到可以喘口氣，甚至繼續死守、緊抓不放的浮木而已。

在負面教育下，教出來的我們個個和負面有著負面的關係，但隨著年紀越大，越不喜歡負面帶來的感受，於是，這一個個和錯（wrongfulness）、丟臉（shame），以及愚笨（silliness & dumbness）的關係越來越負面的自己，反映在行為上的便是，更加熱衷地去追求「不要做的是什麼」，在人生後半生把負面教養的威力發揮得更淋漓盡致。

當我們不想成為某一種人，其實是因為我們曾經被我們在意的人，負面的明示或是暗示我是那樣的人，不管我們長大後同不同意，其實在心裡也已經認同自己就是這樣的人，然後會花一輩子的力氣和自己掙扎，和自己打架；或是自己其實也擁有一部分這樣的特質，但卻早已經被我們壓抑下來，並且花盡力氣不要讓任何人看見，特別是我自己根本不想看見。不想看見，不代表不知道。我們的心，其實一直知道它是存在的。

這樣的抗拒，也像極了一個填不滿、一直存在的黑洞。厭惡它、抗拒它，也等於是給自己背上了一個詛咒，這個詛咒變成了我們想維持不墜的動力；背著負面的包袱，創造出來的是一個不快樂的人生，而這個不快樂，我們不但給了自己，也無時無刻影響我們身邊的人，傳給了下一代。

害怕失敗，付出的代價更大

在我們的人生當中，面對這樣的抗拒，我們都是怎樣做的呢？

想像你人站在游泳池裡，現在有一顆海灘球在你面前出現。這顆海灘球代表你生命中一種你抗拒自己擁有的特質，或是只要是人都會有，但你不喜歡的特質，你會怎麼做？

你會把它用力按進水中，不想讓人看見，這樣做的效果如何呢？沒錯，你往下壓得越用力，它會更浮現在水面上。現在，想像一下，這個泳池裡充滿了大大小小、各式的海灘球，然後看到自己使盡吃奶力氣的要將一個一個球壓進水裡。沒錯，我們每一個人都是這樣在過人生的。

為什麼人會抗拒loser這一個標籤呢？因為，我們早已經看待自己是個失敗者。

要知道，我們身上沒有的東西，我們是看不到的。相對地，我們看得到的、在意的，是因為我們身上都有這些東西。

而這個loser，它是來自我們小的時候，曾經收到過的這些訊息：

你看，你又XXXX了！
一定是你的錯！
真是傻瓜。
怎麼這麼笨，連這個都不會！
你怎麼這麼不懂事！
只會成事不足，敗事有餘！
一定是你的問題！……等等。

也許我們早已記不得當時到底發生過什麼事了，但烙印在我們心裡，我們一直記得的是：「我不好，我是一個糟糕的人。」這就是負面教養的力量！

所以，對已經決定過正面人生的我來說，找到包容生命中這個直主導我的抗拒標籤：loser，讓我豁然開朗。這一個我抗拒的標籤，不只不斷給我壓力，也常常讓我喘不過氣來，還不時會影響到我身邊的人。

我們錯過的是……

人生當中，我們如果不允許失敗發生在我們身上，我們也一定不容許他人失敗；如果我們不容許自己犯錯，對他人犯的錯也一定深惡痛絕。

這個循環帶來的後果是，人一旦碰到大失敗，就很難再爬起來；在生活中，我們一旦犯了錯，一定會找到藉口，去責怪它是別人的錯。這樣的模式，它讓我們一再的錯過了一個機會：「學習的機會」。沒有學習，改變就不會發生。

關於改變，壞消息是：人，能影響改變的人只有自己而已，但好消息是：改變自己的力量一直都在自己的手中，而且源源不絕。

要發揮這個上天賦予每一個人與生俱來的力量，就從創造正面的教養環境開始，而且是從自己開始；當有足夠的人一起做這樣的事，我們有一天就能打斷這種負面教養的惡性循環。

我知道我一個人改變不了全世界，但我知道我可以改變我的世界。

那一天，當我開始不斷地對自己說：我是個loser的時候，等於回到當年那一個我已經忘了的事，而在它發生的當下，我想對正在被責罵的自己說：「我做錯了事，你罵我，處罰我都沒問題，因為錯就是

錯，但我還是個好孩子，一個值得成功的好孩子！」

面對既抗拒但又看不到（或是壓根不想看），但早已自我認定的這一個「失敗者」信念，再看到自己過去為人生設計的道路，我看見了，我看到了原來我的焦點是怕失敗。這樣的一個「看見」讓我理直氣壯的重新做了一個決定：「我要過一個成功的人生，因為我值得！」

六、成為他人的「看見」

她的第一段感情，表面上是男友追她，但她很清楚是她主導出來的，後來這段感情沒有結果。她給自己一個新的信念：女生主動，感情不會有結果。

她談到後來的幾段感情，都有一個模式不斷地重複：她學會不要「明顯地」主動，開始表面上是被動，讓對方在行動上主動；但是一旦關係形成，她會開始主導兩人的關係，其實就是變得強勢。

這個開始和後來不一致的呈現，是造成她後來幾段感情受挫的來源。

在愛情裡，抗拒失敗

這個抗拒自己失敗，只要不輸就好的人生，出現在我的一位朋友身上，也反映在她的親密關係裡。

有一天，我們兩人碰面，我興奮的和她分享我看見自己抗拒把自己和失敗畫上等號的過程；她聽了也心有戚戚焉，於是那一天我們先一起做一件事：不斷地用I'm a loser（我是個失敗者）來說自己。

相對於我藉由工作上的成就來定義我是一個什麼樣的人，我的朋友一直期望她可以擁有一段完美的親密關係。我看見我抗拒的是失敗，那我的這個朋友呢？她抗拒的是什麼呢？

那一天，她放開心胸地和我聊了她的感情觀和性愛觀；我們一邊聊一邊醒覺，同時找癥結。我慢慢地發現，她在親密關係的追求上，有一個關鍵的模式等她去看見。

認識這個朋友好多年了，她是一個挺會為人著想的人，感覺是個典型的支持者，但和她越熟，越發現她也有著一股壓抑得很深的強勢。那一天，我們決定探討她這個人的本質是什麼，是支持者？控制者？還是分析者？

於是她開始誠實地聊她的過去。

她的第一段感情，表面上是她的初戀男友追她，但是她自己很清楚這一切都是她一手主導、創造出來的，後來這一段感情沒有結果。她套了一個新的信念給自己：女生主動，感情不會有結果。

她談到後來的幾段感情，都有一個模式不斷地重複：她學會不要「明顯地」主動，開始表面上是被動，讓對方在行動上主動；但是一旦關係形成，她會開始主導兩人的關係，其實就是變得強勢。

她的家人和她的成長環境，都抱持一種看法：在一段新的親密關係裡，女性不可以主動，對於會主動的女性，也會對她們抱著不和善的態度。但是我的這個朋友，她的本質是想什麼就會去追求什麼，她才不在乎他人的看法，於是主動地投入，去創造出她人生的第一段感情；但是這一段感情沒有自己預期的好結果。

第一段感情失敗以後，這個被他人看在眼裡的失敗，讓她開始懷疑一部分原因是不是因為她的主動，於是妥協的信念開始形成。之後，每當有新的機會來時，她一開始會壓抑自己主動的本性，強迫自己扮演成被動，然後，在新的關係確定後，再做回自己，這時就變成了強勢。

這個開始和後來不一致的呈現，是造成她後來幾段感情受挫的來源，直到我們聊天的這一天，她終於看見。

「需要」和「想要」不同

我們很多人都有過這樣的經歷。當我不在乎他人觀感的時候，是不會去改變自己、妥協自己的。一旦我們因為失敗過，開始在乎他人的觀感，接下來我們就會開始隱藏自己的本性，用迂迴的方式去拿到我們想要的成果。但是，這一個成果能維持多久呢？

不在乎他人觀感，吸引到的機會是基於一個人的需要（Needs），這是一種全然無雜質的欲望，所以，對的機會比較大，因為如果機會不對，自己會很容易的就把它排除掉了。而在乎他人觀感的人，吸引來的機會則是基於一個人的想要（Wants），這樣的機會裡也包含了滿足他人對自己的看法，不是全然的欲望，容易導致放掉心裡覺得全然對的機會，對於錯的，也沒辦法說放手就放手，事後反悔的機會很大。這不只是關於感情與親密關係，工作及人際關係亦然。

我們可以更進一步區分「需要」和「想要」的不同，我用婚姻來舉例。

當一個人是基於「需要」進入婚姻時，結婚的原因是關於：我要和我愛的人一起共同組織家庭，因為我們彼此相愛，而且我可以讓另

外一個人更快樂，成為一個更好的人。

而當一個人是基於「想要」進入婚姻，可以看到這裡頭帶著的理由是：我要一個人來愛我，讓我覺得自己是重要的、有人愛；或是，結婚可以讓我離開我原來不喜歡的家；或是，因為對方可以給我衣食無缺的生活。

「需要」是關於本質，而「想要」是關於條件和認同。

當然，我這個朋友很快就看到了她是一個主動性格的人，問題是她能不能即使有過失敗，仍然願意誠實地去成為一個這樣的人，而且是一開始就讓人體驗到；這樣她會吸引到的對象一定也不同。一個喜歡頭腦清楚的女強人和一個喜歡溫柔體貼的小女人的男人，是完全不一樣的兩種人。

生命的緊箍咒

然後，她也看見這樣的情況一模一樣的發生在她的工作上，她的行為模式在工作和感情上是一致的；這些情況的背後其實都隱含了她一直抗拒的東西：強勢的女人。她對這一個標籤的抗拒，和我對Loser（失敗者）的嗤之以鼻是一樣的重。她因為這一個抗拒所付出的代價是得不到她要的感情，而我則是在工作上永遠沒有體驗到成功；我們都找到了這一個生命的緊箍咒。

其實，loser這一個英文字有兩個意思：一個是失敗者，另一個是迷失的。

我終於看見

我的看見，讓我清楚明白了loser這個字，原來可以簡潔有力的來形容我當時的人生。我原來是迷失在我的失敗裡了！（I'm lost in my losing!）

一個人一生當中最大的失敗原來是：在自己的「失敗」裡「迷失」！

我為這一個發現而驚醒，因為原來我讓自己既失敗又迷失，是一個double loser雙重輸家！那一刻的看見，讓我選擇了擁抱我的失敗，因為可以擁有失敗，讓我開始體驗到無關乎失敗的新成功態度，我心裡有一股扎實的感覺也跟著浮現；也因為這一個看見，讓我相信我可以開始追求成功人生。那一天，我擁抱「我是個失敗者」的這個標籤，同時也是我走向看待「我是足夠的」的重要一步。

我相信這個世界上，在同一個時間裡存在著一半的贏家和一半的輸家。如果每一刻，我的輸可以反映他人的贏，這不是很美的一件事嗎？這個新體悟的觀點，雖然不是什麼了不起的看法，但是它的出現，也反映著我正在成為一個正面的人！

發生在我身上的失敗，是一個珍貴的機會，讓我學習包容自己可以是一個失敗者，讓我可以抽離對失敗的抗拒，對輸贏的看法有了同理心；我想這是已經發生在我身上，關於看待自己，看待世界沒有輸贏的一種豁達！

此外，還有一個新的力量在我的心裡升起：「我失敗了，但是我不迷失！」這個看見，讓我重新認識我是個什麼樣的人：「我是一個好人I'm a good person！」

人生的這一段旅程，因為看見，我也開始拿回一生下來被賦予的天賦，和擁有的力量！

七、人只有不同，沒有不好！

如果你抗拒在身邊的人的某些特質，想要改變他們，它絕對會讓你自己過得更不開心。
當然，被你要求改變的人也會絕對地痛苦。

光了解不夠，改變才是重點

我很確定你是一個喜歡藉由讀書來學習的人，因為你正在讀這一本書。

如果沒有用「醒覺」這個工具，去看見自己的信念、行為、態度，以便支持自己有所不同，那麼，讀書這一件事，它的功能只是讓自己藉由讀到的東西去印證自己已經知道的而已。藉由讀書學到的知識，在華人負面教養的影響下，常常會讓人的ego更加自我膨脹，給自己一個幻覺，一個認為腦袋已經知道的東西，就等於我已經有改變。

如果你知道醒覺是什麼，開始用在生活裡，對於自己要成為一個正面的人，讀書就會是一種很有效率，讓已經生根的負面思維「去毒」的方法之一，特別是科普類，談關於人的理性分析的書籍就是很好的工具。現在這一類的書籍也越來越多，真是現代人的福氣。

影響我生命的兩本書

有一本書叫做《別讓性格壞了你的決策》（The Impluse Factor: Why Some of Us Play It Safe, and Others Risk It All）。這本書的作者Nick Tasler是在TalentSmart任職，基於以下兩個問題而開始做的一項研究。這兩個問題是：

- **人們為什麼做他們所做的事（Why people do what they do）？**
- **我們可以如何改善人們做事的方式（How can we improve the way people do things）？**

這兩個問題，在這一家公司是這樣決定優先順序的：如果沒有第二個問題所代表的對人類貢獻的意義，找到第一個問題的意義就不大。

就像我認為，如果不去分享和探討，怎樣做可以改善，甚至改變華人負面教養對人的影響，光了解華人的負面教養下我們的行為呈現，意義其實不大，是一樣的。

對我來說，這是一本關於提供有效區分的、支持人有同理心的好書。

這一本書區分的是「風險管理者」和「潛在風險追尋者」這兩種人的特質。這一本書讓我在成為正面的人的路上，有一個很重要的看見：「人沒有不好，只有不同。」

這是我的學習：

從這本書裡，我學到了我的身體裡存在著一項變異的基因，稱為多巴胺受體D4基因（dopamine receptor D4 gene），而我比所謂的風險管理者身體裡的多巴胺少，所以會形成潛在風險追尋者這樣的特性，意思是說我這種人的天性是會衝動導向。風險管理者和潛在風險追尋者這兩種人存在的比例為3:1；100個人當中有75個人是風險管理者，而潛在風險追尋者有25人。

研究顯示，對於新奇的事物，不管是風險管理者或是潛在風險追尋者都具有好奇心。但是會不會對好奇的事物去追求，兩者對於風險的評估標準迥然不同。

風險管理者趨向先評估好風險，只會做一定風險內的事；潛在風險追尋者則會傾向憑直覺做決定，一旦看見可追求的價值，不會考慮風險，甚至有時完全不顧存在的風險，直接行動。所以，可以這麼說，風險管理者的焦點主要在風險，潛在風險追尋者的焦點在報酬。

書中提到，五萬年前人類的第一次遷徙，是由具有潛在風險追尋者這樣特質的人所帶頭；同樣地，後來一些人類文明的災難也是由同一型的人所闖的禍。

這本書一開始的研究初衷，是為了協助企業有效地管理人；但是研究之後發現，他們找到了另一個重要的結論，就是邀請企業主重視有這兩種人的存在，一旦了解這兩種人對於企業貢獻的行得通和行不通的特質之後，給予接受並尊重這個現象，在工作上共同發揮行得通的特質貢獻給企業，以獲得應有的成功，創造共贏。

值得去練習的生命挑戰

這本書給了潛在風險追尋者一個建議，在工作上如何和風險管理者互動而獲得最大的成功；這個方式就是讓自己一定要跟一名風險管理者成為工作上的夥伴，且常常提醒自己的目標，不會讓自己的熱情引導自己偏離了軌道，而遠離了目標。這個方法原來就是我自己發現的「釐清目標，抑制熱情」。

對生命容易產生熱情的人，容易感染他人，做事有效率，但也容易三分鐘熱度，常常改變目標；這樣特質的人，熱情很容易自我補給，但是可以鍛鍊的是，去抑制那些容易過度而導致目標變來變去的熱情。在擁有一個比自己的感受更重要的、有價值的目標之下，這個抑制熱情的改變，是個很值得去練習的挑戰。

這本書也提到一個我自己和風險管理者在一起時，常常聽到的評論：衝動。彷彿這是一種絕症，我也曾不自覺地讓這樣的人去糾正我的特質。

當我們身體的構造本來就不同時，常常會有這種自大的現象：你那樣是不好的，應該改變。就像基督教有一個組織，用治療的方式來讓同性戀基督徒改變為異性戀。

曾經看到一則新聞，英國心理學家發表的研究顯示，這樣的做法對人是有傷害的。這種自大的方式，擴大了之後的一個極端例子就是：希特勒的屠殺猶太人。

如果你抗拒身邊的人的某些特質，想要改變他們，它絕對會讓你自己過得更不開心。當然，被你要求改變的人也會絕對地痛苦。

這本書對我來說是另一種關於自我醒覺，幫助我「看見」的有效工具書。就像另一本書《奇蹟》（My Stroke of Insight），它同樣是談關於人的生理構造對人的影響，和人為什麼會不同的研究。這本書的寫成背景很特別，是基於作者Jill Bolte Taylor個人腦中風的經歷和專業寫出來的。還有另一本書《從0歲到99歲腦的奇蹟——大腦使用手冊》，也包含著讓人對自我的腦部認識有著很豐富的資訊。我發現，人們對自身這個皮囊開始有了很有用、可以提供給芸芸眾生的研究結果資訊。

因為了解，所以願意包容

這個時代，我們渴望的是新的資訊（information）。資訊揭露的是事實，是絕對的真相；相較之下，意見（opinion），常常只是關於認同的是非對錯，是相對的。

人基於了解，就容易擁有包容；這一個世紀人類最大的演進應該是走在這一個方向。我們真的很幸運。

愛因斯坦說過：瘋子的定義是，重複做同一件事情，卻期望有不同的結果（The definition of insanity：Doing the same thing over and over again, but expect a different result.），這一種重複行為和我們緊抓著對自己重要的舊有固定信念有關，以及我們看不見這一個循環帶來重複的結果有關；而很多時候，我們一再不斷地重複錯誤的原因，只是因為無知（ignorant）。所以，如果我們要擁有成功的人生，就必須跳脫出我們的循環。

生長在這一個時代是幸運的，因為，我們一方面可以運用醒覺幫自己找到關於個人的根本問題；同時，感謝許多人的努力，讓一些新的知識可以被我們取得，去有效地改善無知的情況。

幫助母親更了解父親

閱讀《別讓性格壞了你的決策》這本書，對我來說還有一個貢獻，就是讓我吸收到這些經由研究得來的訊息，讓我可以將這些訊息印證到我的世界裡，有同理心的去看待我世界裡的人。比如說，書裡談到，潛在機會追尋者的個性當中常常包含一種特質，就是所謂的ADHD，注意力不足過動症（Attention Deficit Hyperactivity Disorder）。我發現我也有一些這樣的特質，但也意外地發現原來我父親也是這樣。

在與父母互動時，我發現母親常常會唸著父親的一些行為，而我發現這些行為都是擁有注意力不足過動症的人會有的特質。於是，有一天我在和母親聊天時，特別拿出一本關於過動兒的書，我將書上列出的幾項行為特性唸給她聽，讓母親知道，這就是父親，改變不了的，就接受他的樣子吧！

第一次，我主動為父母親做了點事，不只是因為我有部分過動的特質（父親居然比我還明顯），而是我真的懂了。

人真的只有不同，沒有不好！

八、花圃的柳丁

我們不管已經活到幾歲，很多來自過去的經驗、曾經受的傷一直在當生命的號角司令。

我們捨不得把它們拿開，彷彿一旦沒了這些過去、這些傷口，我們就不知道我們是誰。

我們很怕不知道自己是誰，卻常常忘了，在這個世界上，我們一定有我們值得存在的價值！

我喜歡在家裡養些花花草草，由於住的是公寓式的房子，只能買些小盆栽種一種，而要維護這些植物的生長，挑戰很大。所以，時間久了，經驗告訴我哪些容易養，哪些千萬不要買。

其實我心裡渴望我住的地方能有一塊地，讓我能種些會開花結果的植物，也讓我完成養隻狗的心願。

我很愛我現在住的地方，雖然以上的渴望不能在這裡實現，但是我也想辦法克服受限於環境的因素，所以，幾年前發現客房的牆外有著一個長條型的花圃，我毫不猶豫的買了一堆培養土，將原本一些放在盆器裡的植物移植過去。

在兩年多前，我甚至買了一株柳丁樹，當時大概只有80公分高，細細的一根，說明書上說要大概四年才能結果。當時我也不抱什麼期望，只覺得能在四樓高的公寓種個柳丁樹挺酷的。

最近，我把這個長長的花圃裡的植物重新整理了一番，兩株之前從小盆栽移植過來的桔子樹和茶樹已經「長大成人」，很難相信一年前它們還只是養在中型花盆裡的圈養植物；同時，我發現，柳丁樹上也長出了3顆小柳丁。

看著這一個花圃，我彷彿看到了我人生過去的兩三年。植物和成長環境的關係，原來可以一模一樣的反映著我們的人生。

擺脫生命裡的枯葉、雜草

花市裡賣的三盆100元的植物，因為容器小，目的是擺放用，所以必須很頻繁地照顧，它才可以長得好，活得下來；植物所使用的盆器越大，需要細心地照顧越少。如果一株植物能在花園生根，就更可以體驗到它的生命力。

我們人又何嘗不是如此呢？

我們選擇的人生是33元的小盆栽？99元的中盆栽？還是要被種在花圃裡的植物？或者，是可以恣意長在草原或是森林裡的大樹？

我們是不是一直想要被照顧、呵護？無論是生理上的，或是心理的？

養植物的人都知道，定時的將枯葉、雜草清除可以讓植物長得更好、更健康。其實，我們身上也有這些像是枯葉般的過去，也有像是外來不相關的雜草般的看法，在吸取我們的養分，讓我們活得辛苦，長不好。

我們不管已經活到幾歲，很多來自過去的經驗、曾經受的傷一直在當生命的號角司令。這一些枯葉、枯枝，已經過去了，但是我們常常捨不得把它們拿開，彷彿一旦沒了這些過去、這些傷口，我們就不知道我們是誰了。

我們很怕不知道自己是誰，卻常常忘了，在這個世界上，我們一定有我們值得存在的價值！在我們為人生訂出價值之前，也許可以先看看我們是長在什麼樣的花器裡，身上有沒有早就該除去的枯葉和枯枝，身旁有沒有該除去的雜草？

我們的人生常常是拿著二、三十年前的地圖在找新的道路。醒覺、看見、選擇的能力可以支持一個人活在當下。我們每個人都是一部GPS，只有自己能為自己更新，因為只有自己能為自己找到要去的方向。而這一個由信念組成的導航GPS，有哪些資料需要更新了呢？

我的柳丁樹上的3顆果實什麼時候會長大成熟，我不知道；但在那一刻到達之前，我會注意有沒有枯葉、枯枝伴隨著它，有沒有雜草妨礙著它。

現在對我來說，每一天去看看它的不同，欣賞它的成長，帶給我滿滿的喜悅！

九、誰讓你的心長了雜草？

是誰讓你的心長了雜草呢？答案很簡單，不是嗎？

因為它會長，過去是因為沒選擇，不得不然，但是今天，要不要讓雜草長在心裡，其實你已經有選擇。

有一天，我醒覺到我們華人的人生當中，很習慣讓人在我們心裡頭播下雜草的種子。當種子長成了雜草，我們腦袋裡的聲音就開始有事可忙，嘮嘮叨叨地對著雜草訴說著看法、表達不滿。這也是負面教養的一種影響結果。

一個雜草叢生的心房，怎能看見耀眼的陽光？

事實上，我們根本不想要「除草」。因為如果這一些草被拔除了，我們的不滿、批判怎麼辦呢？那又得花力氣去吸引新的種子來播種我的不滿、批判啊！雜草越多，我們才越正確（對），天啊！原來，這一些雜草滿足了我們，讓我們覺得自己都是「對的」，這對我們是如此的意義非凡！難怪我們嘴裡明明唸著要除掉它們，心裡就是捨不得啊！透過這樣的矛盾而獲得的這些，卻讓人生付出了不少代價。

也許，很多曾在我們生命中扮演雜草的人，已經很久很久不在我們的視線內，甚至生命裡了，但是這一棵雜草卻日積月累的，悄悄地早在心中成為一株巨大的藤蔓。

有一部紀錄片「人類消失後的世界」（Life After People），它描述當人類絕種之後，這個地球在一個星期、一百天、一年、十年和一百年後的樣子。

根據這一部虛擬的紀錄片，當人類從地球消失以後，第一個崛起並占滿地球的是植物，尤其以藤蔓類最為發達。藤蔓無處不生、無縫不種，沒有人類後地球遺留下來的偉大建築，因為這些藤蔓一點一點的蠶食侵略，最後一一崩解、倒塌。

我們心裡也會開花

我們的心裡是否駐著雜草？我們的靈魂是否被某株藤蔓占據而久久不能見到陽光，甚至是某部分的心靈遭到侵蝕，已經坍塌了呢？

是的，我們都是被心靈長了雜草的人帶大、教育大的；但是，除了雜草，我們心裡也會開花。

過去一代又一代傳承給我們種草的習慣會一直傳承下去，除非我們現在能好好地看見這一叢又一叢的雜草，其實不是當初祖先們刻意種下來的，它只是習慣的一部分；因為單純的他們，生活的也是單純的世界，所以雜草的力量從來就抵不過遍地的花香。

最近幾十年來，社會變了、世界複雜了，擁有小花的心裡怎樣都覺得不夠，於是，雜草長成了藤蔓，藤蔓席捲了心田。

我曾經聽一個人講過，現代人每個人 生都一定都要擁有一樣Apple的東西，例如iPod、iPhone、Mac電腦，或是iPad，我覺得這是一個現代人簡單的夢想，挺好的。

但是，如果一個人要擁有全部，甚至不停的追逐每一個新版本，擁有了某一樣新產品的下一秒便開始已經覺得不夠，這就像是花兒瞬間變成雜草。在一片雜草叢生的土地上，花兒永遠不夠多。雜草總會漸漸蛻變成藤蔓，到了某一天花兒會沒了，連雜草也生不出來，藤蔓變成了一個世界的全部。

是誰讓你的心長了雜草呢？答案很簡單，不是嗎？因為它會長，過去是因為沒選擇，不得不然，但是今天，要不要讓雜草長在心裡，其實你已經有選擇。也許你和我一樣，心裡曾經是一片花園，長大後開始有了一些雜草，甚至在今天，因為一些事，稀稀落落的藤蔓也掛在心裡，這都是成長的過程，但不見得會是我們要的終點。

感謝曾經覺得我不夠好的人

現在，你是否想起了是誰讓你開始看不到小花兒們，只開始注意後來長出來的雜草呢？這些人可能曾經說了一些很傷人的話，或是對你施加了很糟糕的動作，或者讓你一直記得的不是言語，也不是動作，而是心碎的眼神，但是，不管怎樣，那都已經過去，只要你能對這個過去做個新的決定，一個不同看待的決定。

因為，沒關係，這個人會一直在等著一件事，就是有一天當你想起他時，將取代過去的憤怒、悲傷，而擁有滿滿的感激。而這流下的一片淚水，將使你的花園昨日再現！

分享一個小故事。這個故事改編自《與神對話》的作者尼爾・唐納・沃許（Neale Donald Walsch）的一本小書《小靈魂與太陽》（The Little Soul and the Sun）：

天堂裡到處都是快樂的小天使們。但是，他們都需要在某個時間點下來到人間，而且要選擇一個主題來體驗這一次的下凡；有一天，其中一位天使的時間到了，也決定了他這一次來到人間要體驗的是「寬恕 」，於是他找到了另一位天使，一起到人間來幫助他完成這個使命。下凡前，這兩位天使依依不捨，彼此做著最後的提醒。

決定來到人間體驗寬恕的天使A對扮演讓他體會寬恕的天使B說：

「謝謝你願意和我一起到人間讓我體驗什麼是寬恕。上帝說這是個很不容易的工作。」

天使B說：「我知道，光聽上帝要我做的，我都覺得那好難喔。」

他接著說：「雖然我不知道我們將會發生什麼事，但是我知道有很多不好的事情會發生來幫助你完成使命；當我們到了人間，我會對你做出一些很不好的事，讓你很傷心、難過，你會覺得我變得好醜陋、好可惡，你會很恨我，甚至你會忘了我是誰。」

聽了這些話，天使A很驚訝，於是問天使B：「你願意為我這麼做？那我該怎麼辦呢？」

天使B想了一下，回答他說：「我也不知道，但是我很確定的是，如果到時候我真的讓自己這樣對待你，請你在受傷、難過、恨我的時候記得，」接著天使很慢的說：「我願意選擇這麼對待你，那是因為我真的、真的很愛你。」

說完，他們兩個人一起來到了這個世界。

曾經讓我覺得不好、不夠，離開我，讓我把心房關過的人，我現在想起我們的約定了。謝謝你們無條件的這麼愛過我，這麼這麼的愛我。

3 區分的力量

身為一個人的力量，有賴於他做出區分的能力。

The power of being a human lies in the ability of making distinctions.

醒覺就是看見原來一直存在，被忽略的真相。我們可以開始看見每一天、每一個當下，身上所帶著的念頭，也就是信念。

《有錢人想的和你不一樣》這本書講的所謂的「不一樣」，就是「信念」。但是，這本由美國人寫的書，再強調，但沒搆著的一個和華人最有關的關鍵信念，是我們根深柢固，看待自我以價值及影響所及到金錢的「負面信念」。

人是這樣運作：信念 → 行為（行動） → 結果。所以，結果和行為（行動）有著密切的因果關係，它也隱含著一個真理，要結果不同，真正的關鍵是來自信念的更換，而不只是在行為和行動上的改變。

李貞的婚姻出了狀況，但她一直無法改變它。她其實改變不了的是她擁有的，關於婚姻和她自己對自己看法的信念。講得更白一點，不是她改變不了，是她根本不知道原來是這樣，或者她知道是這樣，但固執相信的是她沒能力改變自己的信念，或是根本不想去為改變自己的信念下功夫。

沈其偉不滿工作，但也死撐的做了十年；王玲內心渴望成家，但今年四十五歲還沒如願，都是一樣的情況。

所以，生活其實是簡單的，因為每一個人都可以從自己的成果上看到，不管你喜不喜歡這個結果，那都是你的信念想要創造的。

李貞，你不喜歡你的婚姻，這是你自己的信念想要而創造的結果；沈其偉，你不滿你的工作，做了十年還在做，因為你只想做這份工作；王玲，你想成家，但你其實更愛單身，或是根本認定結婚不適合你。而這樣簡單的真相，一般人常常嗤之以鼻，然後回到不變的生活裡，繼續一邊生活，一邊不滿，或是把產生問題的焦點放在他人或是外在環境社會，甚或開始學更多東西，轉移焦點，告訴自己要放下、要知足；或去懺悔，去認定自己有更多的不是，更多的罪孽。但更多時候，麻木是一種選擇。

華人的負面教養給人的重大影響之一，是創造了一種關於真相的謬誤：行之有年的東西一定是對的。

這個觀點，和華人常常拿人云亦云、似是而非、人多的地方不會錯這些思考觀點來做決定的模式是一樣的詭異——如果人生的焦點是關於解決問題，是關於創造的話，這是詭異的習慣。

改變想法，或是信念，也不會造成一個人生活的不同，特別是華人。我們其實忽略的是：要創造我要的結果的最有效方法是什麼？關於這一點，華人為什麼無法落實在生活上？因為，還有面子要顧。任何感受到有失面子的好方法，就絕對敬謝不敏。

李貞，只要想到萬一離婚，自己就變成二手的女人。她自己的信念告訴她，這多讓她抬不起頭來，所以即使婚姻問題重重，也改變不了她的想法。

沈其偉，其實最沒自信的是，如要換工作，他擔心自己的工作經驗弄不出一份好的履歷表。所以他真正的問題是，看待自己的工作經驗是不吸引人、沒多大價值的。另外，他擔心的是，如果自己真的去丟出履歷，被公司知道了，會不會兩頭空呢？

王玲，是個一方面屬於主導性強的女人，但另一方面，在感情上卻極度遵守傳統守則：被動。時間一久，她只能在認識的人裡頭去找對象。王玲，已經搞不清楚，她要的是怎樣的對象。

在我們的生活上，最大的悲劇不是追求夢想的失敗經驗，而是忘了自己要的是什麼。當一個人在人生當中開始清楚知道自己不要什麼，不能做什麼的時候，是怎樣的一種真相的輝映呢？

好在，我們都有醒覺的能力可以去練習，有種種存在的真相可以去看見，有種種積習已久的情況可以讓我們重新帶著「正面人生」的目標去區分。

換句話說，李貞、沈其偉、王玲可以去誠實地承認對人生結果的不滿，根據「要過個正面人生」的人生目標，一方面去看見自己的「負面信念」，一方面開始做個實際的人，知道「面子」是規矩下的產物，並回到焦點，放在找到最有效的，達成人生目標的方法。能這樣，華人就可以真正去落實：無論如何，承諾過一個正面人生。

在接下去之前，我假設，你已經決定了要讓自己開始過一個正面的人生。

所以，在這一個目標基礎下，我們可以去了解運用在生活裡的有效醒覺，分為三方面：就是「信念（態度）」、「行為（行動）」和「擁有（結果）」。三個簡單的英文字可以拿來代表這三個層面，就是：「Be、Do以及Have」。

區分，是訓練醒覺的一種直接有效的方法，這一個方法要能運用得越來越順手，其實很簡單；越是沒有答案的人，越是有清楚人生目標的人，越能將這一個方法運用得得心應手。意思就是，學習丟掉看法，看見真相。

我的經驗教我的是：自己謙卑地站在真相前，讓大自然的真理重新教我做好一個人。

如果一個人還能持續不斷地運用區分的方法，其實也就是在鍛鍊和提升自我的理性能力。一旦將它用在生活裡的各個領域的話，人生會變得更清楚。清楚就能看見真相。能看見真相的人，就能做好一個人，這是我們身為人的權利和責任。

接下來的這一章，是關於區分的。這裡頭有三大篇，分別針對我們生活裡存在已久的，關於「信念」、「行為」和「結果」這三個重要的醒覺範圍的檢視。而這個檢視是基於要我們成為一個正面的人，重新去探討這些我們習以為常、深植腦袋裡、藏在行為中，以及我們創造的人際關係。

第一篇：行為

心態（BE）創造出相關的行為（DO），行為引發結果（HAVE）。

雖然要能看見藏於內在、隱性的「心態」不容易，但那些呈現在外、顯性的行為一定可以被看見。

然而，除了工作上我們會用檢視「做了什麼或是沒做什麼」來了解行為或是行動之外，在我們的生活上，我們卻常常不會這麼做。其實，這是因為我們忽視了檢視行為相對於卓越人生的意義、目的和重要性，特別是對於那些我們覺得理所當然的行為。而這些當中的某些行為卻不斷重複地帶給我們痛苦或是困擾。

行為，特別是社會上多數人共同習慣遵守的行為，對你我的影響其實超過你我的想像。認識這些行為，是「看見」的開始。

一、你不理信念，新的可能性不會理你

一片秋天的枯葉，被強風吹落在地上。這片葉子做它該做的事，成為它該成為的，它是一片完美的葉子。
但是回到我們身上，我們跳脫了大自然的韻律，違背了它的真理，我們告訴自己，我不能有缺點，不能沒用，不能錯。完美的唯一定義和呈現，只能像是盛夏，綠油油的綠葉！

走向正面，區分是一個很有效的方式，因為它可以創造同理心。

大自然的運行有它的道理，就像季節有四季，花開花落，人有生老病死，人生有高潮有低潮；但是讓我們不快樂的原因，卻是因為我們已將自己排除在這個自然運行的一部分之外，並加諸了很多自我的詮釋所導致的。

現在，我們應該已經看見，這些詮釋都源自於成長過程的負面教育。用區分來看真相，可以支持正面的力量。

完美的葉子

有一個支持醒覺的好問題，是關於人們如何常常拿我們的詮釋和標準來看待這個世界。

問題一：一片完美的葉子應該長什麼樣子？

大部分人的答案差不多是這樣：翠綠、健康、有生命力……等等。

問題二：那麼，在秋天的時候，還沒掉下來，高掛在樹枝上，本來還搖搖欲墜，卻突然被一陣強風吹下來而掉落在地上的這一片皺巴巴的枯葉，算不算得上是完美的葉子呢？

不管你回答的是什麼樣的答案，它告訴你，**你怎樣看待這一片枯葉，它正完完全全地反映出你是如何的看待你自己。**

讓我們想一想，這一片葉子在秋天裡做它該做的事，成為它該成為的，當然是一片完美的葉子；但是回到我們身上，我們跳脫了大自然的韻律，違背了它的真理，我們告訴自己，我不能有缺點，不能沒用，不能錯。完美的唯一定義和呈現，只能像是盛夏，綠油油的綠葉！這其實是我們對生命的一種詮釋。

1.謙卑地站在真相前，讓大自然的真理重新教我做好一個人。

2.如果一個人還能持續不斷地運用區分的方法，其實也就是在鍛鍊和提昇自我的理性能力。

3.能看見真相，就能做好一個人，這是身為人的權利和責任。

我們都活在自己的詮釋裡

有一天，我聽廣播節目。收音機裡的主持人自問：「我有沒有什麼獨特的天賦呢？」同時他回答自己，我真的找不出來。

播音室裡坐著一個女生，她鼓勵主持人說：「你怎麼會沒有？你放音樂就放得很讚哪！」主持人聽了，似乎沒有被鼓勵到，反而嘆了一聲氣。

這位主播做同樣的節目做了十多年了。似乎我們做一件事做久了，就看不到我們當初會被認可的那份最初的特質。這個主持人一旦認定自己沒有天賦，或是開始把自己的天賦渺小化，那他就一定是對的。這個自我的渺小化其實正在提供給他的主人一個機會，一個絕佳的機會去看到，自己正在經歷，成為冬天那個枯乾、就要掉落的黃葉。它正提供一個絕佳的機會去面對內在的負面。

其實，我們都活在我們的詮釋裡，**我們就是我們說的！**

詮釋是來自過去的經驗，這個主觀的經驗造就了我們如何看待自己，然後投射到這個世界來，去看待其他的人、事、物。

既然詮釋主導了我們對這個世界的看法，它也深深地影響了我們的生活品質，它是絕對主觀的，所以藉由了解我的詮釋，等於是去了解我的這些主觀意識形成的根源，也就是去看見我的信念和信念的來源，這對於學習正面是另一個有效的方向；也就是說，藉由看到詮釋形成的過去，會讓我能認識到我的負面根源，可以讓我和我的負面相遇。

當與負面相遇

這一步是為了要給自己有個不同的正面人生而做的，這過程一定會讓人碰到不舒服的體驗，當然，我們也可以不做這一件事，但也不會有所學習；如果沒有新的學習，明天會和昨天差不多，每天都相同，過著一個可以預測的人生，雖然安全、習慣，但也挺無趣的，不是嗎？

拿這個主持人的例子來說。當他看待自己是個沒天賦的人，他真正內心想溝通的是什麼，是厭倦這一份工作？還是工作上已經喪失了成就感？還是生活上發生了什麼事，或是想要的事不曾發生？他看待自己是個沒天賦的人是怎樣的感受？他會怎樣看待其他那些沒天賦的人？誰曾經讓他覺得自己是個沒天賦的人？那時，他做了一個怎樣的決定？這一刻，腦袋在說什麼？心裡的感受如何？在想的是什麼呢？

如果這個主持人換成是你，那一個讓自己喪失生命熱情的原因是什麼？

我們活在一個處處強求成功的世界裡，錢財是一個大家都已經被訓練成應該追求的東西，如果是以這個指標來論定成功，大家應該都已經學會一句話：你不理財，財不理你。相同地，既然我們已經看到信念對一個人的生活品質的影響這麼直接、重要，要過一個行得通的正面人生，我們是不是也可以這樣套用：你不理信念，新的可能性不會理你。

同理心，是讓人快樂的根源

培養區分的能力，為的是去看到這大自然裡已經存在著很多我們平時主觀看不到，或是忽略不想看到，或是沒機會接觸到的事實和訊息，而這些事實和訊息裡最精緻的一個傑作其實就是：「我自己」。

看清楚自己的能力絕對和看清楚外在發生什麼事的能力，成相對應的正比關係，不論一個人想提升自己，增進和他人關係，工作上或是生涯上做出有效率的決定和表現，甚至為社會國家做出貢獻，這份看清楚的能力是最基本的能力，而好消息是，這份能力是可以學到，而且隨時可學，因為所有學習的素材，都在自己的身上。

我藉由接觸這些訊息，幫助我對自己的了解，認識到我從來沒看到的自己，去幫助我、增進我做決定時的選項；這對有心想成為正向的人來說，還培養出真正、簡單但又基本的自我同理心。這個真正的同理心，是讓人快樂的根源。

區分的能力也必須來自吸收新觀點和對阻礙我正面的信念去存疑、去釐清，它是醒覺的一根大柱子。區分能力的培養可以有效地讓人去成為那個有力量、活出正面的人；當一個人能夠如此呈現出自己地活在這個世界上，一定會愛上自己獨特的人生。

所以，讓我們從看見自己的信念、詮釋開始去了解自己，因為我們每個人都是大自然裡很珍貴的完美傑作。

在培養我們區分的能力時，也請準備好會常常和我們的負面一起相遇。

二、預防針

打預防針的人常常會說：「因為我關心你！我是為你好！」
但預防針其實是負面教養下被發展出來的上對下的單向溝通，它剝奪了人的冒險力，和錯過追求夢想的機會。

在我們的生活裡，有一個人與人之間用來表達關心的古法，我們從小到大都不時地接受它的薫陶，這個方法在我們長大成人以後，也一定照單全收的把它用在那些我們想照顧的人身上。

這個方法就是：打預防針。

預防針是怎麼個打法呢？它常常像是這樣：

「你不要ＸＸＸ，不然你會……」

「如果你ＸＸＸ，你一定會……（指的是不好後果）」

「你要ＸＸＸ，不然你……」

再強一點的打法是這樣：

「你看吧！我早就說過了，下一次……」

說白了，這個關心的主要目的是怕你失敗、跌倒，甚至擔心你承受不了。但是，如果我們再看明白一點，也許要問的是：這麼苦口婆心地打預防針，真正想創造的是什麼？它真的創造出來的又是什麼？

失敗、跌倒，是身為一個人的權利

基本上，不同的預防針裡頭的藥劑都有一個共同特質，就是告訴你「什麼不要做」，而「你偏偏就是會做的事」；或是，預告你如果一定要怎麼樣，就會有如何慘痛的代價等著你去付。這會讓人在事情都還沒開始做，但心中已經被打針的人搞得焦點大大的放在付代價和恐懼上而已。

通常會對我們打這預防針的人，是了解我們的人，特別是了解我們能耐的人，也就是說他們了解我們的限制在哪裡，我們的能力到哪裡，我們的程度在什麼地方。而且，他們不相信所謂的可能性，他們只深深相信他們的看法是對的。

當這些預防針打在我們身上時，其實給我們的訊息也就是：我們是有限制的人、我們的能力有限、我們的程度還不到、我們沒有新的可能性。

老實說，我們心裡都有這樣的聲音：我不喜歡人給我打預防針，我不喜歡人們提醒我做不好的代價，我不喜歡別人看衰我，我不喜歡別人不相信我！

當一個人被迫接種這些預防針疫苗的時候，是很難體會到關心的。「關心」變成只是給打針的這個人去糾正人、拿走人信心的正當理由而已。

讓我們先停下來：如果我心裡有一件非做不可，對我有意義、有價值的事，即使在別人眼裡看來覺得犯不著去做，我是不是可以直接去做、去經歷可能的失敗呢？即使如此，我能不能讓自己去體會到我能力的有限、我的不足呢？這是不是我身為一個人，在人生當中可以去經歷的權利呢？因為，不做一定不會失敗、出糗；但是只有去做了才有可能成功！人的權利不是害怕跌倒，而是學習跌倒，體驗成功。

其實，我們心裡都很清楚，這個打預防針的人給的是痛苦，但是漸漸地他們也會知道我們的抗拒、我們的不舒服、我們的叛逆，或是經由我們反抗之後也逐漸地學會不再亂打這一劑預防針；但是不亂打，不代表就不再打了，什麼時候又會出其不意的來上一針呢？當好不容易彼此緊張的氣氛和緩一些時，這一針，嘩啦，又打了下來。

因為我關心你！因為我是為你好！

但是，也有人經年累月被打了預防針的結果，是真的開始相信自己能力不足，進而認定自己是有問題、不夠好的人；相信人生就是這麼一回事，不清楚的事不要碰、不懂的東西不用學，反正也學不來。最大的代價是這個人會告訴自己：反正我會壞事，這個世界也許沒有我還會好一點。

這一劑預防針也許真的是出自關心，但是，有多大的效果呢？

沒看見能力的人往往沒有辦法停止一件事：讓別人加諸在自己身上，對自己行不通的模式就此停止。我們華人常常是：己所不欲，強加諸於人；打預防針的人如果是我們的父母，那我們的孩子一定會多挨個幾針，因為我們從他們那裡學到的口頭禪是：這是因為我關心你！因為我是為你好！

真的是這樣嗎？

如果你會為你身邊的人打預防針，知道被打的人會經歷什麼，不要自責，因為這其實不是你的問題，你只是從來沒想過做這一件事到底真的在做什麼。

可是，如果你看到打預防針所創造給那位你真正關心的人，其實只是阻止他做自己愛的事（很顯然的，你替他看到了風險和失敗的可能），你只是在阻礙他面對失敗的機會，阻擋他學習成長、培養負責任和面對挫折能力的機會。總之，**負面教養之所以為負面，是因為它會放大負面對人和生活的影響，而不談目標和意義**；如果你明白了這一點，但還自動化的做這一件事：給人打預防針，那就是你的問題了。

我們必須了解，打預防針這件事是自我ego作祟，而且帶著來自負面教養的單純想法：我不想你犯錯、後悔，因為我是對的；這個預防針其實是負面教養下被發展出來的上對下的單向溝通，它剝奪了人的冒險力，和錯過追求夢想的機會。

其實，用盡心思打預防針所給予的各種合理的理由，是想警告他人、害怕他人失敗；會這麼做，可不可能是因為如果我們不打預防針，當我關心的這一個人真的失敗了、跌倒了，我怎麼去面對他或她摔的這一跤，我能讓他或是她知道我的關心嗎？

是不是因為我們深深相信「預防勝於治療」，鄙視「失敗」，在意「面子」，而從來沒學會當所謂的「負面」結果在我們所愛的人身上發生，我可以怎樣藉由溝通，讓他收到我的關愛和支持？很好的問題，是不是？

讓尊重、支持取代打預防針

在一個沒有預防針的世界，人都會傾向冒險，特別是做心裡渴望達成和沒做過的事。當一個人做了這樣的決定之後，需要的是被在意的人無條件的相信和支持。因為人都需要在實現過程中被打氣、被提醒記得，做這件不平凡的事的初衷；即使如果最後真的失敗了，當陷入自我批判的可能時，還有一個人，讓我知道，在我難過之後，我還可以重新再站起來！

很可惜的是，我們華人世界不是這樣運作，但是我們的世界是可以這樣子的啊！不是嗎？

關心一個人可以有不同的方向和方法。我們可以將負面影響的、上對下的打預防針，扭轉為正面的，平等尊重的支持和成為背後的基石。

首先，我們有意識的不把自己的看法擺得那麼大，然後練習以下幾個步驟：

1. 尊重。如果你真的想參與你關心的人的生命，記得，任何人都可以體驗到是否被尊重。被尊重對待的人，會尊重回去。一開始，你應該平等地去了解他做這一件事的目的是什麼。這是一個機會，藉由他想做的事去了解這一個人，從他告訴你的目的裡，你可以了解對這個人而言，重要的是什麼。當然，如果這個人的年紀還小，你也可以去做一件完全不一樣的事：先拿到他的允許，然後提出你的看法；如果你能這樣的對待自己的孩子，而且成為一個習慣，你的孩子將來絕對是人際關係的贏家。

2.如果你要給意見，在提出來之前，先看清楚這是一劑預防針，還是值得給的好意見，而且必須先得到對方允許後才給他。在他開始有行動之後，讓他知道他可以隨時找你，如果他沒主動找你，不要干預，如果他跌倒，讓他跌倒，如果他失敗，讓他失敗。你唯一要主動做的是讓他知道，當他跌倒，當他失敗，你都在他身邊，不管他做的怎樣，你都愛這一個人。如果你想積極一點，去學習這些話要怎麼表達，在什麼樣的情況下表達，有很多好的美國電視影集都有這樣的素材供你參考。

3.如果事情失敗過後，他要再來一次。你問你自己的第一個反應，是嚇死了？還是會比他更興奮？如果你身邊有個人面對失敗以後還要再來一次，你是會替他擔心？還是看到這一個人是多麼地勇敢和願意冒險，多麼地讓你引以為傲？如果你是前者，這在負面教養的社會中是典型反應；如果你是後者，你對你自己的體驗會不會覺得自己真是了不起。

我終於看見

其實，無心的給對方預防針和為他貼上「你就是這種人」的標籤是一樣的意思。一個被貼上標籤的人，他會開始以他看到的四周的牆和他之間的距離，來決定他能呈現的空間有多大，也會抬頭看看頭頂的天空高度極限在哪裡；如果只能跳一下的話，就別想飛了！換句話說，就是他已經開始相信自己什麼能做和什麼不能做。

他這一生的焦點會開始遠離夢想、只求不要失敗、不要犯錯；而不是在成功。這樣的人生，會是怎樣的人生呢？這樣的人生，是不是就是大多數華人的人生呢？

如果你現在有腦袋上的燈泡亮了的感覺，相信下一次有人替你打預防針，你一定會馬上看得見。那麼這一次，你會怎麼做呢？或者，當下一次你自動化地替人打預防針時，如果能馬上看到，讓我先恭喜你，但重點是，這個當下，你會怎樣呢？

當你回到生活時，張開你的眼睛，打開你的耳朵，開始留意你和其他人的對話，還有其他人彼此間的對話，你也許會看到一堆人拿著針筒互相扎來扎去的畫面，記得，這個畫面是我們負面教養文化的特產，好好欣賞！

同時，因為你的看見，也可以記起你決定過一個「正面人生」，然後在行為上做一個不同的選擇。

三、規矩和規則

我們每一個人心裡真正想要的親情關係是：不管我做得對不對、好不好，會不會被接受，會不會失敗，我要的只是親人可以放手讓我們去跌倒、去失敗。
如果我真的跌倒了、失敗了，親人還會在我身邊，告訴我這一切都沒有關係。

拒絕的是提出來的建議，不是人

否定的事，我們常常在做。

去XXX（地點）吃飯嗎？不要！因為……
看這部電影好不好？不好，因為……
中午要不要去吃XXX？要嗎？我聽說……

這些對話，常常在我們的生活上發生。其實無傷大雅，因為被拒絕的是提供出來的建議。

但是，為什麼華人彼此關係的互動上，對事的否定力量卻常常不只是事本身而已呢？其實如果拒絕一件事，包括了內心對一個人深藏的否定，殺傷力自然就很強，這個對人的否定只是藏在拒絕這個建議的背後而已。

和打預防針很像，否定也是一種負面教養所產生的行為，但這裡要談的否定，和打預防針不一樣的是：打預防針時，講出來的話很明確，是直接類似恐嚇的告訴對方，做了某某事的不好後果，要對方不要做想做的事；有時則是直接否定這個行為，連恐嚇都不用，直接否決，或是間接的拐彎抹角，沒說出來的，比說出來的更傷人。這個沒說出來的，包括話裡的隱喻，或是說話時伴隨的語氣、聲調和肢體語言，或是眼神。

在我們的人際關係當中，常常會用一種方式去間接呈現我們對一個人的評估判斷：「告訴別人不要做什麼」，而且這樣的溝通常常聽起來像是在下命令。

如果你喜歡告訴別人不要這樣做，不要那樣做，不應該這樣子，不應該那樣子的行為，你這些動作產生的負面力量，不但正在一步一步建立你和人的上對下模式關係，也不斷在加深你的負面能量。

我們可以先來了解人與人互動的模式有三種：

父母—孩童
成人—成人
孩童—父母

華人的負面教養下，一直以來尊崇上下對應的模式，所以我們不難了解，為何人與人之間的言論交談，常常陷入父母孩童模式，而很少有平等、尊重的溝通，即使是兩個朋友之間也是如此。

陷入不誠實關係的營造中

上下模式關係創造出來的結果是：居下的遵從者會離居上的決定者越來越遠，尤其是他的心；彼此不見得會分開，但是保證不會再有誠實的關係。這就是多數華人的關係寫照。

這樣的關係一定不是你要的吧！事實上，雖然我們腦袋明白，但是我們卻情不自禁常常這麼做，而我們會常常這麼做的原因，是因為我們有個不自覺，但挺自大的理由：「因為我懂」。這一個理由當然對關係沒幫助，只是要這麼做，我們都有說不出的苦衷：誰喜歡當個被支使的孩子一輩子呢？再仔細想想，這是因為在父母孩童模式下，不會懂得對人這個個體尊重，或是更公平一點的來說，是因為我們沒有被尊重過，是因為我們自身承受著資歷年齡大（senority）擁有主導權的負面教養。

當然，上下模式關係最顯而易見的是出現在父母和孩子的互動上。

有多少時候，父母或長輩會喜歡對一個七歲以上的孩子說：「你不可以XXX！」或是用疑問句去讓他知道父母或長輩不喜歡他那樣：「你怎麼XXX？」這個XXX有時候是針對他的行為，或是他的態度，或是他做的事，有時候也許是針對他的個性特質。

具體舉例，父母或長輩可能是這麼說的：

你不要玩電腦了！拿這個時間做有意義的事行不行？（做的事不對，沒意義。）

你是男生！怎麼那麼愛哭？（應該依照我的看法才對。）

你不要沒大沒小！這樣人家會說你沒家教。（你正在說的是：你沒家教。）

你可不可以快一點！難怪人家不喜歡你！（你這個人是有問題的。）

你可不可以慢一點！等一下你就會摔跤！（打預防針，為你預期的結果鋪路，證明你是對的。）

你怎麼會這麼笨？連這個都不會！（只要有不會的，就等於笨，開始抹滅孩子可以不會、不懂的權利，建立的是孩子對「不會」的負面恐懼，拿走的是孩子對學習新東西的熱情。）

很多時候，你也許不是這麼說，但是肢體語言呈現給孩子的是一樣的；當然，**重點不是你說了、呈現了什麼，而是你為什麼要釋放出這樣的訊息？**

如果說這些話是放進你的評估判斷，心裡不認同他的行為、態度、行動或是他的特質，但你只是把自己的標準放在他身上，去告訴對方那是錯的。你千萬不要再催眠自己，用「是為你好」來合理化自己傳承負面的行為；因為你正在為你們的關係打下一個讓對方開始對你不誠實的基礎，如果他離不開你的話。

當孩子不相信父母的話

其實這個模式裡也有著一個很矛盾的現象。

通常父母自己做不到的，會要求孩子。比如：紀律，如「一天只能上網一小時」。父母抗拒的，但是社會上大家都得要求孩子的，也會用在孩子身上。比如：看孩子不足的地方，「孩子拿成績單回家，五科的分數是79、90、100、95、95。父母的焦點會放在孩子的79分這一科上。」通常華人父母不會去記得孩子有四科都在90分以上，會記得的是有一科只有79。華人父母覺得那唯一的100分沒啥好誇獎的，否則孩子會自滿，孩子還不行。

更離譜的是，華人父母看不到父母說的話是全世界最不值得去相信的。

比如，父母規定你一天只能上網一小時，他會隨著環境狀況、心情好壞而對這個規定做調整。或是，父母說，看到長輩要請安、問好，但是自己卻不見得這麼做。還有，有多少父母對孩子會很清楚公平的施行獎懲呢？特別是關於處罰，大多數的時候，只是拿來嚇嚇孩子的吧。

還有，父母喜歡對孩子說：喝可樂有害健康，但是當自己喝的時候會說，對大人沒關係。或是，父母會說，早睡早起身體好，而被孩子問為什麼是這樣時，父母會說：「問那麼多幹嘛？」或是回答：「這是常識。」更多的時候，孩子親眼目睹，怎麼說這話的父母常常在熬夜？

其實，這個矛盾就是，華人因為太多規矩，讓人不喜歡會限制自己發揮的規矩，所以常常一邊設規矩，一邊在行為上解套。這個矛盾，幾乎沒有人看到，於是，同時又把這種規矩傳遞到後人身上。

這個矛盾，也是因為單向的被教導去遵循這些規矩，卻喪失了看見自己是怎樣在這些規矩下生活的真相，以及自身的誠實感受，加上怕不遵從規則會成為罪人的恐懼下，漸漸自己沒有思考的習慣，因此喪失了獨立思考的能力，也學會用高壓的權威方式去建立和後代的教養關係。

也難怪，華人看不到其實規矩（measures）和規則（rules）是兩碼子事。

規矩是用來限制人發展的，是個關於怎樣的行為和擁有怎樣的人生成果才算是對錯，才算是好壞、成敗的標準大框框。人必須活在這個框框裡才能被認同，被社會接受；而規則是在所有人在的這個世界，訂定一個有利於大多數人利益的規定。在遵守這些規定的底線下，每個人有自己無限向上的空間。

難怪，華人有情理法這種約定俗成的順序。在西方的規則制度漸漸被華人引進之後，如果沒看到這一個華人關於規矩和規則的盲點關係，是的，華人的父母子女關係，就是持續維繫保持負面教養最好的溫床和基石。

我們身上的鞭痕

因為規矩的訂定，親人關係裡硬是被放進了一把尺，而這把尺的目的是用來檢視孩子的「錯」，而這個錯當然是相對於父母或是長輩所認為的「對」。也因此，身為父母或是長輩的管教焦點是讓孩子收到他的「錯」為出發點，為何？「因為這樣孩子才會有長進！」很多父母和長輩會這麼說。但是，我看到的是，為何這和馴獸師一鞭抽在動物身上的畫面是如此的雷同！

如此一來，被規定的弱勢，離不開父母，他便會開始做一件事：不再讓父母看到他的「錯」；目的是讓父母體驗到孩子表面上的改變，但其實孩子並沒有改變，已經改變了的是親子之間的關係。這不也就是你自己和父母關係的寫照嗎？還有，已經長大的你，有沒有看到自己身上的鞭痕？

曾經有個孩子，很喜歡讀故事書，但這和他父親的價值觀是違背的。這位父親認為讀這些書沒有用，所以不准孩子買，但是對擁有故事書的熱情，不是不准就會熄掉的；於是這個孩子聰明的小腦袋開始尋找各種方法。最主要的方法是透過他媽媽和撒謊拿到錢去買，後來他買的故事書被父親發現後，當然免不了討來一頓打，但是這個一直得不到的體驗，卻影響了這個孩子的一輩子。

抗拒上下關係的人，不只會把這種模式複製在自己和孩子的關係上，還常常會不自覺地用在其他的人際關係裡。比如工作、朋友，甚至和陌生人的互動上。有哪些朋友，你是這樣和他（們）互動的？同事呢？是不是對屬下是這樣？如果你是強勢型的人，是不是甚至於會拿來用在你上司身上呢？或是，你的伴侶呢？男女朋友呢？或者，剛好完全相反，你總是那個父母孩子溝通模式下，扮演孩子的那一個呢？

在和朋友的關係上，我們有時候會不自覺地告訴對方，不應該做這個，不應該做那個，應該這樣才好，應該那樣才對，或是，你的朋友常常這樣對你說話。

一段友誼關係當中，如果是這樣的互動，不可能有平等的關係。如果你和朋友的關係當中出現了這樣的情況，而彼此都沒有察覺，這是因為你們彼此不自覺地把父母孩子的溝通模式搬進了這段朋友的關係裡頭。

我們對身邊的朋友是不是常常帶著自我的標準去看他們做的事呢？如果是這樣，你是那一個上？還是那一個下呢？

也許是我們習慣了一致化、不鼓勵獨特性的社會環境，或是對這種上下的關係不懂得可以有不同的互動及溝通方式。所以，是不是我們應該先來看一看，上下模式的關係是不是有行不通的地方？如果看見了這個行不通的影響有多深、有多大，也許再來談不同的互動和溝通才有意義。

孩子並非「麻煩製造者」

學校教育不斷地在創造一制化，它要壓抑的是個體的獨特性，它藉由一制化創造的是管理的方便，減少麻煩。

其實，這一種觀點，它源自於農業社會。農業社會崇尚子孫滿堂，因為做事需要人，人越多，越有生產力，而且重男輕女，因為多一點的「壯丁」，才好幫助田裡的勞力工作。

但是，人多，個性就多，最好大家都能乖乖做事就好。一旦孩子特立獨行，不但不好管理，父母也頭痛，而且，整個社會並沒有啟發個體發展的價值觀。這個觀點，在二十一世紀的台灣教育裡依然奉行不悖。

擁有獨特性有問題嗎？其實，一個與眾不同的孩子是不會傷害到人的，但是他卻會替不懂得欣賞個體、發展個體的教育從業人員帶來困擾；照理說，這種困擾應該是刺激教育從業人員去求進步的力量，很可惜的是，華人主導的教育對這一點大多睡得很沉。

在教育的環節當中，加上負面教養的影響，常常對一個個體的特質底線設下的是：「不要造成他人（或是關係在上的人）的困擾」。無論接受學校教育的個體獨特或不獨特，學校教育應該教給孩子的是：尊重每一個生命個體，底線是不能去傷害他人的身體或是心理。

我們的教育一直都是制定出對在下的人類似「豢養」的教育核心，孩子的特質要嘛被重重的壓抑，要嘛反而鼓勵起了叛逆。這個叛逆，有的人變成明顯的性格特質，有的人變成隱性的特質。

「不要造成他人的麻煩」基本核心的出發點，是把每個孩子都當成了可能是「麻煩製造者」來對待，但是，聰明的孩了多少都會造成成年人的「無知」來源，他們可能會有很多的想法是成人回答不了的。

心裡一堆「疑問句」的孩子是只懂得「句點」的成年人的大夢魘。

所以，命令式的、權威式的管教方式其實都只是為了貪圖自己的方便和維繫自己無知時候的好法寶，孩子被這股命令式教養壓抑住的自主性，常常在人際關係上呈現了出來。

我們很多成年人原來的樣子都不見了，那是因為我們一次又一次「完整」的被「教育」過了；過去的「行不通」已經更正不了，因為時光不會回頭，但是，我們可以重新選擇的是：現在呢？我們現在是不是還要舉這個舊火炬，點在孩子的心上？

重新認識、接受他人的不同

從朋友的關係上來看，朋友之間能不能開始這樣的不同：

我們是不是能接受屬於我朋友真正的樣子、行為？我們是不是可以去重新認識、接受，或欣賞他們的不同，只要他們的行為和個性是不會傷害他人就可以呢？

最根本的問題也許是：上下關係行得通嗎？如果這樣的關係要有所不同，關係上的新可能性是什麼？那會是怎麼樣的關係？

我們自己是不是也有這樣真實的心聲？

我的父母根本不認識我。

我的朋友懂我、了解我的程度有限。

我真不了解我的孩子在想什麼？

其實不認識、不懂、不了解不是問題，這個不認識、不懂、不了解是因為我只用我世界裡的東西去硬套用在他人身上的失焦狀態。

我們要他人「不」要怎樣的時候，這一個東西感召來的一定是另外的一種「不」，就是這麼簡單。當你不要一個人怎樣的時候，他一定會創造出另一個「不」來和你的互動。

真正破壞人與人關係的是自我ego，自我ego的天職是要自己是「對的」，而且ego的運作是無聲無息的，只有靠醒覺才有可能讓我們去重新檢視我們看不見的、存在我們關係裡行不通的現象，這樣才有改變的可能。醒覺，可以幫助我們終於去看見一直存在的種種狀態，但是現在也看到了它的行不通和深深地影響著又讓人匪夷所思的現象。

曾幾何時，這一個要是「對right」的自我ego，是如此主觀和霸氣，這個主觀和霸氣的呈現就是讓「我的對是建立在把錯放在別人的身上」；但是我們的真我並不想要這樣。

我們無心的、習慣指使他人或是把我們的評估判斷放在他人身上，只是因為：我們也曾經被這樣的對待！

要扭轉這個模式，讓我們回頭看，回想我們還小的時候，哪一些我們所熱愛的，因為不被支持，或是被批評，或是被否定，被自己收斂的、隱藏得好好的是什麼？我們有哪一些屬於自己的獨特特質，是曾經被批評過、否定過的呢？還有，最重要的是我現在能不能看到，今天接了棒繼續否定自己特質的人，竟然是我自己呢？

人際關係，對一個有心想讓自己有所不同的人是一份很寶貴的禮物。因為，人際關係是一面清清楚楚、可以看見的醒覺鏡子。裡頭可以看到那些對我自己行不通，但我卻自動化、情不自禁加諸在他人身上的東西；在你看見的同時，改變就已經開始。

拿回被否定所拿走的力量

孩子和父母的距離，是在學會不讓父母知道自己正在做他們不認同的事情時開始，不管這個孩子幾歲，是十七、二十、三十、四十，或是五、六十，還是會讓這個不認同自己，來自父母親看待自己不足的批評念頭，去主導自己的人生決定，所以，讓我們現在想一想，一直不斷地跳進這一個洞，會不會太笨了？

當一個人開始願意面對父母長輩對自己的不認同，甚至去決定，這份來自父母長輩的不認同，到今天還需要賦予它那麼大的力量嗎？這個決定，可以幫助我們開始拿回被這些否定拿走的力量。

如果父母長輩過世了怎麼辦？要知道，即使他們已經不在這個世界上，他們還是會永遠活在我們的心裡。所以，這個面對在自己的心裡做就可以。它會是一個很有力量的過程。

當大部分的華人有機會去和「否定」的源頭真正面對面的時候，常常會啞巴吃黃連，說不出為自己辯護的話。其實，「辯護」是讓我們說不出話的原因。因為當我們的出發點，仍然處在父母孩子的溝通模式時，我們就會想辯護。停留在這個模式裡頭，一個人付出最大的代價是，阻止了自己「長大」的機會及做自己的力量。這個力量裡頭包含著：過一個自己真正要的人生的能力。

轉換溝通模式是關鍵

做自己和自己有熱情的事不代表就會被接受，就會成功。要開始活得有熱情，開始找到值得去完成的夢想，找回過自己人生的能力，必須先去面對和父母的關係，這樣才能支持幫助我們去改變這一個關係對我們的影響，從創造一個不同的、行得通的新關係開始。

面對我們人生這份否定的來源，關鍵是溝通模式的轉換；你要任何人給你的關係，你自己要先去創造給對方，這也包括和父母的關係。

創造這個關係的溝通模式，就是**成人—成人的溝通模式**。**這裡頭包含著真正的「尊重」的精髓**。你知道該怎麼做。

我們每一個人心裡真正想要的親情關係是：不管我做得對不對、好不好，會不會被接受，會不會失敗，我要的只是親人可以放手讓我們去跌倒、去失敗。如果我真的跌倒了、失敗了，親人還會在我身邊，告訴我這一切都沒有關係。

也許你可以在溝通上更進一步的是：問問對方願不願意，可不可以這樣的支持我？讓他們選擇，這會是一個很重要的過程，簡單，但是也許不容易。

不只和親人是這樣，任何你想要不同的、平等的、尊重生命的關係，你都可以和對方這樣溝通；要有所不同，從你自己開始。

你能不能做到這樣，就看你有多想要有個不同的人生。

四、白目

有好幾個人一進門，不管三七二十一，就直接衝到窗口，把要寄的郵件直接塞給辦事員。
當下我心裡跑出來了一個聲音：「這些人在急什麼？真白目！」
原來，我當下負面批評的聲音又跑出來了。

你我都有白目的時候。

白目不是什麼大不了的事，但是一個人白目的程度和一個人的醒覺水平恰恰成反比。

小娟和小玉共乘一部機車，她們將機車停在大馬路的慢車道上。小娟坐騎在機車上，小玉則是站在旁邊，她們兩人邊聊天邊等人。

在她們十公尺外的地方，來了一位拖著菜籃車的老太太。因為人行道上停了滿滿的機車，阻礙了老太太的通行，所以她就走在慢車道上，朝著她們兩人的方向走過去。

老太太朝著她們兩人的摩托車走了過來，顧著聊天的少女沒注意到老太太，當老太太靠近她們時，必須繞過去，走在更外面的馬路上，但老太太卻突然對著她們倆罵著：「車子亂停，要死囉！」聽到了老太太的開罵，小娟跳下車來，不情願又悻悻然地把機車勉強地往前挪靠到人行道邊，老婦人隨即蹣跚往前走去。

這個「機車」事件裡，白目的是誰呢？小娟和小玉嗎？其實，始作俑者，應該是那些把機車停在人行道上，造成行人不方便通行的機車主人吧！這些白目的機車騎士讓故事裡的三個人當天都不開心。

無法前進的人生

白目的人有一個很重要的特質：「以自我為中心」。

老實說，看看和交通有關的新聞：酒後開車肇事、機車騎士轉彎不打方向燈，後照鏡當作無物、汽車在視線不清的路段不開燈、半夜路段闖紅燈……等等，都是不同的白目。

我們有的時候也會因為信任白目的人而導致損失。

瑪莉張，前幾年開始賣一家未上市公司的股票，她找了身邊認識的朋友買了不少。做了幾年之後，她發現，原來這家公司根本沒有股票，是詐騙集團。她也發現，這家公司的運作模式是在一個地方開個營業處兩年左右，就會換到另一個城市，重新詐騙另一群人；今年，公司要她跟她的客戶說又配了多少股票。

知道這些真相，她很害怕，但是又不敢對買了這家公司股票的朋友誠實，最後她選擇逃避和躲起來。這個詐騙事件，她是始作俑者嗎？當然不是，但是，最後她選擇的處理方式，其實和執意詐騙他人錢財的集團作為竟然一樣：逃避和躲起來。

白目的人除了擁有「以自我為中心」這個特質之外，還有另一個特質：「凡事以自己的方便為優先」，不懂得負責任。

有時候，願意承認生命中不好的成果，就可以不用活在成為受害

者的憤恨裡，而可以展開生命中新的一頁；但是，也有人喜歡緊抓著傷害不放，不斷地告訴自己都是別人的錯。人生不但沒辦法往前，也只有負面的過去和負面的未來。

海倫小姐，五、六年前離開原本服務的公司後，一直帶著忿忿不平的心，到現在還會一直提到她當初在那家公司剛成立時是怎樣的盡心盡力，但是公司後來如何無情地把她一腳踢開……等等的對話。

事實上，海倫的受害是真的，因為她在工作時真的盡心盡力，也從不混水摸魚；但是，五、六年過去了，她也竟然還沒有重新找份工作來發揮自己，還在細數前老闆的不是，這就是白目了。

如果海倫能看到當時她對公司盡心盡力，不也是身為員工應該盡的義務嗎？但是她故意忽略不看的是這家公司也付給了她豐富的薪資。所以，公不公平純粹是權利與義務的平衡問題。但是她在被解聘後，還對那家公司念念不忘，充滿負面的評論，然後讓自己陷入負面情緒好幾年，沒在自己的職業生涯上創造出任何成就。平心靜氣的來看這件事，當初開除她的那位主管還真是做對了呢！

白目的人有種能力，就是擁有類似黑洞的巨大能量，和他們溝通、互動常常會讓人覺得精疲力竭；白目的人更有一種特性——不會聆聽，他把自己的世界充滿了合理化，符合自己信念的詮釋和看法；白目的人常常顯得沒有自信；白目的人是睡著的。

透過他人，檢視自己

如果你看到你身邊的人正在白目的時候，其實也是看見自己白目的時候：有多自以為是、多滑稽、多孤單和多需要清醒；這真是一面亮澄澄的鏡子啊！

當我們看見身邊白目的人，對於生命中發生的不如意結果，不願意用負責任的角度問自己：我為什麼讓這個我不要的結果發生在我身上？而一直在找責備的對象和自己沒錯的理由，來持續加深自己的評估、看法，甚至決定變得冷漠，讓自己常常生氣，怪他人的白目；如果我們能中立、清晰地看到這種行為正在一個人的身上發生，是不是也可以看見這個人其實才是最白目的那一個人呢？

有一天，我要到郵局寄信。那一天，我才發現，到郵局寄信要先領號碼牌。如果有人和我一樣很久沒去郵局，大概也不知道這個新措施；不過如果到了郵局裡頭，能靜下來，仔細瞧瞧，其實可以馬上看到郵局裡的作業是有些不同的，而這些不同是：

每一個窗口上方都有號碼顯示螢幕。

辦事窗口前都沒人排隊，每個人幾乎都坐在靠牆的椅子上，或站在旁邊，而且手裡都拿有號碼牌。

每個窗口旁都有一個透明的壓克力盒，裡面擺滿了號碼紙。

窗口前每一次只有一個人在辦事。

聽到不時播放出來的叫號碼的廣播聲。

這麼多的現象都可以看得出或是聽得出郵局提供寄信的措施不同

了；但是，我觀察到，偏偏有好幾個人一進門，不管三七二十一，就直接衝到窗口，把要寄的郵件直接塞給辦事員。

當下我心裡跑出來了一個聲音：「這些人在急什麼？真白目！」

原來，我當下負面批評的聲音又跑出來了，但是接著另一個聲音也出現了：原來白目是這樣子來的！

白目就是有眼睛看不到，有耳朵聽不見，有心感受不到，有雙手伸不出去，有雙腿卻踏不出去；白目的人只看到自己的眼光，只聽得到自己的詮釋，體會到負面的多，只會緊抓著過去的東西不放，只習慣待在安全的地方；**白目的人，像個不倒翁，倒不了，但也走不到別的地方。**

白目的人對自己只能做到這樣，對身邊的人，更只會依自己的方便行事，不容易從錯誤裡學習，更不用談會對人造成正面、有意義、有價值的影響了。

所以，對他人白目的生氣是對自己的白目不滿，他人的白目原來可以用來檢視自己和對方有什麼一樣的地方。

既然你我都有白目的時候，白目就不是什麼大不了的事，但是它和一個人的醒覺水平恰恰成反比；但是，白目不好嗎？我的白目是來自過去的生活經驗累積來的，它現在的存在代表著我的過去，還能影響我的生活呈現，甚至影響我的成果。所以當我無意識又白目時，我的醒覺可以幫我看見，知道我此刻仍是白目的，我的白目是沒有問題的，同時我知道我已經決定要擁有一個不同的人生、正面的人生；因此，我知道我要持續提升醒覺能力，讓我的眼睛看見真相，耳朵能聆聽，心能感受和感動。當我的雙手伸出去時能碰觸到其他的生命，當我雙腳踏出去時，正在冒險。

身為華人，我們也習慣常常做出一些白目的事。比如：

人云亦云。

相信專家。

一窩蜂。

人事不分。

理性的問題用感性來解決。

每年的中秋節，是月餅的商機。台灣發生了一則新聞，完全反映出上述的白目狀況。

這個新聞是關於一家搭上當時網路團購熱潮的月餅製造商，在中秋節當天，還沒辦法將所有客人下的訂單全數交貨，而引發客人不滿的事件。

這個商家在中秋節當天並沒有把事情處理好，到了隔天，接受新聞採訪時，老闆現身做這樣的解釋：首先，訂單量超過他們的預期。然後，中秋節前一天他老婆生病，少了一個人幫忙，造成訂單消化不了。沒在中秋節拿到月餅的客人可以退款。

不管這個老闆怎麼說，這些客人應該會學到一件事：下次月餅不要向他買。我相信，他的解釋是可以讓人當下不去苛責他，畢竟他的老婆生病了（無論是事實與否），但是他本身的疏失根本和他的說法一點關係都沒有。

白目，是以自我為中心，以自己方便為優先。他當然走不久，也走不遠。

五、自私和決定的關係

做對的事，永遠優先於做好人。
一個人會把生活的精力和焦點放在在乎其他人的看法、想法、眼光上，看不到的是，真正在面對這些人看法的時間上其實是很短的，它一點價值都沒有。

接受「人是自私」的事實

人做決定，要嘛是為了自己，要嘛是為了其他人，其實是沒有灰色地帶的。你不相信？沒問題，我更進一步的說：「不管你的決定是為誰而做，這背後都一定有一個對自己絕對有利的理由。」

其實，我們是自私的，尤其華人的人生價值觀是關於名與利的追求。但是，大部分的華人卻不想清楚看見關於自己的真相是——「我是一個自私的人」。

自私好不好？對嗎？其實自私沒有好或不好，沒有對或不對；自私是人性的一部分，自私是人類文明進步的一大動力。讓我們看一看，哪一個嬰兒不自私，哪一個三歲以下的孩子不自私，甚至於他們的自私是很徹底的自私，但是這些自私並沒有阻礙我們的愛，不是嗎？

孩子的自私，來自一個我們成人都做不到的理直氣壯：他們要生

命的成長，所以有需要就直接表達出來，並且直接、不保留地接受來自他人的付出，我們稱這樣的付出叫做「愛」。這裡是一種不用妥協，只有誠實、簡單的對自己生命負責的態度，因為這樣，他們是一個完整的人。

我們華人不喜歡被稱為自私，我們抗拒自私是因為我們把「自私等於侵犯到他人的利益」連在一起，我們認為這和分享衝突，所以我們會不想要自私是我們的一部分。

但是，自私的定義真的是這樣的意思嗎？其實全然的自私和侵犯他人的利益沒有關係，自私和分享也能結合在一起。

如果我們人生的每一次決定，都能在當下想清楚，清楚為誰，明確的利益是什麼，接受「人是自私的」這個事實，就能當下先體驗到要面對的或是割捨的不舒服，也就能避開了因為不想清楚，而日後必須面對更大的痛苦；可惜，對大多數的人來說，這挑戰非常非常的大。

一般人做決定的過程，會遵循社會所設下「美德」的標準：「要為他人的利益去做決定才是好人」。這個美德卻常常讓人做出沒有道德的事。

我們都知道，「自私」是一般人最不想背負的負面標籤，但是，為他人著想做決定，如果違背了自己的價值，結果唯一的出路就是成為一位受害者，因為這樣才能和自己的犧牲做到平衡。這也是一般人很怕被拿來做比較時，被套上「你怎樣怎樣，讓誰如何如何了……」被指控是個自私的人的不正當性，讓個人很難把焦點放在創造自己要的結果上。

同時，當事情不順遂時，也可以不用為自己的失敗負責；也因為這樣，自己心裡頭對他人的看法也變多，同時不願意讓當事人知道自己的這些看法。人會變成這樣，其實這都是因為自我的利益沒有被自己重視，自己要的沒有被自己創造出來的結果！

從「受害村中心」到「受害者部落」

有個關於自私的經典模式，當中反映出華人既自私又怕被說自私的矛盾情況。

自己要的，因為不能自私而沒得到，反而可以指控其他人或是找藉口，讓人將焦點轉移到這個被指責的人或是藉口上。這個指控者就體驗到了另一種形式的影響力，他嘗到了甜頭，這股勢力就可以讓越來越多人也變成這樣，等於蓋了一座「受害村中心」，「受害者部落」等於形成。

我們在每一天的生活中都要接觸到好幾個不同的受害部落。要如何辨識出你所在的人際圈是不是一個受害村呢？去聽聽看這一群人的對話就可以知道，如果都是在談其他人的不是、不好，Bingo！歡迎光臨！

下面這個例子，是個關於「自私」的有力故事。

醫院院長李察Richard有酗酒的問題。李察的同事也是好友戴瑞克Derek知道李察的狀況。戴瑞克的個性正直，要李察主動告知董事會，也要他去戒酒。但李察決定向董事會隱瞞，於是戴瑞克向董事會揭發了李察的酗酒。而一直對院長這個職務有興趣的戴瑞克，因為他的能力，有機會被晉升為院長。

董事會對李察酗酒這件事的處理，是給他兩個選擇。第一個是戴瑞克支持的，李察必須先去勒戒所戒酒，讓自己康復了以後，也許還有機會再回來重拾院長的職位；另一個選擇，就是退休，如果簽了退休書，李察他可以拿到一筆錢，但一旦離開醫院之後，他的醫師執照也開始失效。當然，對當時有酗酒問題的李察而言，第二個選擇後面還有一個看不到的好處，就是李察可以繼續喝酒，不用擔心它會影響工作。

這兩個選項，在戴瑞克看來，李察根本只有一個選項，那就是第一項。但是，內心憤怒的李察卻在這兩個選項中掙扎、考慮第二個。**讓李察掙扎的是他對自己的失望和生氣，和同時誇大了對他人（特別是戴瑞克）的不滿**。掙扎導致他可能會做出對自己最不利的決定，來懲罰這個關心自己，但做了一些事讓自己生氣的戴瑞克。

這個過程中，戴瑞克是揭發李察酗酒的人，他的動機是做對的事，但是，他同時也渴望工作生涯上有機會往上，晉升成為院長。這個渴望，很容易讓人扭曲焦點：「忽略他想把事做對的這個動機，轉而強調這是一個完全自私的動機」；而且，在生活上，我們也常常故意去忽略戴瑞克擁有的能力。

如果，戴瑞克的能力不足，這個揭發會變成一個大義滅親的故事；但是，戴瑞克的能力好，可能讓他成為一個所謂「為了自身利益去毀滅朋友一生」的壞人。

如果你是有能力的戴瑞克，你會怎麼做？我想，如果不意外的話，不要說你會願意承認想把握機會晉升，你連揭發的事都不會做。這是典型的華人。

以上的情形，讓我們來看一看真相是什麼。

如果你是戴瑞克，事實上，不管你怎麼做都是自私的。不揭發，造成醫院的管理出問題。你保護了自己是好人的形象，但是這個醫院、其他在這個醫院工作的人和你終究要因為李察的酗酒問題，有一天要集體付出代價，這是自私；如果因為這個揭發的結果，你晉升了，可能導致其他人誤會你，因為你揭發了李察，你才有機會獲得晉升，你也是自私。它的代價是其他人會對你有看法，甚至可能不喜歡你。

如果你因此被晉升了，這裡頭還有另一個潛在的代價、挑戰存在，那就是一旦你成為院長，必須面對的除了一個來自新職務的挑戰外，也許你會面對其他員工對你這個人先入為主的看法及管理員工的壓力；簡單地說，挑戰來自你做事的能力，還有面對人的看法的壓力下，是不是能做好事情。

把事做對？還是當好人？

把這個事件搬到我們活生生的生活上，多數華人會選擇當一個不揭發的戴瑞克。因為，我們大多數人的價值觀是：有比把事做對，做好這價值還更重要的東西：「要當個好人，如果不能當好人，至少不能當壞人。」這是我們和多數歐美國家，甚至日本不一樣的地方；難怪，我們的社會裡很多人喜歡攀關係，其實根源在於我們的價值觀。

在我們的教育上，從來不懂得教育真正利他為主的價值觀；也難怪，我們傾向於喜歡同情弱勢。但是，有些好的特質也因此形成，比如說喜歡幫忙他人，有著濃濃的人情味。

老外（特別是西方人）在和我們接觸的過程裡，通常是先體驗到濃濃的人情味，還有熱情和熱心，再來，和我們交往，慢慢會發現我們的人很愛付出：「請吃飯、送禮物。」如果和我們更熟一點了，會發現和我們的相處上，彼此很容易有感情上的牽拖，也開始會體驗到這一切美好的背後，深藏著的是不高明的自私；一旦有機會和我們成為親人，這些老外會開始發現，我們會期望他願意去犧牲，因為這才代表他重感情，而且要求他要認真在意他人對他的看法，這些將一點一點拿掉個人的特質。簡單地說，和華人在一起，想要保有自我的難易度和彼此關係親近的程度呈反比。特別是和台灣人。

這種對台灣人的描述是存在已久的現象，並沒有好壞。只是，當我們聽到台灣人抱怨台灣的情況不好、政府很糟，看到的大多數是負面的時候，如果台灣人自己能先了解關於自己人的特質，也許就不意外，為什麼會那麼的愛抱怨和愛批評了。這樣的抱怨和批評更常常不說出來。

其實，台灣人的這個特質對於三、四十年前的窮困台灣來說，是非常有價值的正面特質，它影響及貢獻著台灣的經濟起飛；但是，當

台灣已經要從發展中的新興國家，邁向已開發國家，這個特質會像一個緊箍咒、一個瓶頸，影響著我們的未來及讓這個世界看見我們。看看台灣的平均國民生產毛額十多年來都沒什麼成長，就是因為我們並沒有看到我們的問題，然後一起去找到方向進步。

如果，台灣人都能成為一個不管你是有能力或是沒有能力，但都願意舉發的戴瑞克，而且這樣的人是台灣的中流砥柱，它也是我們教育給孩子們的做人做事原則。那麼有影響力，開始向上的台灣，我們就會開始看到。

為了下一代，我們要改變

戴瑞克在劇中也很誠實地直接告訴李察他的確想要晉升為院長，但這個晉升的機會不是戴瑞克的錯，是李察酗酒、隱瞞他人在先；最後來看看李察做了什麼樣的決定，他決定去戒酒，因為這是他為自己做的決定。

他在過程中，因為氣自己，氣戴瑞克舉發他，氣戴瑞克成為代理院長，氣氣氣……難怪他會考慮退休，拿一筆錢，從此不再行醫。但是，他難道不知道他其實只是想繼續在酒精裡找到慰藉，而且一生成為戴瑞克的受害者，然後永遠不用去面對自己的問題？其實也只有當**李察回到自己的自私中，李察才能找到那個唯一的、有行得通的未來選項**；也只有自私，戴瑞克才能在人生當中掌握到這一次的機會。當然，如果日後李察戒酒成功，再回到醫院時，是不是可以成功的復

職，除了看戴瑞克在代理院長的這一段期間表現如何，還有更多不可預期的未來因素。

這是美國電視劇「實習醫生」（Grey's Anatomy）的劇情。

在我們的人生當中，做一個對的決定需要願意面對任何決定的後果：做對的事，不怕得罪親友、鄰居，甚或陌生人；換句話說，做對的事的價值大過做一個好人，更甚於不去當一個壞人。

其實，堅持自己的誠信、道德和價值觀是一種自私，但這個自私有機會讓他人因為這樣的決定受益；然而，當好人或是不當壞人也是自私，但是這種自私當中根本不會有人真的受益，因為做這一種決定得到的只是自我感覺良好，但是代價卻是可能讓自己和他人遭受損失。兩者都是自私，哪一種的自私有意義呢？哪一種自私可以睡得著覺，不會讓人自我厭惡呢？

其實，焦點很簡單：做對的事，永遠優先於做好人。

一旦清楚自己不論做怎樣的選擇都是自私的，也接受自己是自私的，你已經給自己打了一劑不受他人指責你自私而自責的免疫針。

一個人會把生活的精力和焦點放在在乎其他人的看法、想法、眼光上，看不到的是，真正在面對這些人看法的時間上其實是很短的，它一點價值都沒有。

如果把「當一個好人或是不要當一個壞人」作為人生座右銘，當它和自己的正直、誠信或利他衝突時，只會做出讓他人或環境社會受損害的自私選擇，而這正是讓人失去熱情和力量的最大根源。

自私，它是人類進步的動力，而我們天生就是自私的人。但是抗

拒這一個特質，去當好人，人的本性反而被扭曲！

一個認為自己是個好人、有自信的人，是個正面導向的人，不會花任何力氣去做個好人、去討好他人而得到認同；而且他也能看清楚自私是怎麼一回事，懂得用自私做決定。這樣的人，一生在意的是他人會不會尊敬他；一個害怕自己是自私的人，是個負面導向的人，注定一輩子都會在意別人會不會喜歡他。

在這一集「實習醫生」的最後，李察把含附帶戒酒條件的同意書交給了戴瑞克，而戴瑞克在李察走出醫院門口，去戒酒之前則對他說了一句話：「I'm sorry!對不起！」

看了這個故事，你知道這一齣劇的成功，是因為編劇能把人們生活裡複雜的關係和生活種種情況的面對、挑戰、抉擇，以及這些人們的彼此溝通互動，都用最極致的正面，活生生地藉由一齣劇，去讓人學到怎樣做是行得通。

如果華人在面對同樣一件事，能做同樣的選擇，那麼華人就是個站在世界上，值得被其他民族尊敬的種族。我們為了後代，是不是可以從現在開始？

六、向前衝和踩煞車

一個講犧牲的愛的人是不懂得愛的，也不能真的去愛另外一個人，充其量都是想拿對方正面的能量去彌補自己心中的那一個洞；一個會自我犧牲來成全對方的人，他已經有了要你也為他犧牲的期望訊息。

在學習正面的路上，觀看美國一些好的電視影集，常常可以體驗到我們華人社會環境裡沒有的，值得學習的觀點、做法和溝通。

「家族風雲」（Brothers & Sisters）電視劇描述的是Walker沃客一家人的親情。這個家庭包括六十多歲喪夫，而且對已經長大成人的孩子照顧得無微不至的母親，以及五個行事風格迥異的手足。

劇中對於處理親人的感情以及成年人的愛情，常常有深度的貼切描述，它的內容不落入窠臼，卻又讓人看到自己的影子被刻畫在其中。它的好看之處，常常是處理我們生活中也會面對到的挑戰，讓人在心裡對自己說：「我怎麼從來沒想到可以這樣？」

勉強的親密關係，無法幸福

其中有一集，它的標題是：「A Valued Family」（一個有價值的家庭），這集的內容中有個觀點，是關於我們生活上親密關係的提醒和學習。

在這一集中，Walker沃克家族裡的大姊Sarah莎拉和一個像她一樣離了婚的單身父親Roy羅伊開始約會。情人節快到了，兩人都在找禮物送對方。

情人節前幾天，他們兩個人到了一個展示義賣的畫廊。莎拉看到了一幅畫，她非常的喜歡，但是男友羅伊完全沒辦法欣賞，認為它和小孩子的塗鴉沒什麼兩樣。

很想再度擁有親密關係的莎拉很擔心如果自己送了一個不得體的禮物給羅伊，這段感情可能就會沒下文，於是苦於不知道要送什麼禮物給羅伊的她，求助她的弟弟幫她。

結果是，莎拉送給羅伊的竟然是自己都沒感覺、帶著性暗示的巧克力。而經過了一起到畫廊的經驗，羅伊則是買下了那一幅莎拉喜歡的、所費不貲的畫，是一份重禮。

當他們兩人把準備好的禮物互贈給對方時，他們發現彼此在這一段關係上，兩個人都太努力，也太刻意地想去討好對方。而且，他們也發現了，兩人在彼此生活上的體驗和喜好，其實是非常不同的兩個人；這讓他們看到了一點——由於他們太急切地想要擁有一段新的親密關係，所以已經在勉強自己進入這段新的感情裡。於是，經歷了這個情人節，反而讓他們決定彼此成為朋友就好。

一段新的關係，即使一開始彼此都像是在勉強自己，用不熟悉的速度開車往前，但是當看到了「勉強」在這關係中發生之後，彼此共同決定踩了煞車，反而是最好的選擇。

情人節當天，兩人送完禮物給對方後，接著就決定分手。雖然如此，羅伊還是堅持要莎拉收下這一幅畫，最後，莎拉決定留下這一幅畫，但是不要羅伊送。她到了畫廊，要畫廊主人收她的信用卡，退掉羅伊的付款。

這位編劇是懂得人和人之間，一旦維持勉強的關係是要付出代價的。這很值得我們去檢視自己的親密關係，是懂得看到真相？還是拿著為他人犧牲的理由、藉口，或是因為執著一些牢不可破的舊信念，而困在一段行不通的關係裡，玩著你對我錯，彼此傷害的遊戲？當然，這不是說結束這樣的關係是唯一的解決方法，而是要能看見正在發生的真相是什麼。

美式管理的要求，和華人不同

在美商公司做事的人，應該懂得一個存在這些企業，關於成功的信條：「You have to prove yourself to be successful！」意思是，要成功，必須去證明自己可以；在強調競爭的年代，如果凡事不勉強，很容易被視為一事無成的人，也很難生存。當然，一旦嘗到成功，一步一步往上爬，卻一直處在證明自己，即使拿到了不錯的實質報酬，但也可能會過得越來越沒感覺。

人生當中，那些對的、值得去完成的意圖（Intention）和計畫（Game Plan），有時還真得等待對的人出現，一旦這個他出現了，事情可以用玩的態度被玩起來（玩事，不是玩人），整個過程的體驗就成了正面的累積。

但是完成一個目標，只注重效率、速度的話，常常會忽略失敗的體驗。少了同理心，不但做事開始費力，也會做過頭；在一個團隊裡，因為完全在意效率和速度，就會忽視、注意他人的腳步是不是跟得上，這就在不經意中提高了自己對他人成果呈現的高期待，最後也容易搞得自己和他人身心俱疲。

一個團隊或是合夥關係，常常因為一個人的熱情、激情就開始進行；但是，如果要有效率地達成一個團隊或是合夥人的共同目標，避免面對中間可能發生的挫折，造成忽略到團隊成員的體驗，導致最後大夥兒既累又疲憊，所感受到的是精疲力竭，而且離成功越來越遠，第一步要做的事，是要能先了解對方對這個目標及個人的意願、承諾和位置，這雖然要花時間，但是這才有可能形成真正的團隊和夥伴關係；如果意願有了，而且也肯下承諾，主導者才能隨著對方的節奏，去找到最有效率的方法，讓對方協助彼此完成想要成就的事。

在我到新力音樂工作的一開始，是帶著一個疑問的，因為我是屬於空降部隊。意思是，我的總監位置其實是可以將原來的經理升上來，但是公司沒這麼做。在新工作就任後，我也開始去了解這位經理，去建立和她的工作關係。

在我的觀察裡，這位經理是個很會做事的人，而且很懂得照顧屬下，然後我慢慢地看到了問題。

新力音樂的前身是喜瑪拉雅唱片，是一家台灣的唱片公司，代理新力的音樂。後來，新力在台灣成立分公司，延攬的員工大多數是來自喜瑪拉雅，是習慣做事，也要做人，來自華人企業文化培養出的員工。但是，新力音樂是一家百分之百的美商公司，也許在新力音樂台灣分公司剛成立的時候，公司願意接受華人做事的氛圍，但是當它成立了五年，也做出成績之後，它對員工的要求開始向美式的績效和效率靠齊。所以，我有機會進入了新力音樂。

事實上，這位經理的執行力、和媒體的關係都非常卓越，但是她這幾年來一直做不到的一點是，讓美式管理掛帥的亞洲區域主管去嘉許她的表現。而這個嘉許不到的原因，其實很簡單：美式管理只看做事，但是華人卻常禁不住做事，也要做人，讓人看到做事者的功勞和苦勞，而我的經理就是在這一點上轉變不了。

何時該踩煞車？

我上任後，和亞洲區域總監有著很好的工作關係。有一次，在藝人瑪麗亞・凱莉（Mariah Carey）來台灣做宣傳的過程裡，我的這位總監上司告訴我，我和我的經理不同在哪裡。他說，以前藝人來台宣傳的時候，他看到的團隊像是無頭的雞headless chicken跑來跑去。現在，他感受到的是一切都在掌控裡。其實，他看到的團隊是同一個團隊，但是他的不同感受其實只是來自我和我的經理給他的體驗不同。

我的經理過去很在意執行工作的員工的努力有沒有被這些「大頭」看見，而我在乎的是，我和區域總監在國際藝人來之前達成共識的計畫，有被卓越執行。

對我來說，這些大頭和藝人在意的是事情有條不紊的被執行，即使是有臨時的突發狀況，也要鎮定，所以在我的主導下，即使我們遇到意外狀況會慌、會亂，我也懂得他們不需要看到這些過程。但是，我的經理之前會做太多，意思就是，除了區域總監或是藝人要求的，會再多做一些，而且她會在意底下員工的努力被看見。其實，沒有誰比較好，而是，我不會做過頭，我的經理做事多了些勉強。

現在，人的自我意識慢慢地變高了，過去那種強調高效率、競爭，一群人跟著一個人腳步，以一個價值觀為準的時代已經有所改變；現在，更多的合作關係是一對一的合作形式。兩人的合作更是急不得，在這個合作的關係上，兩人的步調很重要，共識很重要。共同目的，包括表象說出來、聽得到的，還有可能藏在背後那一個不說的，但是更真實的目的也很重要。

這些重要的指標，如果出現了不對勁的時候，就該踩煞車；如果在該踩煞車的時候，因為在意他人和自己的感受大過要做對的事而沒踩，也許可以擁有一時的好感覺，或是暫時的避免掉不好的感受，但事實上，卻是讓彼此的關係陷入不真誠的開始。

要擁有兩個人成功的合作關係，誠實是唯一的關鍵。這個誠實是基於共同追求、去完成一件事而做出的溝通；真正的誠實不光是能對他人說出誠實的話，自己對自己的誠實更重要。

兩方合作，能誠實的要件在於擁有成熟的態度，清楚彼此內心那個屬於自私的理由。能了解到這個層面，才能算是知道真相。這種能力是可以培養出來的，如果這種能力還沒到，沒關係，還有一個方法可以判斷一段合作關係是否誠實。

我們只要留意合作關係上，當「勉強」的狀態出現時，就是一個徵兆，它代表兩人彼此需要馬上停下來，並去誠實地溝通；這個徵兆還代表著彼此過去的溝通，其實包含著很多自我詮釋在裡頭，過去的一個方向已經來到分岔路口。

如果忽略這個心裡出現的「**勉強** 」體驗，錯過了這個徵兆，接下來，想要「**討好**」對方的情形一定會開始出現，這是另一個徵兆，是給彼此踩煞車的另一次，也是最後可以維持**彼此平等互動的機會**；這時候能踩煞車，即使合作不成，但仍然能當朋友的機會很大，如果這個底線被衝過去，被忽略了，合作的關係將急轉直下，變成彼此一高一低，互相索取、依賴的負面關係。

在工作的合作關係上面是這樣，人際關係、親密關係也是如此。

一段合作關係，彼此能有一個最基本的誠實共識，這種關係才能持續，也才行得通；通常當一方願意誠實，新的可能就會出人意外的展開。

「家族風雲」的這一集內容，很簡單地講述了一段親密關係，從渴望、看到可能的機會，到往前衝，到發現勉強的徵兆，再踩煞車，決定分手的正面過程。這個流程其實簡單，而且包含了清晰的原則：所有的機緣不勉強。但是，我們也要看見，這當中**能把自己心中的體驗誠實溝通出來，才是能維持健康關係的關鍵**，而且，我們也要看見自己不拿勉強來當作消極結束的藉口，重點還是在能溝通出來。

真正的「愛自己」

如果兩個人的親密關係上，彼此都是真的懂得愛自己的人，是一件很有福氣的事。

「愛自己」不是關於犧牲，不是關於妥協，而是關於對自己生命的尊重；一個講犧牲的愛的人是不懂得愛的，也不能真的去愛另外一個人，充其量都是想拿對方正面的能量去彌補自己心中的那一個洞；一個會自我犧牲來成全對方的人，他已經有了要你也為他犧牲的期望訊息。

犧牲，它是在生活不能溫飽時維繫生存很重要的一項選擇，但是，如果我們的生活不用擔心吃飯、住宿的問題，兩個相愛的人為什麼要告訴自己去過一個帶有犧牲的人生呢？

懂得愛自己的人，不會為了要讓對方愛自己而去丟掉尊嚴，也不會為了要讓對方和自己在一起去妥協價值觀的底線，或是為了討好對方去放棄自己有熱情的東西，因為這是確保自己能夠真正去愛人的根本原則。

這三個敘述都是關於操控、讓對方愛自己、和自己在一起，讓對方能喜歡自己的「犧牲手法」。這裡頭我們一定聞得到勉強，也能看到這個人正在引發對方的罪惡感去愛自己的犧牲手法。

機緣的來到是基於醞釀的企圖心，而不勉強的背後也需要有全然的企圖心，要擁有好人緣並不需要犧牲自己的價值。地球上有這麼多的人，但是只有少數人可以創造誠實、健康、平衡的合作關係，而這少數人是懂得愛自己、尊重自己的人。所以，中國古人早已很有智慧地說出：「君子之交淡如水」。

你我都可以鍛鍊成這樣的少數人。當然，如果這樣的人變成了大多數，這會是一個近乎完美的正面世界！

七、愚公與約翰

自我解決問題的固執，其實是因為自己要當自己的權威，自己說了算。

這反映的是：我們都是自己的愚公。

每個人家裡都有一個愚公。

愚公移山是記載在《列子・湯問篇》中的一則古代故事。

一名叫做愚公的老翁，他年紀已經將近90歲了，住在兩座高山的正對面。由於這兩座高山阻擋了往北的通道，無論進出都要繞很遠的路，愚公對這個情況非常的頭痛。

有一天他召集全家人一起商量，他說：「我想和大家一起盡力來剷平這兩座山，大家覺得如何？」家人紛紛表示贊同，但是愚公的妻子有點不以為然地潑冷水。當愚公一家人開始移山，開始被村里的仕紳譏笑，愚公是這樣回答：

「我就是死了，我還有兒子在呀，兒子又生孫子，孫子又生兒子，兒子又生兒子，兒子又生孫子，這子子孫孫是沒有窮盡的，這兩座山總會被剷平。」

故事的最後是山神聽說了這件事情，把這件事情報告了天帝。天帝知道以後，被愚公的堅毅所感動，命令山神把這兩座山移走。

根據歷史，這個故事的意義在於：愚公以90歲的高齡都還有向不可能挑戰的雄心和毅力，所以人們要勇於面對困難的挑戰，要有恆心、有毅力，要效法愚公移山的精神。

隨著這個故事流傳幾千年下來，愚公移山的精髓已經在每一個華人小孩出生的時候，就已經長在骨子裡了。這個長在每一個華人骨子裡的精髓，可惜的是，不是這個故事裡關於毅力感動天，或是恆心，面對挑戰的精神，而是：

權威者的力量。

自我解決問題的固執。

面對問題的感性，超越解決問題的理性。

我們每個人的家庭都有一個愚公。當然，這個愚公不會要你去替他搬開一座山，而是他會是說了算的人。

不管你幾歲，不管你的成就高低，他永遠會因為是你的長輩，對你的言行、交友、婚姻、工作，或是簡單的說，就是你怎麼過你的生活，有著永無止盡的看法。這個看法，永遠會主宰你的性格、你的當下，甚至你的未來決定。

事實上，當這位長輩要你照著他的意思，卻違背你的自由選擇去做一件事時，就等於要你去移走一座山。這就是權威者的力量。即使你不會照著這個意思去做，但那仍然是一座山。

愚公移山的故事，如果愚公的名字換成約翰，是個英國人（沒辦法是美國人，因為那時美國還沒存在），這個故事會有完全不同的發展。

首先，如果約翰想解決這個出門被山擋到的問題，他會去找專家，然後專家會告訴他，他有兩個選項：

第一，把山剷平。

在這個選項裡，專家會再給約翰兩個移山的選項分析。

A） 找到最多的，願意免費替他移山的人，效法中國的愚公，然後算出來，這個計畫需要多久可以完成。

B） 訂出要把山剷平的時間點，然後根據這個時間點再提供兩個方案：人工剷平或是運用新技術，比如說，把它炸掉，然後再提供給約翰分別不同的費用。

第二，搬家。搬到沒有山擋住家門的地方。

因為愚公不叫約翰，所以他絕對不會去找專家。專家代表著一種科學精神，邏輯思維，焦點純粹是把事做好，解決問題的態度。當然，愚公不會找專家還有一種華人骨子裡的，支持愚蠢自信的立足論點：我還會比專家笨嗎？這種錢幹嘛給別人賺走！

因為華人感性重過理性，常常會為沒效率、沒成績的結果編出一堆似是而非的理由。愚公說了：「我年紀大，可能做不來，但是我有兒子，有孫子，他們還會有更多的兒子和孫子，所以山一定會被移走，總有一天會被移走。」

這裡的移山，純粹是移山，沒有隱喻的意思。因為如果移山是用來隱喻一件對人類有意義的大事，這個觀點是個偉大的願景觀點。但是，愚公移山是為了自家的方便，所以他說的這個話，沒錯，是個為自己的爛藉口，而且愚蠢禍遺未來子孫，因為現實裡，山神和天帝並不存在。

想像一下，移這座山已經傳到第四代了。沒錯，山頂不見了，山腰也平了大半。

幾個子子孫孫今天中午停下來，準備吃午飯，突然，縣府一名官員騎著馬上來，對他們宣布一件事：「政府體恤你們這幾代的努力，決定為你們在鄰村找一片空地，為你們『愚』家興建一座四合院，而且沒有山的阻擋。」

聽到這個消息，後代甲秉持華人尊重先人的傳統謝絕了官員。後代乙的心被打動，決定開個家族會議決定。後代丙聽了之後，突然腦袋一轉，脫口而出一句大家都聽不懂的話：「滑了發課……」。因為他突然想問愚公曾祖父，當時為什麼不搬家就好。

這個後代丙後來不只是搬了家，還到了英國成為第一個出國移民的華人，還認識了英國的愚公，約翰。至於，他當時脫口而出的「滑了發課……」，原來是他生平說的第一句英文「What the fxxk!」。

三個發人深省的故事

故事一：最近一次同學會，國華遲到了 個小時。他到的時候，感覺得到他人到了，但是他的心不知道飛到哪裡去了。我和他雖然大學時候不是挺熟，但是因為畢業後，他進了科技業，我進了公關業，他的公司是我公司的客戶，才開始熟稔了起來。我知道他公司今年營業狀況不是很理想，而且幾乎刪減了我公司所有的公關預算，所以有一陣子沒見到他。

我主動走過去和他打招呼，他見到了我，不用等我和他客氣寒暄，話匣子打了開來。

「我快做不下去了！」他說。

「怎麼了？」我問。

「你知道代工就是這樣，訂單靠客戶的榮景。但是世界景氣今年變得很差，我們公司為了競爭，價格已經殺到快見骨了，但是訂單還是在減少。這是事實，我沒話說。問題是，每一次公司開會，我收到的訊息是我們部門還不夠努力。我覺得這是公司在為裁掉我部門的人做暖身。」國華是他部門的頭。

「那你怎麼辦？」我關心的問，其實我公司也有一樣的狀況。

「過去兩個月，我帶頭加班，在原本超時的工作再加班，而且整個部門都是這樣。既然我影響不了世界景氣，對價格沒有直接貢獻，至少可以用這種方式表達對公司的忠誠和付出。」

「你部門的部屬呢？他們ok嗎？」

「都很乖乖的有默契配合。不然能怎麼辦呢？」

故事二：麗姿也是我的大學同學，大學畢業後到美國念碩士。拿了碩士，決心留在美國，因為個性使然，第一份工作是她很嚮往的行業：紐約的房地產。但是這個工作卻讓她在台灣做高層管理工作的爸媽非常不高興。麗姿每個星期一定會接到爸媽的電話，不斷要求她，甚至恐嚇她換個工作。

一年後，她的工作成績沒起色。沒辦法用工作成績贏得父母支持的她，換了一份穩定的工作，在一家台灣人開的公司做低階的工作，一方面不想再聽到父母對業務不穩定工作的貶低，另一方面用這個被剝削的工作去拿到工作簽證。

在半年後，她遇到了一個不知道是不是基於父母標準選的男朋友，半年後結了婚。但是，讓我驚訝的是，一次到美國旅遊，住她家兩天，聽到了她先生在我這個他老婆好友，以及她的面前對她的「持家能力」大肆批評。

之後，我問她，她怎麼可以忍受她先生這樣對待她。她的回答讓我更跌破眼鏡，因為她說：「有嗎？」

十五年後，麗姿有了兩個兒子。這十五年來，她事業心仍在，但沒有事業，斷斷續續在她的閒暇之餘做些和孩童有關的工作，賺賺零用錢。但是今年，她做了一個決定：離婚。

當她告訴我這個消息的時候，我不驚訝，但也非常驚訝。

不驚訝是因為，這個決定早在有孩子之前就應該做了。驚訝的是，十五年後，當我們這群好友都已經習慣她的生活後，竟然做了這個我們覺得她這輩子都不會做的決定。

但是她的這個決定，在兩個月後淪為只是一種激情。我問她為什麼會有這樣的轉變。她告訴我，在她決定離婚後，去問了一位和她有著類似經歷，後來離了婚的長輩，請她建議。

這位住在美國已經二十年的長輩告訴她：不要這麼做，因為第一，她的離婚官司打了五年，這個過程讓她心力交瘁。第二，這位長輩告訴她，別傻了，乖乖的認命吧，因為當你離婚後，你過的生活絕對比你現在靠你先生扶養的差！

故事三：大同是個業務員，他的老婆最近受不了工作壓力，和看不到公司的前景，離了職，決定開家賣糕點的咖啡屋。同時，大同從事了業務工作近二十年，決定自己成立組織，讓自己提升。

一年後，我遇到了大同，想聽他分享他的好消息。但是，他悻悻然地告訴我：經過了一年的努力，他的組織還是只有三個人，這當中他fire了三個人。他並且告訴我，他發現現在的人求勝的企圖心都不夠。於是，我問他，那他老婆的新事業呢？做得如何？他搖搖頭，嘆了一口氣說：「競爭太激烈了。」原以為糕點咖啡是很夯的行業，結果這一年投入了幾百萬，下個月就要收起來了。

我問他，那他和他老婆是怎麼樣去學習發展組織和開店的。他很天真無辜的對我說：「我就看其他單位怎麼做，照著做。我老婆就上網找資料，問朋友，大家不都是這樣的嗎？」

這樣的故事，你是不是看到了愚公故事影響到我們骨子裡？

看見自己的愚公

權威的力量，深深地左右我們的生活。影響最大的是，我們看不到，或是不敢去看看權威力量這片其實占的面積不大的影子外的其他可能性。這些可能性，對我們的腦子、骨子和教養學到的禮數，都是一種「叛逆」。叛逆又等於不孝，不孝比犯殺人罪還可怕。這種不「孝」是因為不「順」，不用經過法官的審判，自己就會定下的罪孽。

人們應對權威，最普遍、最不用花力氣的方法，就是承受和等待。因為，多數人心裡都會暗自計算，承受應該不會是遙遙無期。因為，長輩之所以為長輩，不就是因為他比我走得早的機會大，不是嗎？

自我解決問題的固執，其實是因為自己要當自己的權威，自己說了算。這反映的是：我們都是自己的愚公。所以，一旦權威是我一生勢必一定會擔任的角色，而且這個角色我也認同它所代表的權力，所以每一個人注定會從當自己的權威悄悄開始。所以，當我看到兩座山在我的前面，我這個自我權威也相對地看到了我的權力，有決定權，是個當權威人的機會。所以當我選擇把它移走，我會用我可支配的資源，那就是我身邊的人，不管是叫他（們）再來，或是看別人怎麼做，我總會搞定。

如果這座山太大了，我還有一種本事，就叫做「忍耐」。有些時候，忍久了，這座山搞不好還會自行消失呢？

所以，找專家對我這個自我權威而言，不會是個選項。除了不想當傻瓜以外，這個可以決定的權力，怎麼可以輕易交給陌生人呢？其實，這和找專家無關，有關的是：會找專家和不會找專家的人，差別在哪裡？是重感覺的感性（自我感覺良好）？還是重結果的理性（最有效率的方法是什麼）？

每當生活出現新機會、挑戰，或是問題時，就可以同時親眼目睹自己是不是在當愚公。

在充滿愚公的世界裡，另外一個惡性循環的現象，就是很難培養出專業的專家，除非這些專家們有醒覺的先讓自己跳出自我愚公的角色。這個角色，是我們每天都值得去發現和看到的，因為你我都需要去解決我們生活上的問題和困擾，所以我們都值得去擁有我們所想要的成功。

愚公的現象其實告訴我們一個很簡單的未來方向：**訂出目標、面對問題、找最有效率的解決方法、執行解決問題、達到目標**。人生能這樣，就叫做簡單。人生能這樣，過去那些被問題掏盡的精力才能回到用在享受人生。

因為，不管你喜不喜歡，承不承認，人生活上的問題什麼時候才會消失呢？沒錯，死的那一天！所以，活著的時候，當然要讓問題能被最有效的解決，**我們是不可能懂得解決所有的問題的**，甚至，根據研究，我們能解決的自身問題不到10%，特別是工作和婚姻上的關鍵問題幾乎是零。所以，開始吧，開始看見自己的愚公吧！然後，你可以開始學習怎樣當約翰。

對了，愚公還暗暗教導華人一種不公平的歧視：重男輕女。知道這是來自他說的哪一句話嗎？如果你是約翰，應該會對愚公說：「移一座山和你有兒子、孫子有什麼關係?!」他也許會再加一句：「真是莫名其妙！」

八、行得通的人生

不用抱怨來發洩的人，對抱怨都有一個相同的看法，那就是覺得抱怨不對、不好，所以，極端一點的便活得完全沒有立場，像是他人的影子。
同樣地，有任何不滿就拚命倒出來的人，生活也是不開心，像是所有人欠他似的，這也是一種極端。
所以只有你知道你抱怨或是不抱怨是來自怎樣的一種信念，只有你可以決定你的人生。

有一天，我路過一家小吃店，聽到老闆很大聲地在和一位朋友說些什麼。匆匆經過，聽不完全他們的對話，但我知道這位老闆在抱怨。

抱怨是我們人生當中常常發生的事。有人覺得抱怨不好，所以寫了一本書叫做《不抱怨的世界》（A Complaint Free World）；人類社會，尤其是華人的社會裡，一旦某一件事被指出是不好的，我們就開始有麻煩了。

事情沒有絕對的好壞，只有行得通、行不通；抱怨也是這樣。如果抱怨對你來說，行得通，那它就沒錯；如果對你而言行不通，那你要做的，就是把抱怨這一件事變得行得通就好。但是，華人的社會會告訴你：那就不可以抱怨。

我常想，會自我結束生命的人，如果身邊有人可以讓他們抱怨，是不是悲劇就可能被阻止？當然，抱怨不見得是受歡迎的行為。

其實，抱怨可以分為積極的和消極的。積極的抱怨，表示對發生的事在意，這樣的抱怨可以提升為申訴，成為改變的動力；消極的抱怨，只是需要出口，聽的人豎起耳朵就行，不必太認真，因為這可以讓說的人有個機會表達心裡的不滿。只是，不管積極或是消極，說的人如果能醒覺抱怨的目的是為了給自己一個出口，該停就停，因為，抱怨雖然是一個宣洩的方法，但是它也改變不了已發生的事實。

用「改變」取代「抱怨」

如果抱怨之後能夠進一步到下個我要提的階段，那抱怨絕對是好事。

下個階段就是，能不能問自己對這個不滿意的狀況一個問題：

「我還能做什麼？」這就是將抱怨變得行得通的意思。

通常只抱怨的人是不會問自己這個問題的，因為這個問題把焦點完全轉移了，抱怨是將責任完全歸於他人或是環境，問這個問題的時候卻把焦點轉向自己；但是，抱怨的人要知道，當問自己這個問題的時候，我們才能擺脫這個抱怨，才是有掌握自我人生力量的人。

有多少的抱怨會被處理好？很少吧！因為大多數抱怨的人都決定了一件事：「我什麼也做不來」。所以，當然不會給自己找麻煩問自己：我還能做什麼？除了不問這個問題，抱怨的人對自己還有一種固執，那就是：「我沒能力改變，我沒能力影響。」

所以，原來抱怨的真相是：我對自己能做出改變沒信心。我沒有影響力。

這點聽起來像是自我鞭打，是不是？人們喜歡自我鞭打嗎？每一個人的天性其實都不願意這樣，也不會讓自己這樣，所以，人們發明了一個機制，那就是把責任歸給他人、外在環境，這樣就好多了，因為問題不在我，而我這個人也沒問題；但是，這裡有一點矛盾存在：為什麼只會抱怨的人會自認為自己沒影響力而愛抱怨呢？

讓我們來看看真相吧：當你看到自己或是另一個人在對人抱怨時，其實是正在做什麼，對了，正在影響他人！

是的，抱怨沒有對錯，只有行得通、行不通；每個人都會用抱怨來發洩嗎？不一定，我們都可以找到身邊哪些人幾乎不抱怨，但是不開心的人。這些人常常擁有容易自我委屈或是常常自我犧牲的特質。

這些不用抱怨來發洩的人對抱怨都有一個相同的看法，就是覺得抱怨不對、不好，所以，極端一點的便活得完全沒有立場，像是他人的影子；同樣地，有任何不滿就拚命倒出來的人，生活也是不開心，像是所有人欠他似的，這也是一種極端。所以，只有你知道你抱怨或是不抱怨是來自怎樣的一種信念，只有你可以決定你的人生。

所以，在我們的生活裡，那些壓抑、自己不抱怨的人，可以因為讓自己完完全全的去抱怨而拿回了自己人生的力量；同樣地，愛抱怨的受害者，可以因為停止抱怨，而拿回生命的主導權。行得通、行不通只有你自己是人生的裁判。

改變的四項重點

一個沒有抱怨的世界好不好？答案是肯定的，但是要達成，挑戰很大，因為抱怨是人一種根深柢固的習慣。當然，當我們所有人都懂得過一個行得通的人生，這個世界到最後，消極的、行不通的抱怨自然會越來越少；但是，抱怨是行不通的行為，不見得就是錯的行為。

如果類似《不抱怨的世界》這樣的書吸引你，是因為你心裡知道你是會抱怨的人，但你是因為想改掉這種行為而買這樣的書，還是拿它來抗拒自己的這種「壞習慣」，想戒掉它？

你有沒有在人生當中有過徹底改變習慣的經驗？舉一個生活中改變習慣的清楚例子，可以讓我們了解習慣的改變是怎麼一回事，它就是：「戒菸」。

戒菸要戒的其實是兩件事，第一是對於尼古丁的癮。理論上，停止抽菸三天之後幾乎就可以擺脫尼古丁的癮，這其實不難；第二要戒的才是挑戰所在，那就是「習慣」。

一個癮君子的生活、情緒、環境、信念和自我價值引發出抽菸這個行為的細節實在太多，所以他生活上已經布下了很多點起一根菸的引線，這是戒菸最具挑戰的地方；所以，真正能戒掉一個癮，包括當個受害者、自責、看缺點、喜歡自我鞭打……等等自動化的習慣，其實是必須和這一些引線建立新關係。

人都必須要有足夠的理由才願意做改變，通常是人們受夠了所付出的代價，才願意改變。我常想，其實「過一個快樂的人生」應該是個充分的理由，讓生活不快樂的人願意改變吧；但在我們實際的生活上，卻不是這樣，很多人過得很不開心，也不願意改變，為什麼？因為他的信念要他這樣，他相信他的信念才是對的。

如果你想要改變，但是發現挑戰很大、不容易做到，也許，下面的建議可以給你一些方向。

首先，願意承認自己不滿意的是什麼。換句話說，把自己不開心的都攤開在桌上。

第二，承認造成這些不滿意都是因為我的關係（不是自責，是去擁有）。

第三，如果不要這些行不通的行為繼續在生命中發生，問自己要什麼樣的人生，最好能有畫面，一年後、三年後、十年後，甚至死的那一刻。

第四，有意識的在生活當中，開始練習停止自己行不通的行為，開始突破，用行得通的行為。

人永遠不可能完美

改掉一個習慣是需要時間的，根據研究，一個新的習慣建立需要大約90天的時間；所以，我們可以知道這就是所謂的關鍵時刻。在生活上，這所謂的90天也被廣泛的運用著，比如，新進員工試用期是90天，孕婦通常在懷孕90天之後，比較能確認穩定性；90天是個改變成不成功的關鍵數字。

另外，這90天內你一定會常常失敗，所以，去留意自己什麼時候、怎樣的情況下失敗就行；如果，**你發現沒做到的那一刻，而自己在責備自己，這時只要對自己說：謝謝你的分享！**就行。

如果在這90天內，你讓自己停止行不通的行為達5次以上，你已經算是成功！如果你能在這一段期間突破，用新的行得通的行為出現3次以上，恭喜你，你已經比80%有心想改變的人都優秀了！

記得，這一個90天的練習目的，是去找到和行不通行為相連在一塊的情境、狀況和當下的信念，如果當下錯過，但是事後能看到，就已經是有價值的過程；當然，若你能練習到先看到，那麼改變行為成功的機率就越來越高了。**人到死的那一天都不會做得完美的，這是給你打的自責疫苗。**

如果你有很多要改變的習慣，不妨先從抱怨這件事做起吧！如果你愛抱怨，你知道該怎麼做。如果你習慣委屈，什麼都悶著，你的改變主題也很清楚了。只有你知道關於你的行得通的人生是如何；還有，如果你能找到一個生活中一起練習的拍檔，更會有助於你的成長與不同。

祝福你有個行得通的人生！

九、溝通和生活的品質

一個有品質的人生是從說出我真心所想的開始（I mean what I say.）。

這樣做，也許在一開始，得不到多數人的喜歡，但是長期下來，一定會得到大多數人的尊敬；而且，到那個時候，你只會在意一個人是不是喜歡你，而且答案是肯定的，因為這個人就是你自己！

在我剛開始接觸訓練時，對於安東尼・羅賓斯的「你溝通的素質就是你人生的素質」這一句話，沒有很深的體驗，但是這十多年下來，隨著自己醒覺的能力增加、區分的技巧提升，看到的真相越多，越能體驗這句話的真諦；這句話對於拙於溝通真話的華人，是一個很好的指標。

害怕說真話

在我們所處的生活環境裡，關於溝通，我們小時候被教育的、長大後被要求的，是要說出別人可以接受的話。在這樣的情況下，我們的溝通虛虛實實，沒有力量，生活沒有品質，是我們共同付出的代價；但這其中我們還付出了一個嚴重的代價：每一次當我們說著認為他人會接受的話的同時，等於我們又再一次的告訴自己，重申一次這樣的宣言：我的真話會讓人不喜歡，人們不會喜歡真正的我。久而久之，**我們失去了自己的聲音，心裡底層根本不喜歡自己**。

說著別人要聽的話，即使是假的也可以。如果我們能聽到自己在這樣的習慣下，每天腦子裡轉的那些話，可以發現這些既多又頻繁的負面看法、抱怨和批評。

這些東西其實是內心對自己妥協、背叛自己、隱藏自己的責備；所以，我們既然不喜歡聽到這些，更不想去發現關於自己的真相，所以我們練習對自己腦袋裡的這些聲音耳聾。

偶爾聽到的時候，搞不清楚這些聲音是來自自己否定自己，還以為是在說別人，於是開始抗拒自己，再一次責備自己，怎麼可以這樣，這樣是個壞人，於是每天自己和自己打仗，甚至我們也訓練自己去忽略這一場天天打的內仗，這個狀況影響我們看待外面的世界，我們看到的、聽到的都是我們自己的詮釋、自我的看法；所以真相是，我們有耳朵，但不會聆聽，有眼睛，但是看不到真相。

這樣的人生實在談不上什麼素質。

找到每個想法的源頭

其實，這樣的問題早就被發現了，從事靈修的人很重要的功課就是靜下來，先去聽自己的聲音。閉關是一個比較多人從事的做法，如果你閉過關，對於自己被雜亂無章、無孔不入、無處不在的腦袋聲音干擾到無法平靜的抓狂過程應該很有體驗；靜坐是另一種學習不讓這一些聲音控制，去找清明聲音的方式。

更高層次的修行，應該就是喜馬拉雅山上的修行者了。他們每天的工作是找到每一個念頭後面最根本的出發點，將諸多聲音抽絲剝繭，讓自己的念頭（或是初心、初衷或出發點）達到清明，因為他們知道，說出來的話很難簡單地說出這個清明的初心，所以話就說得不多，這是一個很徹底和自我有素質溝通的做法。

但是，在我們每天的生活當中，有那麼多的事務要面對、要處理，既不能閉關，又談不上修行，或又因為忙碌，抽不出時間，而認為靜坐是一種奢想。如果我們的生活是這樣，又想去提升溝通的素質，是不是有其他方法可以幫助我們，進而擁有一個有品質的人生呢？

有的，首先，是關於自我溝通的部分。

自我醒覺的最根本，就是留意自己每一天說出去的、和沒說出去的話是什麼，還有為什麼這些話或是念頭會跑出來？

當然，我們可以很簡單地說，這些都是來自我們過去成長過程中的人生經歷，但不是那麼簡單的就是：人常常傾向於放肆地讓自己的念頭主導、狂奔，老實說，除非你明白每天這樣的念頭是如何啃噬你生活的品質，否則一般人都不容易主動脫離「懶骨頭」似的生活形態，很難對自己的對話下工夫。

面對自己的對話，下工夫改變自己的對話，可以支持到自己對自己溝通品質的提升，這一點要做到，雖然簡單，但其實挑戰不少。方法呢？沒捷徑，自己每天去練習。

其次，比自我溝通更重要的是讓自己有意識的選擇和他人的溝通內容。

在生活上，我們有朋友的目的是可以有人說話和分享，但是，我們看看，朋友聚在一起的時候，大部分都在說什麼：無關乎他人的真心話？還是彼此抱怨、批評和八卦？還是表面的、討好對方的話？這些話每天說一點，久了，人也不對了。

其實我們需要朋友的目的，是自己知道有那麼一個人了解自己，生活不如意時有人在身邊，開心成功時有人可以分享；但是，不管朋友如何的深交，如何的可以依靠，很多人常常只把朋友當成情緒的出口和八卦的垃圾桶。這麼做，其實也在傷害自己的生活品質。

最好的朋友，是找到彼此可以為自己的成功挑戰、給建議、出主意的人；在這樣的前提之下，偶爾的抱怨、批評、八卦就無傷大雅，因為我們畢竟是來自負面教養的後代。

人和人之間溝通的最好結果，就是溝通目的達到了，同時又不會引發無謂的誤會或是所謂的「傷感情」。其實這種傷感情，我們怕的是傷到對方，更怕傷到自己。

在我們的生活上，我們常常不把我們真心所想的說出來，而我們說出來的也不是我們真的所想的（We don't say what we mean, and we don't mean what we say.）。

一個有品質的人生是從說出我真心所想的開始（I mean what I say），這樣做，也許在一開始，得不到多數人的喜歡，但是長期下來，一定會得到大多數人的尊敬；而且，到那個時候，你只會在意一

個人是不是喜歡你，而且答案是肯定的，因為這個人就是你自己！

但其實人與人之間的溝通，誠實、直接是最好的方式。這個誠實，包括言語上的、態度上的，還有決定上的；當然，有自信的人加上幽默，那更是有力量。

誠實的溝通，才有好的生活品質

如果你常常需要他人去聽你分享自己，但沒有完全的誠實分享，這無助於你自己的成長與進步；如果你決定要增加自己的醒覺能力，可以利用文字來百分之百地誠實記錄所有自己從腦袋裡聽到的信念，和所有感受到的體驗，還有接著發生的看見；這本書的前幾篇是我的自我分享，它就是來自這樣的記錄，這也會大大地幫助你處理自己的情緒。

我們想要朋友聽自己的分享，常常只是要個出口，但是自我的醒覺從這些出口流走了，就什麼也沒留下，醒覺能力累積的速度就會變慢；自我記錄會幫助自己藉由和他人分享的「欲求Needy」轉為「開放Open」，這種開放會讓人在面對生活中發生的事，開始有正面的不同和學習的發生，有了這個成果，再和朋友溝通，品質也就提升了。

把增加醒覺能力當作和空氣一樣的重要，然後變成像呼吸一樣的自然之後，我才開始懂得溝通和生活品質的關係，原來是那麼的緊密。

我承諾讓自己不同，成為一個正面的人，是因為我熱愛學習，我

更相信人生可以有無限的正面在等著我。我想活出我的自由自在，也相信一個人一點一滴的從自己開始，讓自己一點一滴地做，這個世界終會有所不同。

中國人對人的一生有個很有智慧的看見：三十而立、四十不惑、五十知天命、六十耳順、七十從心所欲不踰矩；現代人已經可以輕易地活到八十歲以上了，不管你現在幾歲，增加醒覺能力從現在開始，永遠不嫌晚，因為能在未來長長的老年生活從心所欲不踰矩，絕對和醒覺的能力，看見真理的能力有關。七十歲可以成為這樣的大師，我相信是一件很痛快的事。

你腦袋平時都在說些什麼呢？你每天都怎麼和他人說話？說些什麼？為什麼要說這些？你觀察到你身邊的人也都在說些什麼呢？

要人生有品質、有誠實的溝通，必須掌握到自己的溝通是有品質的，這很重要。

第二篇：心態

我是一個什麼樣的人，是被「我相信（believe）了什麼」所決定的。這個「我相信了什麼」的背後，就是一個又一個的信念（belief）。

不是虔誠的宗教信徒才有信仰，你我其實對於某些信念一直都有堅定不移的信仰。這篇裡一則又一則的文章內容，期望激發出來的，是你開始去找到那些屬於你一直堅信不疑的信念，然後願意產生疑問，進而能有意識地重新做選擇。

一個人四十歲以後，就必須完完全全的為自己的人生負責，這是因為，一旦到了四十歲，你應該已經有意識地選擇了支持你人生的所有信念，不再是來自父母的影響或是歸咎於社會的問題。

你是一個什麼樣的人？答案都在你相信的信念裡。你覺得你值得成為一個什麼樣的人，其實你是有選擇的。

一、自我感覺良好

自私沒有問題，只要不傷害到他人，只要出發點不是要侵犯到他人。

嘴巴長在別人嘴上，為了不想讓別人說什麼而停止去追求自己要的，付出的代價大，而且辛苦。

即使是有醒覺能力的人，在生活上也會經歷不順的過程，這時候，自己可能正體驗到生活拓展不開，但是卻會忽略人生奮鬥目標，導致醒覺只把焦點放在自己身上，造成陷入成長的迷失關卡，特別容易做些自以為是的事，或說一些自我安慰、防衛性的話，把具有挑戰的機會擋在門外；這時候，其實真正的目的只有一個：讓自己維繫自我感覺良好。

當我們和他人有著行不通、有距離的人際關係，其中一個重要的原因，是在我們的腦子裡只充滿了自己的想法和做法，而且貼著這些想法很緊。

什麼時候我們會用「自我感覺良好」阻礙自己進步、讓自己看不到真相，浸淫在自己的自我安慰裡呢？當我們有著怎樣的呈現，可以馬上醒覺自己正在這樣的狀況裡呢？

有的。有個獨特的現象呈現出來時，我們可以因為看見而知道我們正處在上述的狀態中。這個呈現就是：當「濫好人」。濫好人可以區分為當他人的濫好人，和當自己的濫好人。

先來看看當他人的濫好人是怎麼一回事。

濫好人一直在逃避的事實

習慣當他人濫好人的人，目的是絕對不讓自己成為眾人焦點。在充滿自我想像的腦子裡，一切以「人和」為優先；在做事上的慣性則是迂迴，一切決定完全以被動為基調，甚至會聲東擊西，絕對不會直接去對人開口說出內心話，是懂得運用消極性積極（passive aggressive）行為模式的高手。

這樣的人，一生當中會習慣花很多時間去幫人，甚至不自覺地攪和進去一堆事裡，默默地付出，等待他人看見，是很有耐心的人；而性子急的人當他人的濫好人時，就會讓自己變得拙於表達自己，對人會亂情義相挺一通。不管是有耐心的人或是急性子的人，當這麼做時，都不會被他人懷疑是不是真心的。

這樣的行為，自然地，他會被封上「好人」的稱號；自然地，他的人際關係會變得不錯。甚至，他會開始吸引一些主動來找他幫忙的人。這種幫忙，什麼樣的都有，可能也會有撈過自己底線的界，屬於不合理要求的幫忙。

當一個濫好人要能擁有的能耐之一，就是要做到來者不拒。

當一個濫好人，有幾個重要原則要確實遵守，才能被大家心服口服的封為「好人」。

1. 你這個人做事都不是為自己，不會有自私的念頭；你做事的目的都是為他人好。
2. 如果你要別人幫你，你不會拿你那小我的自私原因要人幫你，一定會說出對他人有益的原由；若這事是大事，那更要有一番能幫助他人的大道理。說白了，你會讓人了解到的是，要他人來完成這件事，不是幫你。看清楚了嗎？當你要人幫你的時候，你會強調這件事情對他人的重要，把能幫到自己的這一個目的藏得很好。
3. 真要他人來幫忙你做那種表面上對他人是好事，但你是獲益的人，一定要有一個可以先說服自己的合理原因。如果找不到利他的理由，另一個說服他人來幫你的方法，就是把他人塑造成壞人；比如說，你在溝通時，把自己講成弱勢，是某某某為人差勁，或是他也正在做你想做的這樣的事，但他不是基於良心，而我是有良心的人……等等，就可以讓你義無反顧的去找人來幫忙。
4. 絕對不得罪人，不強迫人，不讓他人心裡有不舒服。
5. 做一個「仁至義盡」的人。

人人口中的「好人（其實是濫好人）」，當成果不如自己預期，讓自我感覺良好的方法，就是規避事實，不去面對真實的結果，不斷地告訴自己，我是在做好事。其實濫好人一直規避得最厲害的事實是：「我是一個自私的人。」

自私是壞事嗎？

自私沒有不好，凡是為自己的，都可以稱為自私。自私沒有問題，只要不傷害到他人，只要出發點不是要侵犯他人；有時候，即使出發點很純正，但是造成他人的不舒服，那是他人的事，因為每一個人都有過去，都有自己的主觀信念，這些主觀的東西，我們控制不了，也改變不了，除非他自己願意不同。嘴巴長在別人嘴上，為了不想讓別人說什麼而停止去追求自己要的，付出的代價大，而且辛苦。

想想這兩句話：「**如果你都不愛自己，誰會呢？如果你都不會為自己站出來，誰會呢？**」

如果你認同這兩句點出了自己重要性的話，是不是也能看見，其實你也可以說那是自私，但是這次你為什麼能認同呢？是不是這兩句話說出的其實是「真理」呢？

「真理」才是最有力量的。

搭飛機時，你會很清楚的被告知，如果飛機碰到緊急飛安狀況，氧氣面罩掉下來了，而你有孩子坐在旁邊，你必須先為自己戴上，才去為你的孩子戴上；這麼做，兩個人都活下來的機率才會是大的。**只有先照顧好自己，才能真的照顧到他人。**

弱勢是最厲害的強勢

但是，濫好人的思維常常反真理而行：「我必須要懂得先犧牲自己才可以。」為什麼呢？因為這樣才能讓人喜歡我，這當中也存在一個幾乎從來沒被懷疑過的邏輯：「弱勢是最厲害的強勢」。

所以，憑心而論，一個濫好人真正能做到的，也不過是減少他人討厭他的機會吧！不被討厭，不等於被喜歡，讓我們仔細想想，有多少濫好人是會讓人尊敬的呢？

一個習慣當濫好人的人是不太願意去看到這些真相的，因為這些真相很誠實，而誠實不是濫好人的人生首選。爛好人其實底層有著極度不足的自信，而這個不足，是要一輩子遮掩、不讓人看到的脆弱。

話說回來，當個好人其實也是沒有問題的，因為這會引發出很多人的正面特質。但是，如果是為了要避免自己有負面的體驗而去當個好人，就容易變成一個濫好人。濫好人不懂得為自己說話，為自己做，付出的代價常常超過得到的回報。

還有一種濫好人，是成為自己的濫好人，會這麼做，常常是為了安慰自己；這底下藏著的真正原因是我們對自己面對問題的能力沒信心，還有不用去向別人求援，可以讓我們保住面子。

成為自己的濫好人，通常和自己沒有滿意的結果，但又不願意去正視它有關。那什麼時候，我們在當自己的濫好人，讓自己自我感覺良好呢？

1. 拖延；有了個大目標，但是把要實踐理想的時間訂得又長又遠。
2. 滿腦子想到的都是困難；雖然想改變，突破，但永遠先考慮外在的環境因素和阻礙。

3. 評估判斷多；有錯，是別人的問題。

4. 要舒服就好；不願意看到自己能力上的不足。

5. 負面情緒多；聽到他人的誠實聲音時，心中充滿抗拒。

對得起自己的人生

「自我感覺良好」其實是一個很常為人所用、自我暫時解脫的方法，會需要這樣的暫時解脫，是因為往往當事人在生活上的努力，得不到「自我實現」的成就感。

通常，這樣的習慣形成是來自過慣一種平庸的生活，但心仍有不甘，自己卻又不願意為了有所不同而改變。社會上這樣人的比例有八成以上，所以我們也就很自然地不會去看到真正的問題，我們心裡會用來安慰自己的想法是：大家都這樣，為什麼我不可以？

當一個人無法靠自己創造出「自我感覺良好」時，不甘心的我們通常會做的就是去批評他人和抱怨，當個受害者。

西方人的生活裡常常提倡一個觀點：人人其實都有夢想，而且人人內心都有一個實現自我，去創造出有所不同（make a difference）的渴望；這種渴望，可以是關於這個世界，或是關於一個國家，甚或是一個團體，或是關於一個家庭，或是關於自我的。這個焦點越大，會讓小我的不同達成更容易。

「自我感覺良好」是一個人不滿意大環境的生活現狀，而在當下裡找到合理化自己過得不錯的藉口。懂了這個人人都常用的伎倆，知道無論自我感覺有多良好，心裡其實是有一個誠實的聲音一直存在的：「我不想要這樣了，我要過不同的人生。」

當你看到自己正處在「自我感覺良好」時，可以不同的機會就來了；請不要輕忽這一個看見，讓自己好好靜一靜，找到這個看見背後，在告訴你的誠實訊息是什麼。

你可以選擇為它全力以赴一次，能這樣，輸或贏才不是太重要，因為這樣，可以對得起自己的這一生。

二、「完美」與「完整」

很多人眼睛不能和人直視，甚至不能好好地看一看鏡子裡自己的眼睛；更多人在照鏡子的時候，是用他人的眼光在看著自己：眼睛在看自己的頭髮整不整齊、衣服體不體面，腦袋在看自己的背景、看自己的經歷、看自己的失敗，但通常就在眼睛要和鏡子裡自己的眼神交會的關鍵一瞬間，就剛好轉身離開。

我們用不屬於自己的標準過人生

朋友間最偉大的愛是願意放手，讓對方去走出一條他內心最終可以自我實現的路。

人一生的成長可以分成兩個階段，前半段是關於創造一個完美的人生，後半段是關於包容不完美的。

追求完美的人生，像是為自己打扮，穿上一件一件的華麗外衣，把自己的外在條件增加得更好，最好可以讓人對自己欣羨。這個階段容易讓人汲汲追求自己認為缺乏的，不會停下來喘息。即使擁有了想要的物質世界，但是永遠都不夠。

這個階段，是自我認識很重要的開始，就像一個人如果認定自己的牙齒醜，會找方法去掩飾它，遮蓋它，或是改正它；這一段人生的工作表現，和努力的出發點，是來自於心裡認定自己的不好。不想被看見這些不好，所以就去追求可以讓別人聽起來羨慕，看起來嫉妒的成就。這種成就會像是一口美麗的牙齒。

美國電視影集「醜女貝蒂」（Ugly Betty）的主角貝蒂，她戴了四年多的牙套，終於要拿下來了。她經歷了這個辛苦的戴牙套過程，目的就是讓自己可以擁有一口整齊美麗的牙齒，讓她擺脫醜女的夢魘。

當她終於要拿下牙套的人生重要時刻，她在心裡計畫著，再怎樣也得規畫「偉大時刻grand moment」來慶祝，但是，事與願違，那一刻的來臨伴隨的是她工作上瘋狂的一天，最後她不但沒有慶祝到，還搞得她狼狽、尷尬不堪。但是，這個過程讓她學到一件事：「追求到的完美，不會使一個人的人生完整。」

人生包容不完美的第二階段，是來自經歷前半段的追求後，開始回頭審視自己的過去，然後開始學習接受自己的不完美。在人生的旅程上，也會開始體驗到自我的完整。

這個世界一直在教人用不屬於自己的標準過人生，而鞭策這種「標準追求」的最佳策略就是讓人學會和別人做比較，以及讓人學會看待自己永遠都不夠。

這一套策略，讓很多人失敗過一次後，眼睛便開始不能和人直視，甚至不能好好地看一看鏡子裡自己的眼睛；更多人在照鏡子的時候，是用他人的眼光在看著自己：眼睛在看自己的頭髮整不整齊、衣服體不體面，腦袋在看自己的背景、看自己的經歷、看自己的失敗，但通常就在眼睛要和鏡子裡自己的眼神交會的關鍵一瞬間，就剛好轉身離開。

人們必須追求好的物質生活來照顧好身體和心靈，這個追求，不光是外在的積極和進取才能達成，得要先把自己的心照顧好。

培養練習利他的基礎心（我可以服務到他人，對他人有意義的是什麼？），加上對發生的不如意的事投降，這個追求能避開事倍功半的拉扯，對於呈現出來的對的機會能掌握，成事能不費力，能更長久；其實這就是先成人（這裡的人指的是自己），後成事。成人和成事一樣重要，只是有先後。

曾經看到一則新聞，是一個在美國的小留學生，受了完整的教育後，幾年前回到台灣，現在成為龍山寺附近的遊民街友（homeless）的報導。其實正面的看這件事，因為他的加入，把遊民的素質提升了。《男女大不同》（Men Are from Mars, Women Are from Venus）的作者約翰・葛瑞（John Gray）也曾經是街友啊！雖然新聞報導的角度說他是因為走不出父親過世的傷痛，所以成為一個遊民，我想這個理由很容易讓讀新聞的人產生憐憫心；只是，我相信他應該具有可以奉獻給人類的天賦。

他成為遊民是不是無聲的對已經過世的父親的某種叛逆行為？還是對自己沒能達到某種完美，而產生愧疚感的一種抗議呢？我祝福他正在經歷的是一個在未來可以幫到更多人的人生經歷。

我們應該追求屬於自己的人生，而不是完美人生

不完美的人生其實是一種比較下才有的狀態，其實，每個人都可

以擁有完整的一生，因為當你的人生到了盡頭，死的那一刻不管是有後悔、未盡之事，或是心安理得，對於一段生命而言，它就是完整的了；但是，我們都會在意不要有後悔，不要有遺憾，不過如果人生真的有遺憾，有後悔，不完美，但我們知道這都沒問題，人生不就完整了嗎？

網路上傳了很多的好文章，很多都是來自他人生命的經歷或是經驗的整理，裡頭有宗教人士、老人，或是名人，而這些文章都在教人可以怎樣過一個沒有遺憾的人生。現在想想，原來人們是這麼的擔心在人生的最後一刻仍有後悔、仍有遺憾，雖然這個擔心可以驅使一個人在活著的時候，有個正面的態度，但是，如果把人生有遺憾和後悔當作是不對的，而要去避免，那麼這個焦點將注定讓一個人的眼光只放在我哪裡還不夠好，我哪裡沒做對，這樣的過程不就已經一直活在後悔和遺憾裡了嗎？

人的完整，原來是從放了自己永遠也不會完美的這一馬開始！

人生有沒有遺憾或是後悔，應該不是我們的焦點和致力要去追求的目標。如果人生真有遺憾或是後悔，就這樣，就接受；如果沒有，也很好。有了這一個看見，才會接受一個人不完美，但是可以完整。

三、負責任的謬誤和真諦

我們從來都不曾被鼓勵去為自己「要」的「做決定」、「去追求」、「去為自己的人生負責」；相對地，我們都在社會共同的標準下去追逐相同的價值，去過相同模式的人生，去讓人看得起，去接受它人的稱讚，也就是去過他人也在過的人生。

我在大陸和當地人的接觸，有一個特別的心得，是關於大陸人和負責任之間的關係。

大陸人大都會主觀的認定負責任絕對不是一個行得通的態度，為什麼呢？因為對他們來說，負責任等於：「揹黑鍋……」

這種深植於大陸人內心的觀點，也許是經歷了文革，對人性摧殘的一個嚴重後果。但是現在正在進步、富有的中國，如果負責任不被重新導正出正面的意義，中國總有一天也要付出代價。

台灣人和負責任之間的關係和大陸人不同。台灣人的是這樣：

負責任＝責任。

負責任＝扮演好別人給的角色。

當台灣人背起了這種傳下來的負責任觀念，我們付出的代價就是大多數人過的是被規畫好的人生，沒辦法過自己想要的人生，而且這裡頭也包含了一個很重要的訊息：即使辛勤努力工作，活出喜悅與驕傲的機會也不大；簡單地說，在這種負責任的觀念之下，人過得很辛苦，心裡、身體都苦得不得了。換句話說，我們都只是社會養的牛，Work，Work，Work！做，做，做，在家裡，在職場上。

這樣的負責任觀點裡，也沒有那種純然的、正面的往上力量：「我的決定，我的承擔」；所以也不可能創造出：「我的人生，我的選擇」。

在我印象中，有一首劉福助唱紅的，關於台灣媳婦的一首歌。這首歌完美地詮釋了做媳婦的責任，讓我們體驗到台灣人是怎樣定義責任。它的前兩句歌詞是：「做人的媳婦著知道理，晚晚去睏著早早起……」歌詞當中還提到做一個媳婦要擔心養的雞或鴨生不了蛋，煩惱小叔娶媳婦時準備不了嫁妝……等等；還有，關於做人，有一首「勸世歌」道出社會對身為一個人的責任，要人不要貪財、求富貴。它乍聽起來很有道理，但是，如果你相信這首歌所說的，你一輩子注定要和財富擦身而過。

以上提到的兩首歌都是很久以前的事了。這兩首曾經是很流行的歌，很能代表我們和責任之間的關係是怎樣流傳下來的，而這流傳下來的觀點中的謬誤卻很需要被釐清，如果我們要過一個物質和心靈都豐盛的人生。

負責任的英文是Responsibility，是兩個英文字Response和Ability的結合；簡單地說，負責任等於反應的能力，重點來了，對什麼的反應？什麼樣的反應能力呢？

我們從來都不曾被鼓勵去為自己「要」的「做決定」、「去追求」、「去為自己的人生負責」，相對地，我們都在社會共同的標準下去追逐相同的價值，去過相同模式的人生，去讓人看得起，去接受他人的稱讚，也就是去過他人也在過的人生。

當孩子們提早做總裁

我們常常會聽到，現在的父母幫十八歲以下的孩子的每一天都排了滿滿的行程，讓孩子像極了公司的大老闆。這些提早做總裁的孩子，成長過程喪失掉了了解自己和時間的關係，學會安排自己的時間可能的浪費和不完美，所以錯失了懂得「浪費」自己的時間是什麼樣的體驗，更學不到為自己生活結果的擔當。

這樣，我們怎樣都不會懂得負責任的真諦。

過去，我們的人生要成為一個負責任的人，也附帶有很多的義務要盡，我們就因為太在意自己有沒有盡到這些義務，所以幾乎從來不敢去想我們有的權利是什麼，甚至根本忘了自己的權利。我們大多數人很會吃苦，但是卻不會、也不敢，甚至有時還不懂怎樣是享受人生。弔詭的是，認定負責任只有無盡的義務，通常也賺不到什麼錢。就算有錢，過的生活品質和窮的時候也差不到哪裡去，特別是土生土長的台灣人。

有人說：「吃苦當吃補」，這應該是一句最白癡的話。其實，沒有人是應該受苦的。如果要在人生中受苦是出於意識的自願性選擇，那麼這是一種生活形態（life style）的選擇；原本身為王子的釋迦牟尼就做了這樣有意識的選擇，而成為一位影響數代至今的宗教偉人。

所以，沒有意識的去追求自己的目標，不管是學業、工作、婚姻、家庭，或是無意識的擔任了這些角色：父親、母親、兒子、女兒、主管、下屬……等等，一個沒有意識的選擇，就沒有反應可言，也不用談反應的能力。難怪，負責任、正面的負責任根本就不存在了。

但是，如果我們是有意識的做選擇，就可以基於這一個選擇做基礎，無論結果如何，才會有自主性的反應，然後我們就可以去練習這個反應的能力，提升我們的格局；相對之下，我們負責任的這個態度就會越練越大，生活的品質自然提升、自然不同。

基於自主性的選擇而產生出來的目標，一定是正面向前的，而且能有擔當。人只有在沒自主性選擇的目標達不到時才會說出「吃苦當吃補」這種似是而非的話；當一個人有意識的訂下未來願景的時候，不會去訂出「苦」這樣的東西，通常所訂的都是對當事人有意義、值得的東西。所以說，沒有人應該受苦。

在這樣的前提之下，當負責任變成一種如影隨形的態度，人們才能將自己提升至下一個層次的「態度」和「體驗」，那就是擔當，英文是Accountability。

擔當這個英文字，也是兩個字來的，一個是Account，意思是信任、信賴，另一個英文字Ability，是能力的意思；**能真正為自己負責任的人，才有被人信任的能力。這樣的人，我們不一定會喜歡，但是一**

定尊敬。如果我是這樣的人，生命怎麼可能覺得不夠？怎麼可能體驗到負面的壓力呢？想像一下自己成為這樣的一個人的畫面吧！體驗如何？值不值得？

人都應該有意識的去選擇自己要的是什麼，這是身為人的一種權利。

拿回生命的主導權

我們的傳統文化裡很多的價值觀，在這個年代都應該被重新檢視、檢討了，因為有太多自古流傳到現在的舊觀點，還深深地影響我們的生命品質；特別是我們從來沒被教會怎樣富足地過生活，所以很多人有錢以後只會浪費，甚至自以為很會過生活。這樣的富足在很多時候沒辦法幫助人提升身為一個人的品質。

這些年來，也有越來越多人在訂人生目標時，通常只談體驗了，比如說：知足就好，或是平安就是福這類的目標。只談體驗，不談物質目標，也該要去釐清為什麼只這樣訂了。

人的身、心、靈好比一座三層樓房，蓋好了一樓，才能蓋二樓；第一層是第二層的基礎，第二層是第三層的基礎。

比如，有人要豐盛、自由的人生。在身的方面先要能物質豐富、能享受好的東西（食衣住行），同時會注重身體健康；心的方面，心是開放，信任，尊重生命，健康的；靈的部分是自主的、自在的。

一個從來沒有用過好東西的人，就不能真有「放下物質追求，不再被物質牽絆」的豁達自由體驗。換句話說，身、心、靈是一種漸進過程的順序。釋迦牟尼如果不是出身於貴族，他自我選擇的受苦後半生就不會有後來的得道頓悟。

當我們訂出「知足就好」這樣的人生目標時，這可以是一個很棒的目標，因為它可以支持人不被得失心牽絆，而能自在地接受結果；但它也可能是來自逃避面對自己的失敗與難受，給自己不用再為人生全力以赴、歸零重來的合理藉口。如果你是後者，失去的不只是對未來人生的相信，也失去你的正面能量和為自己人生結果負責任的力量；很多人在某些人生領域失敗後，進入中年開始學道或是接觸宗教。某個層次來說，是把自己要負的完全責任部分丟給了道，丟給了神和上帝，當然，不是所有人都是這樣，但是只有自己的心裡最清楚。

不管你的年齡多大，處在人生什麼階段，人都需要有目標，讓自己去全力以赴，追求成功。做了這樣的選擇，就能開始有負責任的能力在自己身上出現；一個願意為自己身邊所有事情，或是為自己的世界所發生的一切事負責任，而且是負完全100%責任的人，才能體會到「自由」，才能體會到「愛」，才能體會到「感激」，才能體會到「豐盛」，才能體會到「生命的完整」……

根據關鍵性數字法則（The Critical Math），當4%的華人成為這樣的人之後，它一定會是世界的強國；當4%的台灣人成為這樣的人之後，就可以影響中國在世界舞台上成為這樣的強國。如果你已經看到的話，我們影響華人，和全世界未來的機會就在這裡。當然，這個看來偉大、宏大的願景都只是附加價值而已，自己真正受益最大的是掌握在自己手上的生活品質。

決定要為自己的人生負責任，相對地，我們也勢必要去放棄抱怨他人和成為他人受害者的權利，這必須來自有意識的做新的選擇。

丟掉過去習以為常的反射性思考，就是我們去丟掉只有受到來自外在的刺激，才有相對的反應。這一次，無關乎他人，我們要為自己做決定了；做兩個關乎一生品質的決定：

1.我要成為一個什麼樣的人？

2.我要過一個什麼樣的人生？

這兩個問題底下的答案，也包含我們正在決定擁有個什麼樣的家庭，和家人有個什麼樣的關係，有份什麼樣的工作，和上司有個什麼樣的關係，和同事、下屬有個什麼樣的關係，然後我們可以把自我期許的人生活出來，一步一步的去創造出未來。

不論擁有怎樣的結果，都是自己創造的，所以我願意為「達到這個目標所產生的任何結果」負100%的責任，這是負責任的開始。

如果結果很好，它是因為我，給自己拍拍手，給自己一點時間去沉浸在這個成功裡；如果結果不好，也停一下去感受失敗的體驗，去問自己是不是做了什麼，還是沒做了什麼，這當中焦點當然只先放在自己，因為能夠被我改變的人只有我自己。

有沒有注意到，所有的主詞都變成「我」了！**負責任的世界裡，只有一個主詞，就是「我」**，因為世界就是跟著我轉的啊！這個世界是我們集體意識信念的傑作；**不能負責任，是因為一個人生命中的主**

詞都是「我們」、「他（們）」或是「你（們）」。

該是把主導權拿回來的時候了！因為我要為我自己的人生負責，因為這是我身為一個人的權利。

四、忍耐的真相

「忍耐」是一種美德，是一種默默的承受，裡頭蘊藏著一種做人的美。它的好處是不用去溝通，不用去面對真相，而且在某種程度上會得到同情和讚賞，但是，付出的代價就是一個其差無比的生活品質。

我們人呢，做每件事的背後都一定有它的原因和意義，而且即使這些事讓我們過得不好，甚或受苦，我們還是會持續地做，這是因為它同時也給了我們不少的好處。

但是，這些好處通常我們也都看不到，因為沒人教我們看。處在負面思考主導的社會裡，我們其實也不想知道，因為這只會給我們在做人的時候添麻煩。

當我們能看見：原來，我們的社會是負面思考的社會，那麼成為正面思考社會的機會就已經來了，這樣的機會得從每一個個人開始。

忍耐，是人該轉彎的徵兆

所以，這值得我們來探討幾個重要、看不見背後好處，但讓我們受苦且普遍存在的行為。

其中一個我們經常有的行為就是：「忍耐」。

「忍耐」和「忍受」不同。忍耐是關於不應該發生在自己身上的不公平、不對勁的現象，讓它持續發生，而且是我不得不決定這麼做的；忍受則是對於自己不習慣、不喜歡的人、事或物，基於和諧原則，讓自己去學習包容的狀態。

忍耐，這個行為可能會為人帶來的體驗是鬱悶、生氣、束縛、渺小、無力感，委屈……等等的「苦」，讓每一個人決定要忍耐的原因很多，而且，不論這些原因是什麼，我們還得忍耐另一個看不見的負面體驗：我們一直在忍耐我們的忍耐行為。這是因為我們腦袋裡都相信：吃苦等於吃補，或是小不忍則亂大謀，或是忍耐是美德……等等。

每一個人都可以去找到屬於自己所深信不疑的信仰，是關於自己為什麼會落實忍耐的原因，而這已經變成自己的一種信仰核心教條，但是我們不知道的是，忍耐這個狀態它其實是一個很好的徵兆，它告訴一個人應該要轉彎了！

放在實際生活上來看，有不少人可能正在家庭關係、婚姻關係、朋友關係，或是工作上忍耐著。對一個懂得負責任的人來說，忍耐，其實是對某一個狀況忍耐，而不是人，雖然狀況一定是人創造出來的；如果一個人還常常對一件不如意的事高喊著「大家一起來負責」，忍耐的焦點當然是放在人身上。所以，只有能夠看到忍耐和事情本身的高相關性，才可以找到出路。

當一個人把自身狀況看待成一件事，而不把焦點放在其他人，就能把創造這一件事的源頭指回自己，就可以有效率地學習，找到出路的速度也比較快。那對人呢？如果我是在忍耐一個人呢？這一點，雖然我已經點出這和怎麼看負責任有關，但請繼續看下去。

忍耐為什麼是一種正面的徵兆？讓一個人知道路該轉彎了呢？因為「忍耐」這一個行為，代表你已經體驗到一些「不對勁」或是「不公平的待遇」，而這一個不對勁、不公平常常和一個人的尊嚴被輕視、侵犯有關係。

讓我們來看看，既然是這樣，為什麼我們人要選擇「忍耐」呢？

去問一個選擇忍耐的人，通常得到的答案大都會偏向「說服自己」，「安慰自己」值得待在這一個情況裡的理由，或是其實心中正在渴望得到他人同情或認可。

比如：

「這一個情況將來會改變……
過一陣子應該就會好了……
沒關係，我還有其他機會，現在先這樣。
我不敢離開，因為會有不好的事情會發生……
我怕他（她）。」

諸如此類的原因，也許安慰得了自己一時，但卻會使人習慣於這種尊嚴被扭曲的生活方式，就像滴水穿石，一旦習慣尊嚴被一點一點的扭曲，像是溫水煮青蛙，一個人忍耐付出的代價是（人生）生活的品質；這就是為什麼沒有任何一種忍耐是不會讓人帶著負面的。

忍耐，所付出的人生代價

我們換個角度來看吧，忍耐這一個看來不太行得通的行為，為什麼我們願意忍受？從這當中，我們可以得到什麼好處呢？

首先，它讓人可以待在舒適區裡頭。這一個舒適區代表的是自我信心低落的人熟悉的求存方式，這一個熟悉，加上自我安慰的理由，是讓人即使付出了高代價，還願意在原地停留的主要原因；熟悉，是不想做不同選擇的第一個好處。

再來，通常忍耐的一開始，狀況不對的徵兆都算是輕微的，這個不對的感受不強，相對於人們在這個階段得到的明顯好處，負面感受會顯得微不足道。這些好處可能是和過去做對比，有了較好的感受、生活條件可以比過去更好、經濟來源變得穩定、感覺到有個更好的未來、覺得被愛、可以滿足被認同，或是滿足他人對自己成就的期望……等等。

知道忍耐的代價，知道忍耐的好處，其實還不足以讓一個人決定要轉彎，這是因為我們有編織藉口的能力，有發展自我安慰理由的習慣，還有，我們不懂得如何區分，這讓我們即使難得的做了新選擇，但這個新選擇，會讓忍耐的狀況很快就又再度發生，而這個錯很容易讓人懷疑轉彎這個選項不會讓人的生活不同。有了這種認知，會讓第二次的忍耐更深、更久；所以，有效的區分是幫助人看到問題的關鍵。

所以，我們要做的是先面對以及處理自己正在忍耐的情況，這種情況，可能是工作上的，可能是親密關係上的，可能是朋友關係。

面對，意味著我們得先正視我們有著「忍耐」這一個狀況，然後，先區分清楚，我們是在忍耐還是在忍受。

首先，先來看看，讓我們不能忍耐的，或是不願意忍耐的是什麼。通常加上這一個「不」字，可以幫助我們了解，這其中有沒有我們喜歡和不喜歡的存在，我們有沒有要對方改變的想法或期望，如果有，我們是在忍受。

忍受的背後是因為我們抗拒一些存在的狀況，如果這個忍受裡頭，沒有讓我們感受到尊嚴被侵犯或是生命不被尊重的問題，焦點純粹是在外在結果的呈現，或是在對他人某些特質的抗拒，這是我們的內在問題。

所以，這樣的情形下，我們應該選擇的是學習看見自己的忍受在抗拒的是什麼，我們的抗拒其實和外界一點關係都沒有，是我們自己的喜歡和不喜歡讓我們不舒服。基本上，我們是在抗拒外界的呈現不如我們的預期，這一種忍受，是自我ego的主導。我們要留意會不會把我們的自大放大成情緒，強加在他人身上。

忍受可以變成接受；這是我們在面對「忍耐」這件事情上，對產生問題的「他人」可以選擇的面對態度，因為，「忍耐」是一種行為模式，它不會因為換了人就消失。

再來，體驗我們的忍耐，是不是有著以下的狀況：

1. 開始變差的自我感受。

2. 成為關係中的弱勢。

3. 強迫自己接受現狀、純粹對於現存不滿狀況無力做出新的決定。

若是有著前兩項的感受，是來自他人和我們互動裡對我們的貶低，若是有後兩項，則是因為我們壓抑自己，不照著心裡的聲音去選擇，而持續待在我們已經開始忍耐的習慣環境裡。這兩類的忍耐，是我們在這裡可以去學習利用區分，幫助我們看見問題的真相，也許會幫助我們跳出這一個洞，而且能在人生當中，不再重複跳進同一個洞裡的命運。

讓我們先來談談第一類的忍耐。

當一個人忍耐自我感受變差，和感受成為弱勢，卻還是置身其中，著實是讓人匪夷所思的事，而這類事件，你我卻不陌生，比如我們在兩人的關係中成為對方的一塊腳踏墊（doormat），或是不斷地忍耐對方對自己的言語暴力，甚至是成為肢體暴力的受害者；這些忍耐事件的輕重程度不同，但是背後其實有著一樣的邏輯，關於愛的邏輯。

愛，衍生出很多種表達方式，有來自正面的，也有來自負面。如果我們能夠用「愛」來解釋所有的行為，對於那些讓我們瞠目結舌，甚至不忍卒睹的傷人行為，我們應該可以知道，這也是愛的表達，只是它是來自負面的。

親密關係裡的忍耐

人的一生，是關於愛人和被愛的。人和人的相愛關係，很簡單。每一天，我們都在問彼此這樣的問題：

你可以愛我嗎？我可以愛你嗎？

一旦負面介入，彼此的關係會開始有比較、有競爭，這樣的關係會出現強勢與弱勢。弱勢的人，對於兩人的親密關係，會開始形成以下每況愈下的層次對話：

「如果你不愛我，至少喜歡我。
如果你不喜歡我，至少不要傷害我。
如果你要傷害我，至少不要離開我。」

所以，我們看見了，一個不同層次的忍耐關係和以上一個人所在的自信層次，有著緊密的關係。

有的人，當愛不再存在，自己和對方還沒有任何傷害發生之前，就會選擇離開這段關係，這樣的人是極度懂得愛的意義和愛自己的人。

如果有人的內在，對親密關係的對話，到了只要對方喜歡就好的狀況，基本上是沒有什麼問題，特別是我們華人，是很習慣這樣的親密關係層次；這裡頭，彼此對對方的特質都會有意見，但負面的情況頂多是吵嘴，懷有持續批評對方的看法，偶爾受不了會電一電對方，是屬於兩人彼此自我ego互不讓步的親密關係。

當一個人讓自己進入了「如果你不喜歡我，至少不要傷害我」的關係階段裡，你猜怎樣？雖然「不要傷害我」聽起來是底線，但是傷害卻一定會發生，這是因為這樣的關係後面還有一句沒被說出的真相：「你可以傷害我的，因為我喜歡你！」這種傷害可能是指言語對一個人的貶損，也就是言語凌虐，或者可能是肢體的暴力；當然，當真的傷害發生時，或是發生了幾次以後，有些人才會醒覺到這是底線，而離開這段關係。

最底層的關係：「如果你要傷害我，至少不要離開我」，我們都知道會發生什麼事；言語凌虐的情況不斷存在。事實上，它對一個人的詆損，有時甚至比肢體暴力還更嚴重。

還在忍受這種狀況的當事者，通常一定也有幾個表象的原因，而且一定都和保護他人，讓自己犧牲的合理原因有關：它可能是為了孩子，可能是恐懼其他人被拖累，最後也有可能是擔心自己的生命安危；但無論理由是什麼，這個狀況會持續的發生，其實是**當事者對自己的極度負面看法引發的生活呈現：「我不值得人愛，沒有人會愛我，所以你對我做什麼都可以，但是不要離開我。」**

所以，我們必須看清楚，一段關係當中，我的底線是什麼，更要看見的是：「我為什麼有這樣的底線？」

要能擁有一段正面的親密關係，自己才是關鍵，和另外一個人的關係很小；親密關係中的另一個人只是反映給你，藉由你在這段關係當中，做出的種種決定，讓你看到你是怎樣看待自己的，所以你應該能清楚的看到一段關係是處在哪一種層次的真相。

關於尊嚴，人的底線，依照自我、他人、傷害和絕望的層面，可將它的層次由高到低，分為以下四個層次：

1. 體驗到自己要違背自己的良知、真心，必須為他人、討好他人妥協自己，而讓自己有委屈，但還未發生，我就會停止。
2. 雖然有不同意見，但會開始彼此負面批評、判斷。但是，如果對方不是蓄意要傷害我，只要彼此兩人還是平等，我們還能溝通，這並沒有問題。但是，如果對方是基於自己的自以為是，讓他的批評、判斷及傷害，開始侵犯我的個人尊嚴，破壞了平等關係，讓我處於下位，溝通後不能改變，或是溝通開始中斷，我就會停止。
3. 因為要考量到彼此分開的現實因素，即使對方看待我比他低，比他差，口頭對我的貶損、即使是蓄意傷害我的都沒問題。但是，一旦對方使用肢體暴力傷害，我就要停止。
4. 怎麼對待我都可以，但是不能離開我。

有第一種底線的人，通常是懂得追求正面人生和懂得尊重生命的人，這個底線相當清楚：「自我尊重」。但是，有這種底線的人，做新選擇時，必須要懂得和對方直接誠實的溝通，否則可能造成對方因為不了解而會有的負面體驗。當然，如果當事人有心創造一段親密關係，即使體驗到這些徵兆，也會持續開放，願意接受對方可以有不同的想法，想繼續在一起。

如果溝通後對方能懂，也是個懂得尊重生命的人，這一段關係應該很值得延續下去；如果不能，就讓這段關係結束也很好。

有時，依循這個底線做出新選擇，自己也會傷心、難過是正常的，這是人性的一部分，但最好也能讓對方知道。

有第二種底線的人，要轉彎的徵兆已經出現，這個徵兆是在測試我們是不是一個在追求正面人生和懂得尊重生命的人。我們能做的是，當下立即決定讓這種現象停止，並且也要越快越好的做出真誠溝通；通常，這一種狀況是因為自我Ego放大自己的評估判斷，自我保護的模式。它的出發點固然是自我得不得了，但是出發點不是為了要傷人。

在這一個階段，當我們和對方溝通時，要懂得留意自己溝通的出發點。

如果我們只是想讓對方覺得他這樣做是錯的，只會引發爭執，甚至我們會為了「爭對錯」這個行不通的理由，繼續停留在這段關係裡，開始一種敵對的負面關係；如果我們是基於忠實的為彼此的尊嚴做溝通，這才真的是為自己的人生負責。

自我醒覺後的新選擇，它也許還能貢獻給對方一個機會，讓他也看見真相，而能決定要不要改變。來自對方主動地想改變，才有真正改變的可能，如果收不到對方這種選擇，它又考驗著我們是否會堅持為了自我尊嚴做的選擇，還是會選擇把箭頭轉向要對方改變，拿自以為是的心態去繼續一段爭對錯的關係。

我們一般人親密關係的問題來源，大都是因為處在這一個層面上，而不懂這時該是面對真相，做新選擇的時候；做不到這樣是因為對「尊重生命」這一個概念模糊，或是沒辦法用行動來落實「尊重生命」這一件事，而且，一旦這個底線守不住，一方或是雙方言語凌虐可能開始出現，讓親密關係變成戰場，彼此的痛苦正式開始。

這種關係沒有贏家，這樣的關係應該馬上終止，否則會往下到下一個層次的關係當中，或是長久處於冷戰；這時離開也是你還有能力相信可以在離開後，再度擁有一段正面的、新的親密關係的機會。

有第三種底線的人，會頻繁地聽到對方對自己開始不公平的、言語上的人身攻擊，這時候，你會傾向乖乖的啞巴吃黃連，對於言語暴力或是言語凌虐無法正視，沒有能力讓它停止。這時，你的自我ego會表面的開始習慣順服於接受一場逆來順受的仗，無力的挨著言語暴力打來的耳光，進入消極的抵抗或是認命的狀態。

如果這一個底線破了，肢體暴力便會出現；通常當事人可以脫離這種極端不健康的親密關係的機會，都是很負面的事情發生之後才有可能。

當這種關係繼續，我們看到當事人的生活是一個無力的受害者，會對他產生同情的心理，但是，一個人會讓自己擁有這樣的狀況，一樣的，付出代價的背後也有好處；事實的真相是，當事者心裡底層的自我價值原本就是低落的，這是人的信念能產生多大力量最有力的證

明，這種低落可以因為得到同情和可憐而得到彌補，而讓自己成為這個情形下的受害者。

他會合理化自己還要待在這種情況裡，常常使用的理由，可能是：為了孩子、為了×××人，把自己塑造成一個犧牲者，迎合社會接受，甚至「正面」的形象，以掩蓋自我低落評價的真相。

通常，處在這個位置的人很難會做新的選擇，因為一方面他已經錯過了選擇的機會，另一方面，他也已經習慣不為自己做決定，凡事讓自己處於被動、反應的狀態。他也已經失去了正面的能力，活得很委屈和犧牲。這要一直等到很糟很糟的情況發生，才能有醒覺的可能；但這也可能永遠不會發生。

有第四種底線的人，就是正在創造很糟很糟的狀況發生在自己的身上。我們可以了解這樣的人生是絕望的，但是，這樣的人已經不只要他人可憐和同情自己這不幸的遭遇，他其實已經給了自己對人生可以完全不負責任的合理解釋；當這個狀況發生時，外人都是這樣看：加害者是混蛋，受害者是可憐人，所以他本人更不可能去醒覺這個行不通。

第四種底線的發生，一定是先打破了第一種，接著又破了第二種，最後又破了第三種底線才會到達這樣的終點。

如果懂得尊重生命，在第二種底線發生時，很多不對的徵兆其實都已經出現，呼喊著要我們去藉由溝通釐清真相。此時若是不做任何舉動，任其發展，很可能會造成繼續把底線降低，等於是容許自己的生命尊嚴被侵犯的結果（或是開始侵犯他人尊嚴）；懂得尊重生命，依照這一個原則做選擇很重要，也很簡單。

第二種底線是人生能不能擁有正面幸福關係的關鍵，如果你看見了，懂了，遵守底線原則（bottom line principle），你不太容易會在你生活裡創造出負面的人生給自己，或是給那些對你重要的他人。

所以，我們可以看到，每一個人忍耐的背後對自己的好處是什麼。不懂尊重生命或是沒有尊重生命這一種概念，常常是造成親密關係問題的最重要原因。

最後，我們來看看，強迫自己接受現狀，純粹是對於現存不滿狀況無力做出新的決定，這種忍耐是為了什麼？這樣的狀況，出現在工作上的機率很頻繁，所以值得我們來釐清。

第一：是自信的問題。雖然表面上，不相信自己離開現有的工作之後會有更好的工作或是機會，甚至拿出很多的事實證明的確如此；但是真的嗎？真的是外在的因素讓自己動不了？還是自己對自我的工作能力在別處發揮有懷疑呢？

第二：是焦點的問題。繼續留在這個要忍耐的工作上，我們的焦點已經不在成就自己了；相對地，有人會把焦點開始放在不甘心、玩一場沒有人會贏的遊戲，不但自己要忍耐，也會創造出讓他人不好過的負面環境。常常讓自己進入拔河的遊戲裡，讓對錯引導決定，而沒能把焦點放在「行得通，或是行不通」這樣的區分上。

第三：是信任的問題。包括信任自己的直覺、信任人生、信任未知的未來，其實，和人際關係一樣，當忍耐發生的第一刻，每個人都有能力用尊重自己這個角度去看見自己的尊重是不是開始被忽視，然後做出立即的行動：「誠實的溝通」。這一刻如果沒被區分出來，沒被看見，心裡的不滿、抱怨、受害情緒一定會開始出現，這些其實都是好的徵兆。如果能夠把握住這個徵兆，去溝通，路要怎麼轉彎，每一個人的直覺都會清楚；但是，一旦錯過了，忍耐會變成繼續待在工作上的唯一出路，對工作一切相關的不滿、抱怨、受害會成為家常便飯。

忍耐，賠掉生命品質

有些人在忍耐的同時，都會冀望新的機會出現，好「逃離」這一個黑洞，但是，這其中有一個法則也必須被看見：除非你要忍耐的情況被你有意識的處理到了，不然，因為逃避而跑到新的去處，跟著你走的，還是這一種行不通的態度。

舉例來說：我不喜歡我的家庭，我為了要逃離這個家庭而結婚，將來這個婚姻裡一定存在著更多要人忍耐的東西；或者，我不喜歡我的老闆，所以我決定自己開公司，逃離這一家「爛公司」，結果是，新的公司裡產生了更多讓人「忍耐不了」的人、事或物。這是宇宙運行的簡單道理。

或許，我們這麼常於習慣「忍耐」，是因為被告誡：「小不忍，則亂大謀」。也許我們都會怕自己不忍耐會壞了大事，會得不到自己要的結果；但是，我們也必須看清楚，我們怕的是壞了誰的大事，其實沒有人願意活在忍耐為人帶來糟透的生活品質裡。

關於「人生品質」，如果對一個人來說，這還不夠重要到把它放在第一位，讓人實在不能理解的是，**一個不在乎自己生活品質的人，怎樣能去尊重其他人的生活品質？**

我們在生活上常常看到，自己下水，也把其他人拖下水的模式一而再的發生。如果我們可以藉由區分而能看出來「忍耐」的狀態，和我讓自己身處其中，關於我的真相，同時懂得讓自己為自己要怎樣的被對待設下底線，是基於尊重設下的底線，有品質的人生這樣才能出現。我們可以用「向上提升」取代「向下沉淪」。

最後，我們也許可以對「忍耐」下一個這樣的結論：

「忍耐」是一種美德，是一種默默的承受，裡頭蘊藏著一種做人的美。它的好處是不用去溝通，不用去面對真相，而且在某種程度上會得到同情和讚賞，但是，付出的代價就是一個奇差無比的生活品質。

我們的人生當中，有太多的「不對勁」都是和他人的看法有關，太多的代價都是用賠上自己的正面人生去換取這樣的認同；久而久之，大家也習慣了。但是還好，我們都還有良知，都知道這樣對自己不好，不想過這樣的人生。或者，你現在正發現自己這樣的良知已經麻痺很久了。

如果你能看見每一個狀況事實的真相，你就可以有選擇，找出人生的大底線，然後把它運用在各個生活層面上。光是做到這一點，一個人的人生就可以有著大大的不同！

英國哲學家傑瑞米・邊沁（Jeremy Bentham）是提倡功利主義的大師，他的功利主義是建構在人性上。我從他的功利主義學到的是，一個人的一生，有醒覺的從個人行為背後付出的代價和享受的好處當中，藉由理性的評估，決定對這些好處放手，去找到一個最大價值的人生；追求這樣的人生也要付出代價，就是丟掉那些好處，但是它值得。

這個理論背後的挑戰，就是要能看見這一切行為背後看不見的代價和好處是什麼，它是怎樣的影響一個人的生活品質。說它挑戰，是因為一般人都自動化，不能或不願意停下來檢視這些看不見的代價和好處。

人生的最大底線是什麼呢？當我們每一個人剛來到這個世界上時，父母給我們的不只是身體，還有一顆活蹦亂跳，健康的心；中國人有一句話：身體髮膚，受之父母，不敢毀傷，孝之始也。過去這句話一直強調的孝順是「不讓自己的身體被傷害」，那麼心靈呢？如果我們現在決定心靈也不能被傷害是更大的孝順，那麼全華人的社會一定是一個完全不同的社會。

我相信華人改變的時候終於來了！就是簡單地從尊重生命開始，特別是在台灣，如果每個人對自己的、人際互動上對他人的，都以尊重生命當底線，那麼所有人的生活基本原則都能行得通，現在社會很多已經扭曲的現象就可以找到這一條主軸回歸，大家不必繼續在民粹、情緒、感覺裡迷失。

我相信這樣會讓台灣成為一個真正的民主國家，一個強而有力的國家。這個邏輯其實很簡單！

練習「尊重生命」，從為自己設下一個「不能被侵犯」的「底線」開始。這是個對大多數習慣做好人的華人來說，算是陌生的概念，但這也是很簡單的概念。意思指的是，你不允許他人「侵犯」你的是什麼？肢體上的？更重要的是，言語上的？

這些就是「底線bottom line」。有了這一個底線，人與人之間互相尊重的關係，就會有所謂的「界線boundary」。這個界線表面看來是分隔人的東西，但它卻是讓一個人活得有尊嚴、有力量的約定，它也是人與人關係那一種會越過尊重的制衡基礎。

五、你有在「付利息」嗎？

趙伯伯75歲，有個一樓的店面。他想要把它租出去，但是堅持一個月的租金75000。

這個店面，經過仲介的評估，行情是50000，但是趙伯伯說的很清楚：「不是這個價錢，寧可空著也不租。」

五年過去了，趙伯伯的堅持是對的，沒人租過。

我們算一算，趙伯伯的堅持，讓他付的代價是50,000 x 12 x 5 = 3,000,000。

我認識一位大師級的講師卡拉・巴克博士（Cara Barker），她是一個平凡的女人，但是有著不平凡的人生。

卡拉的乾爹是美國的前總統艾森豪，但她是來自北歐移民的後代。她曾在戰場上當過護士，後來從事培訓的工作；在她三十多歲的時候到瑞士的榮格學院拿到了心理博士，後來成為心理醫生，但仍然繼續她的成長訓練培訓。

她在美國出版了一套五張的有聲書CD，她稱這一套有聲書為《The Love Project》，我暫時翻譯為《愛的計畫》。

每一張CD的長度大概都在一個小時左右，其中一張CD，卡拉問了聆聽者一個問題：「如果在你生活當中完全不用擔心錢，不用擔心時間，你最想做什麼？」這是一個很有價值的問題。

我終於看見

講到價值，若是每一個人都能落實讓自己的生活上所做的選擇都能有價值，這是更大的價值；而要能夠落實這個選擇，這就有賴於一個人的醒覺能力和看見。

醒覺能力影響的是，能多清楚做或不做的決定，是基於看到多遠，和看到多廣的未來願景。

簡單的說，能看得越清楚，生命的3D度，立體度越大。換句話說，近的是，可以看到擺在眼前當下的不同選擇；遠的是，清晰未來有價值的結果在哪裡。當然，也相對的清楚如果今天不做有價值的選擇，最後勢必要付出的代價是什麼。這個看見能力的增長，已經支持了一個人的生活品質。

許媽媽說：我要我的孩子長大後，平安幸福。

王媽媽說：我要我的孩子將來出人頭地，高人一等。

蔡媽媽說：我要我的孩子未來可以貢獻社會，做個有用的人。

張媽媽說：我要我的孩子是個能為自己的人生負責、懂得尊重、有影響力的人。

這些媽媽對孩子的期許都很好，其中不同的差別在哪裡？哪一個孩子的未來樣子在母親說出的同時，看得最清楚？這幾位不同的母親在描述孩子未來的那一刻，同時也反映出每個母親自己正在過的人生。

我們活在這個世界上，常常忘了問自己一個很簡單的基本問題：我的生活可以怎樣過得有價值？

而且，我們只要願意問自己「價值在哪裡？」「價值是什麼？」這一類的問題，其實都能很快地找到自己的價值。比如說，我可以去想：「今天晚上我要做件有價值的事」，然後加上受詞，比如說給「我」，或是給「另一半」，或是給「爸媽」……等等，就會找到不同的內容，但是，無論想做的事是什麼，方向都一樣：是正面的。

現在，把這個問題擴大一點，如果這樣子問呢？「我的有價值的人生會是怎麼樣子的呢？」

當一個人找到有價值的人生，而且具體，人們應該就會馬上捲起袖子，身體力行，對不對？當然不會。因為問題在於，沒有培養自己看見和區分的能力之前，即使對未來有了好想法，腦袋還是會不由自主地告訴自己：哇，這有多難啊！其實，腦袋也沒錯，它看到的也是真的。

選擇拖延，代價不斐

其實，我們都有能力，但常常是沒意願去做自己生活的先驅者。要擁有新的、需要被培養的醒覺和看見自己信念、行為的能力，我們常常是自己最大的敵人。還有，很多人知道、看到之後，會把焦點放在「困難」上面，然後拖延不做，最後自然可以忘了。

但在人生當中，我們拖延面對，不但沒有學習，總有一天還是要付出代價的，不是嗎？其實，即使我們選擇在人生當下去面對該面對的，也是有代價要付的。

比如：

A小姐不小心搞砸了一件事，但是她怕先生知道了以後，會對她大吼大叫、不高興，所以她選擇等他發現了再說。

B小姐和C先生交往半年後，剛好她母親最近住院，需要一大筆醫藥費，C先生無意間知道了以後，主動伸手幫她，這讓B小姐很感激。但是，之後沒多久，B小姐發現C先生從沒誠實的讓她知道，他原來已經結婚了。B小姐最近剛好工作被裁員，母親的住院開銷因為C先生的關係，讓她的經濟壓力不至於那麼大。雖然她很氣C騙她，但他對她一家的好是真的。雖然她知道這樣的關係應該要結束，但是她做不到。

D看到股票已經確定會繼續下跌，但是他錯過了停損，現在要處理，更捨不得，所以他決定當作不知道，再繼續等等，看看股票會不會上來。一個星期後，手中股票真的回彈了，但是他當下決定，應該會繼續反彈，再等一等。沒多久，他手上的股票已經跌掉了80%。

這些決定，當我們在做的時候，看不到自己的鴕鳥心態，當然更不用說會阻止自己。總而言之，我們這麼做的時候，難道不知道這不是有效的做法，但我們為什麼會這樣呢？

那是因為我們看不見這樣做要付出的代價，更沒看見這樣做的背後，我們可以得到的東西。這些東西我們看不到，但卻是不折不扣的甜頭。醒覺、看見，可以看見這些我們拖延背後所掩藏的好處——就是甜頭。

以上的例子裡，人們可以藉由拖延、不面對，所嘗到的甜頭是：

A小姐的拖延，創造的是讓先生在發現並對她吼叫後，證明自己果然是對的，是個軟弱的受害者，而對方是一個強勢的欺凌者。A小姐當個受害者，嘗到的甜頭是：老公是個脾氣暴躁的人，家裡的不和睦都是因為他。家庭的問題不是她的責任。

C先生給B的幫忙，其實就是一種方便。這種方便對B來說，讓她願意看待自己是一個弱勢的人，需要被照顧。這個方便，B把它錯當成愛。這個決定，來自原本就已經存在B心裡的低自尊，所以她不想去決定和這個人的關係應該要結束。於是，她允許尊嚴被侵犯，去換取方便。這樣的方便背後通常代表的是，B是個用隱性的操弄法去得到自己所要東西的人；這是一種消極性的積極性格，也是受害者的一種典型模式。

擁有D典型人云亦云的特質，做事不切實際，在股市裡會買高賣低，常常賠錢的人，也是深層認定自己價值低，但是又不自禁會做投機決定的人。D習慣活在自己的世界裡，生活裡的重大決定傾向於用感性做決定，不會在乎事實、證據，喜愛自我感覺良好。

其實人生當然大可不必去探討什麼甜頭，但是通常得到這一些甜頭背後的代價，是注定要過一個常常不開心、低生活品質的人生。探討的目的，是讓自己也許開始願意去問自己一個問題：「這是我要過的生活嗎？」我願意開始去看清我的模式，區分出哪些是行得通的，哪些是行不通的，然後做一個新的選擇嗎？

堅持75,000的趙伯伯

其實，有一個很好的真實例子，它反映出我們每個人不同程度的不會為自己的人生勾勒出大局，還有拘泥於小處是多麼的愚笨，還有我們所付的代價。

趙伯伯75歲，在建國北路高架橋下，有個一樓的店面。他想要把它租出去，但是，堅持一個月的租金是新台幣75,000。這個店面，經過仲介的評估，行情是50,000，但是，趙伯伯說得很清楚：不是這個價錢，寧可空著也不租。

五年過去了，趙伯伯的堅持是對的，沒人租過。

我們算一算，趙伯伯的堅持，讓他付的代價是50,000 x 12 x 5 = 3,000,000。

但是，對趙伯伯而言，他從來不去做這樣的計算。**他堅持的七萬五不是房子的價值，是他自己這個人的價格底線。**很不切實際，不是嗎？但是，我們華人常常做這樣的決定。

如果這個待租的店面是我們的人生，我們要它如何地被展現和發

揮呢？

我們的人生就像這個店面，沒有被運用過，就是一間蚊子屋而已，不管給自己訂下多少的價格都沒用。

在我們的人生裡，那些堅持的七萬五裡頭有看不見的甜頭。受害、弱勢、低自尊，而那五萬就是面對、理性區分、做決定，主導，是我的責任，我有力量，我有影響力，我做得到……等等，實際可以在生活創造出自己要的人生的不同元素。要能做這樣的理性選擇，要付的代價，就是不能再享有這些感覺的甜頭了。

在我們的生活裡，我們常常給自己洗腦，給自己75,000的幻覺，所以什麼都不用做，但是我們喪失的是可以創造出50,000的實質不同。

比如，每一天替孩子排好行程，因為這是75,000的決定。但是培養孩子，讓他成為一個會為自己人生負責任的人的時候，他在學習為他自己的每天的作息做安排時，最多只能達到50,000。所以，大多數的父母會做看起來是75,000的決定，也就是幫他排時間。但十年後，這75,000當中，40,000是父母的，孩子得到的是35,000，也不懂什麼是為自己的人生負責。相對的，50,000決定下長大的孩子，他扎扎實實的拿到了50,000。而他們的父母呢？他們獲得的是無限大。

這兩者之間的差異，就是付的利息。

還記得過去有一陣子，大陸富士康集團讓郭台銘一個頭兩個大，因為大陸員工跳樓事件頻傳。

鴻海集團，它的成功一定有值得尊敬的地方，畢竟它是一個代表台灣的成功企業。我不能清晰知道鴻海集團過去到底做了什麼樣的選擇，但是我看到的是郭台銘在為過去沒能早做的決定付利息；而很多關於人的問題，其實都出在最原始、簡單的問題答案上。

一個企業可以問自己的簡單問題是：「我的企業存在於這個世界的價值在哪裡？集團壯大了，我們付出的代價是什麼？」

當我們看到認識的人，現在正在人生裡因為推延做有價值的選擇而忙於付利息，他們就是我們的鏡子！

醒覺不醒覺的最大差別就是擁有選擇的能力：你做決定的焦點在哪？是做有價值的決定或是暫時舒服的決定？你身邊有沒有可以一起共同成長的人在身邊？有沒有這樣的人的最大差別，就在於**有沒有人會在乎你贏，而不是在乎你的感覺。**

一顆死掉的星星，會變成黑洞。黑洞的存在是宇宙中最大的夢魘。我認識一些人在人生當中，睡得很沉地在吸取其他人身上的光芒。祝福你身邊沒有這樣的人存在，如果有，很簡單，看見黑洞，同時開始起身去找回你的熱情，開始去完成你的夢想。

清楚的夢想是黑洞的影子，它無法正視你，也永遠踩不到。一個很簡單的例子，失意的父母常常成為孩子的黑洞；有夢想追求的孩子通常能選擇不被黑洞影響，而有卓越的成就。

你這一生的重要決定做了嗎？當你的人生碰到重要的決定時，你都會怎麼做呢？

六、改變與受苦

「改變」要面對的不熟悉東西很多，有時候還真的很不舒服。
這些不舒服有時候甚至於還會讓人感覺到痛苦，是種麻煩；其實，這些痛苦就像是拔牙，痛一下子就沒了，但是要經歷這一個痛，你得有意識的特別去安排時間，走一趟診所，找醫生拔牙。而這個走一趟的安排，就是我們不想碰的麻煩。

叔本華說：「生命是一團欲望。」欲望不滿足便痛苦，滿足便無聊。人生就在痛苦和無聊間搖擺。

欲望不滿足的確會帶來痛苦，可是一旦欲望被滿足，新的欲望就會馬上出現。有欲望是讓人活出動力的原因，能有欲望是好的；最近幾年，開始聽到了一種聲音：「知足才能快樂」。這句話不全然適用在每一個人的身上，因為它可能是一句支持人放下得失心的好話，也可能是讓人逃避面對、認命的好藉口。

我們人啊！有時候會做出只有醒著的人看得到的、很沒道理的事。

一個很常見的情形是，很多人常常在說自己有多不滿意這、不滿意那，但是看看他的生活，卻寧可執意繼續擁抱這個不滿意，繼續擁有這個不滿意帶來的諸多行不通，也沒見到這個人做些什麼去讓這個不滿意的情況改善。其實，這種身處不滿意裡頭的不改變，是一種痛苦，而且這種痛苦都不是自己給的。

改變，也會痛苦，但這個痛苦像是脫繭而出，像是換皮；而且這種痛苦還是自己主動給自己的。

既然改變或不改變都痛苦，那麼承受哪一種痛苦比較有意義？比較有價值呢？

我們來看看。

處理你的人生地雷

我們會不喜歡改變，是因為我們對生活現狀帶來的痛苦已有一套相應對的模式：可能是對它生氣、批評，或是讓自己呈現受害、冷漠、忽略，或是麻木以對；所以，既然我們已經有了一套機制，幹嘛還去改呢？難怪改變聽起來這麼麻煩。

還有，要改變的，怎麼會是我呢？是他，他才應該是那個要改變的人！而且，改變太難了！你沒聽過嗎？一隻牛牽到北京也是一隻牛！狗改不了吃屎，老狗變不出新把戲！所以，如果以上這些都是你不要改變的原因，那也沒有人可以讓你這麼做了，不是嗎？但是，**不管你處理或不處理你的不滿，不快樂一直都在，這些負面的情緒、體驗都早已變成人生地雷**；而且這種不滿意的痛苦像是牙疼，雖死不了人，但它會一直在那裡，隱隱作疼。

改變，要面對的不熟悉東西很多，有時候還真的很不舒服。這些不舒服有時候甚至於還會讓人感覺到痛苦；但是，這些痛苦就像是拔牙，痛一下子就沒了，但是要經歷這個痛，你得有意識的特別去安排時間，走一趟診所，找醫生拔牙。而這一趟看牙過程，就是我們不想碰的麻煩。

我們真的不想改變嗎？也許是因為我們沒機會認識真相，也許是我們沒機會去分析我們手上有的和新選擇的利弊得失差異。

其實，我們都喜歡好的改變，因為正面的我們一定會做這個選擇。

中國的一句成語說得很好：「見賢思齊。」意思是：當我看到一個值得學習的對象時，我會在心裡告訴自己：我也要這樣！然後，我會百分之百的去活出我想學習的精神。

在一個負面當道的世界裡，要找這個「賢」其實很容易，因為，這樣的人特別容易跳脫出來，讓人看見。當我們看見這樣的人時，心裡會說：「我也想這樣！」這種聲音一開始可以支持想要改變，但它不保證自己一定會義無反顧；要義無反顧，需要你的承諾。「要」和「想」的差別在於一個重行動，另一個焦點在想。

改變一定會經歷不熟悉的痛苦的；不改變呢？也會痛苦。都是痛苦，有意識的選擇改變，因為它有價值；如果不去做選擇，其實也已經等於做了選擇，就是停在原地，但是這樣人生總像是火車壽司，會一直繞回到原點。

當我願意改變，人生中的痛苦，會因為我們看見了新的可能性，而轉成了豁達。上天賦予我們身為一個人的天賦和權利叫做：「選擇」，所以，我們選擇去練習看見，為的是能看到一直存在，但是被我們忽略的事實，然後，我們才能運用這個老天賦予我們的權利去有意識的過人生。

同時，練習時需要同伴，有一個和你一樣做了同一種選擇的夥伴，可以互相支持、打氣和分享。**當痛苦可以被了解的時候，它在同時間就消失了！**

第三篇：關係

人生各式各樣的結果當中，「關係」是最貼近於我們內心的一項，因為我們都沒辦法，通常也不會願意自己一個人過生活。

「結果」可以反映我們真實的「內在意圖（true inner intention）」，它是讓我們看見自己最深的內在心態的最有效指南。可惜的是，因為我們太在意將結果的好壞，連結到「結果怎樣就是代表我是一個怎樣的人」這樣的習慣上，以至於我們從來沒能懂得藉由結果獲得新的學習，反而給自己建立一個又一個的抗拒循環。

人只要能說出來的東西，就一定會實現。相同的是，在每一刻呈現出來的「結果」，這裡頭包含著的，代表著的就是我相信的。

如果你能從自己的人生當中體會到這兩句話的力量，你的人生一定過得很有力量。

「結果」是人生的一面鏡子。但我們可以做得更好，那就是，在「結果」出現以前，先決定我們要的「結果」

是一個怎麼樣的「景象（Vision）」，能看見的景象，就是「願景（Vision）」。

一、如此這般的「形象」世界

人和人之間最大的距離是：我在你面前，你卻不知道我是誰。
一個人一生最大的悲劇就是：在最愛自己的人面前，不能成為自己。
「形象」，是導致這一個距離、悲劇的源頭。

在我們的人際關係上，不管是怎樣的關係，在這個人還沒出現以前，我們對他已經都先依照我們的期望，訂下了許多標準；這個我們期盼出現的人，可能是我們的情人、另一半、下屬、員工、還未出生的孩子，甚或是老闆……等等。

同時，在人生當中，我們也早就學會戴上一張面具，決定自己給人看到的「形象」，所以可以這麼說，人與人之間是藉由這面具呈現出來的形象在互動，不是我們真正的自己，所以我們看到的他人，也不是真的他或她，這是我們人與人互動的真相。

我們的「形象」人生

拿尋找另一半這個例子來說吧。

一開始，我們帶著「自己的形象」和對「另一方的期望」，找尋另一半；當然，另一個人也做著同樣的事，接著，緣分到了，於是，表面上兩個人相遇了，但這其實是兩個「形象」的相遇，開始認識彼此。

如果，這兩個呈現出來的「形象」能符合彼此的期望，接著，兩個人就會開始談起「形象」戀愛。如果更進一步，兩個人決定在一起了，於是去照了「形象」婚紗照，兩個人辦了、參加了一場「形象」婚禮；接著，度蜜月的時候，兩個人認為彼此既然已經找到了自己想要的期望，於是便不願意再戴著面具，不經意地拿掉了「形象」，之前對方看不到的特質開始曝光。

當彼此坦誠相對以後，對另一半的期望開始出現落空，感到失望，然後呢？想盡辦法要對方改變；但是，要知道人是不喜歡被要求改變的，於是開始抗拒，開始玩起誰也不認輸的遊戲。

那我們又是如何帶著「形象」成為父母的呢？我們又是怎樣扮演著一個帶著「形象」的孩子的角色呢？

為人父母，會自動化的讓自己符合社會對好父母的期待，所以每位父母都無意識地栽培孩子、給他們最好的，也給了孩子諸多的標準，但是自己真正內在的目的，也不過是要獲得其他人的認同而已（或是害怕別人說自己不是好父母）。

誰的認同呢？主要是自己的父母、兄弟姊妹、親戚、同事……等等，覺得值得比較的人的認同，特別是當自己身邊也有和自己同年齡孩子的親戚、朋友時；做父母的，很容易就陷入這種不自覺的以孩子的呈現，等於自己是什麼樣的父母的形象維護賽裡。

在這樣的無意識狀態中，孩子的生活只能跟隨社會的標準模式過日子，補習、學才藝、學習一些父母自己都不曾碰過的活動。「別讓孩子輸在起跑點上」，這一句話很完美的道出一位「好」父母的行為方針；其實，它反映了所有在意自己是不是一位好父母的內在恐懼。

在台灣，為什麼大學學校數量已經多到超過需要就讀的人數？

父母常常看到的是孩子不夠、不足，親子互動中，拿「為了孩子好」來解釋為人父母的行為背後，其實用的是一把「父母應該怎樣做才對」的尺；而不是「這對我孩子未來的意義是什麼？」這樣的良知問題。

父母要的是孩子展現出來的形象，符合被稱讚的標準（或是至少不要被人講東講西），父母和孩子沒辦法交心交流的結果，孩子開始會做一件事：讓父母只看到自己的形象；而且，每個孩子都精得很，清楚自己說什麼、做什麼不會讓父母囉嗦：如果不能成為父母驕傲的孩子，至少表面上我可以做到不讓父母嫌我；漸漸地，一個家庭的聚會，是一群最親近的人的形象聚會。

你有沒有這種經驗？基於心裡愛著爸媽，周末回到家和他們聚會，也因為愛你，父母努力張羅吃的，讓一家人聚會愉快，但是，帶著形象是必要的，所以回家幾個小時之後，當彼此要碰觸到真話時，要離開的藉口就跑出來了；等回到自己的家中，不用再戴上面具時，卻已精疲力竭。

如果你是孩子，或你的孩子常常在家裡表示很累（通常的理由是工作很累），不想和父母互動，是因為彼此已經不自覺的讓這樣的形象關係變成唯一的關係。另一種結果是，當孩子想離家越遠越好，或是孩子離你遠遠的，常常見不到他的面。孩子一定有很具說服力，但你懷疑的理由。

其實大多數父母心裡都想和孩子有個不同的關係，面對這種一代傳一代的父母子女形象關係，身為父母的人能怎麼辦呢？老實說，做父母的都這麼想：做什麼都不容易改變這樣的關係，因為除非孩子能主動；但其實改變來自於自己，讓自己先去改善和自己父母的這種關係，這樣也才有機會讓自己和孩子的關係改變。

換句話說，自己如果能成為一個在父母親面前真誠呈現的孩子，就能成為一個在孩子面前真誠呈現的父母親。

卸掉形象的重大決定

人不能真誠，只因為打從心裡的決定是：「真誠做自己是不可以的。」這念頭從哪裡學來的呢？答案是父母。

人不可以真誠。真的嗎？

一個新的誠實關係能開始產生，是因為有一方先說出心裡的真心話，說出心裡的話不需要修飾，它能讓所有的面具、形象都不見了。我曾有個朋友，就和我提過他和孩子疏遠的問題，他說得真情流露，於是我當下告訴他，如果他跟我說的話，他的孩子能聽到有多好。因為那一刻，在我面前的是一位心裡愛著孩子，但是和孩子有距離的真誠男人。

即使我們和他人的關係常常是兩個形象在一起的表面關係，要建

立起真誠的關係挑戰重重，但是，誰都沒有錯，因為這是整體社會的運作機制。醒覺，做一個新的選擇，我們可以去創造出一個不同於這個整體社會，自動化運作的關係。如果我們真的決定要有所不同，只要問自己三個問題：

1.我要的是什麼樣的關係？
2.我要成為一個什麼樣的人（父親、母親、兒子、女兒、先生、太太……等等）？
3.我要過一個什麼樣的人生？

真心誠意想改變，我們一定會開始走在這條路上。通常當我們心裡有一個問題出現時，一個決定已經在這個問題被想到的時候，就同時存在；這個決定就是：「我想要有所不同」。

有的時候，我們的問題會像是這樣：為什麼我和孩子之間會有距離？或是，為什麼孩子不和我說真話？

其實，我們真正想說的是：我不想和孩子之間有距離；或是，我想和孩子說出我的心裡話。如果我們能把這些問句變成真的想要說的直述句，我們就知道該怎麼說了。

所以，現在可以知道，我們的腦袋有多厲害了！它知道對我們來說，直接說出真話有多困難，所以配合用我們願意溝通出來的問句法，造出一個問句；我們應該多聽一聽這些問句，然後把它變成直述句，我們一定做得到的。關鍵在於，願不願意？

這是卸掉形象的重大決定。也許，很多人即使知道，要讓自己有不同的關係，要改變；但是心裡卻常常在機會出現的時候打退堂鼓，為什麼？因為以為自己還有時間，下次再說。因為，看不到自己已經岌岌可危的生命品質是生活不快樂的最大原因；還有，從來沒為自己做過這麼重要的事；再加上還是在意別人會怎麼看自己。

人和人之間最大的距離是：我在你面前，你卻不知道我是誰。

一個人一生最大的悲劇就是：在最愛自己的人面前，不能成為自己。

形象，是導致這個距離、悲劇的源頭；想想，是不是應該讓它有所不同呢？

如果是，我們已經有方法了，也知道該怎麼做！

二、強勢與弱勢

我們有些時候，會因為對方的強勢引發自己的怒氣，當怒氣出來的時候，記得利用這個好機會，問問自己：「我在氣什麼？」或是問自己：「我在怕什麼？」

一個人強勢，一定也有他強勢的理由；下次遇見一個人強勢的時候，不妨開始練習，看看自己能不能區分出來這個人強勢背後的東西是什麼。

強勢的人，學習當弱勢

一個合作關係裡，當結果不如預期時，需要檢討。相較於有時這樣的檢討只是彼此指著對方，焦點在找出對方的錯，還有另一種真正行得通的檢討模式，就是自己檢討自己，再來分享彼此的醒覺和看見。

工作上這樣，人際關係上也可以如此。

合作關係上的問題常常出現在兩個強勢的人身上；因此，強勢的人要如何去釐清自己也有的弱勢，還有學習當弱勢，這是一個當合作上結果不如預期時出現的，給人的成長機會。

強勢的人所擁有的長處，是很容易知道自己要什麼，價值在哪裡，要下定決心去追求也沒問題，尤其是可以自己一個人完成的時候，成功的機會也很大；但是強勢的人會有的缺點是，當追求的目標需要靠其他人才能成就得到的話，往往這個人會讓自己的強勢阻擋了他人共同參與成就的機會。

過去剛到大陸工作時，我和對方都是強勢的人。我們彼此的強勢在第一次交手後，我才開始發現我的弱勢——我是「新人」，不懂得當地人情事故。我在大陸想要就事論事，用我的方式主導，卻踢到了鐵板；雖然當時沒有這麼清楚的認知，但是當時的情形讓我做了一個不同的決定：雖然我有對方沒有的專業（這也是他們找我去的原因），但是為了我想成就的事，我先把姿態擺低，尊重對方的強勢。

這個讓我自己變作弱勢的決定，讓我不舒服，可是也打入了對方的舒適區，讓他慢慢地了解我，讓我進入他的世界，去了解他的世界。對方那一陣子碰到的挫折，其實也是他不懂得其實他也是弱勢的結果。他和客戶的關係，強勢、弱勢來來回回，一直造成他的挫折。

他和我的關係也是一樣，強勢、弱勢來來回回，反而沒下定決心和我的關係到底誰是主、誰是從；我要教給他的，他只是選擇性的做了他喜歡的、習慣的；對方的強勢阻礙到他的是，他不能分辨他的位置在專業上是弱勢，而我能帶給他所要的未來；當然，那背後是他對於要完全信任我，能完全學到我要教給他的東西是沒信心的。他的問題不在於不信任我，是在於不能相信他自己。

後來我做了一個決定；如果他沒辦法放下他的姿態，讓我去主導他學習，我會放手。

當我清楚了這個合作關係上，以專業和經驗而言，我是強勢；但是合作能不能成，他是強勢。這讓我也能夠放下我因為擁有專業而可能呈現出高姿態的形象，而讓他去決定我們之間有沒有合作的機會。

這個過程讓我醒覺到，過去在美商的工作環境裡，有能力的人等於強勢的人。握有錢，或是握有權的人都願意對有能力的人低頭，因為他們的焦點是，能成就是最重要的；換句話說，事成了，就什麼都成了。

和華人互動，文化是關係至上，而特別是和從來沒有和美式企業互動過，或是不了解美式做事風格的大陸人來說，他們腦子裡執著的是，有錢、有權的人才是絕對的強勢；他們的焦點是，先服務到我的「感覺」。「感覺」對了，什麼都好談，事情成不成都是金主靠「感覺」來決定出的錢值不值。

強勢弱勢其實和信心有著直接的關係，一個人能夠強勢，背後一定有他信心滿滿的東西。西方人能夠對有能力的人臣服，是因為有能力的人不會影響到臣服的人的自信；相對地，會用權和錢來壓倒專業的人，他一定有他沒信心的東西在後面。這種沒信心的東西，多少都和恐懼有關。

我們有些時候，會因為對方的強勢引發自己的怒氣，當怒氣出來的時候，記得利用這個好機會，問問自己：「我在氣什麼？」或是問自己：「我在怕什麼？」

一個人強勢，一定也有他強勢的理由；下次遇見一個人強勢的時候，不妨開始練習，看看自己能不能區分出來這個人強勢背後的東西是什麼。

強勢不是問題，如果它代表一個人的自信；如果強勢是因為要掩蓋自己的沒自信，這種強勢一定創造不了好的合作關係，工作上、人際關係上、親密關係、親子關係上都一樣。

所以，我們可以開始留意，在我們自己的親密關係上，強勢弱勢角色是怎麼來的，彼此扮演強勢弱勢角色的背後原因是什麼。

我們所失去的最大禮物

很多的夫妻關係當中，最常用來合理化強勢的因素是：誰賺的錢多，誰是家裡的經濟支柱。我們常常錯誤的演繹，認為強勢不會受到傷害，所以拒絕扮演弱勢；而且常常不自覺地用強勢去控制對方，目的不就是要他聽話、乖乖的罷了；但是，這後面也創造出來一個行不通的關係：**自己的價值建立在對方的沒價值上**。這個現象，回到根本，還是關於尊重生命。

在大陸，讓我看到，人為了生存，是怎樣的不得不每一個人都得強勢起來，這樣強勢的競爭環境下，為了維持表面上的和諧，人與人就必須玩一個看起來像是禮尚往來的遊戲。說禮尚往來是客氣的說法，當一個大環境裡的所有人都想從其他人身上拿到自己覺得不夠的東西時，**人失去最大的禮物就是失去了相信的能力**；這個相信，可能是對美好的未來、對自己的判斷、對他人的相信，甚或是相信大自然偉大的力量。

大陸的人民現在正處在身、心、靈的「身」的階段。相對之下，在台灣的我們已經超越了這一個求存的階段，這是好現象；但是，我們即使已經脫離了「身」的階段，還是沒有意識到這一點，我們很多求存的自動化行為會一直跟著我們。

這本書的目的之一，就是提供大家看見過去忽略的重要方向和一些方法，讓我們繼續在「做一個行得通的人」上面，往前進。

三、恆星與行星

很多人窮極一生，即使已經成為一顆閃耀的恆星，但是心裡真正的最大渴望還是停留在：「我的爸爸是不是會以我為傲？」或是，「我的母親是不是真的會認同我？」

人們在自己人生當中選擇的角色，跳脫不出以下的角色：「恆星」或是「行星」。

每一天的生活裡，我們要嘛是某些人的恆星，他們跟著我們轉；要不然我們就是某些人的行星，跟著他們轉。這個恆星行星角色的選擇（不論是有意識還是無意識），裡頭反映出來的是我們的行為習慣、我們的自我價值觀，我們願意負責任或是不願負責任的態度，我們的擁有感或是被剝奪感……還有我們的渴望；每一個當下能看到自己是恆星還是行星，對了解自己和他人互動的模式會有很大的幫助。

人們用恆星行星呼應相對應的角色，應該是這樣的：

恆星是父母，行星是子女。

恆星是付出者，行星是接受者。

恆星是主宰，行星是跟隨。

恆星是愛，行星也會愛。

恆星有力量，行星也會有力量。

三、恆星與行星

恆星會犯錯，行星也一樣。

但是身為華人，我們的運作很多時候會變成這樣：

恆星是父母，行星的子女有時是父母的恆星。
恆星是背後想要索取的付出者，行星是明顯的索取者。
恆星是操控，行星會抗拒。
恆星怕自己不會愛，不懂愛，做不好，行星不懂得什麼是足夠，很怕被比較。
恆星掌握權威，行星認為恆星說一套、做一套。
恆星不敢犯錯，不能認錯，行星害怕錯都是在自己身上。

當然，人的恆星行星關係不是一直都是如上述在運作的；但是，我們卻都不可避免常常會不自主的這樣。

在我們六歲以前還是個孩子的時候，而且年紀越小，對大人的吸引力越大，那時候和父母的關係彼此都是恆星，孩子會成為家中的恆星，是因為他們禁不住就是這樣！想像一個大人聚會的畫面，當有一個小孩出現時，會被他散發的生命熱力吸引，所有人都會自動成為他的行星，跟著他轉，他的一顰一笑牽動所有人的情緒與注意力；但是大人在一個小孩開始懂得學習之後，就慢慢地把他的這上天所賦予的吸引力拿走了，大人會這樣也是因為他們禁不住。

我們窮極一生的最大渴望

很多人窮極一生，即使已經成為一顆閃耀的恆星，但是心裡真正的最大渴望還是停留在：「我的爸爸是不是會以我為傲？」或是「我的母親是不是真的會認同我？」

我們的性格裡存在著深深的恆星或是行星的行為特質，這些特質決定了我們會怎樣看待這個世界，也決定了我們在人生中的態度；你有親密關係嗎？誰是恆星？誰又是行星呢？你有孩子嗎？你願意讓他人生成長的路上保有那個恆星的特質嗎？工作上呢？成為一顆恆星和一個人的外在條件其實沒有什麼關係，這和一個人存在的價值息息相關。

其實我們都被賦予成為一顆恆星的權利，而且心裡都渴望有一個更大的力量，成為我們的恆星，因為我們是人；有了這一個更大的力量，當我們成為其他人的恆星時會更踏實，也許宗教就是這樣產生；如果能找到自己對這個世界存在的價值，也有著一樣的力量，那就是貢獻。

這個世界，「恐懼」一直是個主宰人們每一天生活上做種種決定的背後力量。恐懼於和身邊的人比較之後的不被接受、被排斥，甚至被瞧不起；所以，人和人之間沒有平等，因為沒有人喜歡「被比下去」；**但是，我們和所愛的人之間的關係是可以有另一種選擇的：愛，而且是無條件的愛。**

踏出改變的第一步

要做到這一點，我們每個人都可以踏出去的第一步是：看到自己對自己的批判、指責是怎樣的在每一天、每一刻進行，然後做一個不同的選擇：在那個當下去包容自己、原諒。持續練習這種看見、包容和原諒。當有了越來越容易的自我包容能量，恐懼就不會在我們的關係上主宰，去奪走我們所愛的人的真正光芒！因為，我們會先拿回自己發光的力量。

真正的同理心，開始於自己對自己的批評能看得見、聽得到，同時對自己的批評能包容。

其實，這個世界上，親人彼此之間不一定只是恆星行星這樣的關係，看看這個宇宙，有這麼多的恆星，卻是和諧的運作著；我相信一個有目的、有意義、有價值的人，會使得他的一生都閃閃發光。

四、「孝順」與親子關係

現代的父母有沒有根據大幅演變、已經不同於過去世代的親子關係，做出一個新的，和孩子要有怎樣關係的，有意識的選擇。
這個關係指的是：「要像我們過去一樣，子女是父母的資產？」或是「像美國一樣，孩子是獨立的個體？」
我們這一代父母如果不選擇，可能會讓自己和孩子的關係，變成你不要他為你的老年生活負責，同時你也讓他不用對他的人生負責。

以前接觸美國人，最大的震撼莫過於聽到做子女的直接叫爸爸、媽媽的名字。這對我們被要求遵守禮數的中國人來說，簡直是大逆不道；但是，在美國這不是大逆不道的事，因為這和文化有關。

美國是一個以基督教精神和價值立國的國家，基督教徒的心目中只有一個至高無上的父親，那就是上帝。父母對子女的撫養責任只有十八年，一個人過了十八歲之後，必須獨立，基本上不再與父母同住，否則是一件很羞恥的事。我過去一直以為美國人源自英國，所以英國人也應該這樣，後來才知道，基本上英國和我們還挺像的，只要還沒結婚，和父母住在一起是很正常的事。單身，繼續和父母同住，也沒人會因為你待在父母親家生活而說你什麼。

在美國人的價值裡，上帝是真正唯一的父親，父母親對孩子的養育責任是到他們十八歲，所以基本上，父母親和孩子的關係很像老鷹，孩子在十八歲時一定要出去飛，因為這是遊戲規則。所以，父母親對孩子的真正責任是在這十八年之中好好教養他長大成人，像是為上帝做好這一個「託管」的工作，所以彼此間的關係、權利義務和年限清清楚楚；因此，父母親不是至高無上，叫著父母親的名字也不是什麼禁忌。

華人的文化是權威導向，所以，父母和孩子的關係和美國完全不同。華人的世界裡，孩子是父母的資產，不管孩子幾歲，父母親永遠有為孩子做選擇的權利和義務，而且不會讓孩子擁有西方人教育孩子成長後一定要有的特質：**自主和獨立**。這一點對於居住在都會，和父母同住的人特別明顯（從鄉下到都會發展的人，如果父母親不願意隨子女的工作搬遷到都市，就少了和父母親住在一起的現實問題，做子女的比較有空間去過自己要的生活），但其實和父母親有沒有住一起，並不影響子女真正的自主和獨立。

當然，只要是為人父母，一生都一定會為子女擔心，在乎子女過得好不好，東西方皆然。基本上，中國的父母親是不懂得放手，讓自己的孩子為自己的人生負責任，尤其是強勢以及會用權威的態度對待子女的父母。

中國人也強調孝順這兩個字。

我們的「孝」，其實讓西方最近幾十年開始反省他們和父母的關係。孝，其實是中華文化、倫理裡頭一個很重要的價值，它的背後意義是對把我們帶到這個人世間，給了我們生命最重要的人一種很深的尊敬；「孝」，展現在行動上是照顧、不遺棄；「孝」，在心態上，是體貼、尊敬。

「順」呢？其實這和民主是衝突的。「順」是指完全依照父母親的意思行事，一個完美的子女，骨子裡要這樣，外在也要如此；這個「順」字，應該是中國專制性的父權文化被發展出來，讓父親或母親理直氣壯可以完全擁有掌握子女的特權，所以，古時候做子女的，在人生中很少有選擇的自主權。這個「順」字，到了現代二十一世紀，的確需要被檢視。

我們這一代人，也就是現年四、五十歲的人，一方面要因為半醒覺，掙扎地繼續順父母；另一方面我也看到很多人在養育下一代的時候，卻不是那麼確定要不要自己的孩子也繼續「順」自己。

「順」的這個觀點，也許會在兩三代之後變成歷史；如果真的有這樣的演變，會是好事。

一旦父母子女之間「順」變得不重要，彼此互動的遊戲規則勢必要跟著做更變。

現代父母必須做的教養選擇

一位父親曾經告訴我，因為我們可以算是台灣變得富裕以後，富裕環境下養育下一代的第一代父母，所以他很擔心，他的孩子在物質富裕的環境中長大，畢業出社會後會不會變得沒鬥志，將來還想繼續靠父母撫養，反而成為他老年後的負擔；也就是說，這位父親想到的是，他的孩子會不會不能獨立，會不會變成一個不會為自己生活負責任的啃老族？

這樣的問題的確很重要，也很實際；畢竟，這樣的問題不曾困擾我們的父母親；或者，這個問題可以變成一個反問句：「做父母親的，你要不要在孩子長大後，還繼續撫養他們呢？」

我想現在大多數的為人父母者，心裡其實已經有了答案：「雖然不想，但是會的！」

會願意這麼做，是因為很多父母親心裡常常這麼想：「現在社會的機會比我們以前少，經濟環境也比較難，現在的孩子怎麼賺得到錢買房子呢？如果我不幫他一點，他會更辛苦……等等。」

老實說，我發現很多的父母在孩子還沒面臨就業年齡，就已經很痛苦地為孩子的生活擔心。事實上，這樣的擔心也很有道理。父母願意開放將來持續支持孩子的選項，是因為環境因素讓孩子無法獨立；但是，已經決定可以這樣的父母，內心還會掙扎，這是因為沒有看到問題的癥結點。

其實這和外在因素及環境沒有關係。癥結是，現代的父母有沒有根據大幅演變、已經不同於過去世代的親子關係，做出一個新的，和孩子要有怎樣關係的、有意識的選擇。

這個關係指的是：「要像我們過去一樣，子女是父母的資產？」或是「像美國一樣，孩子是獨立的個體？」

如果你選擇第一種關係，你會很清楚在你孩子長大成人後，繼續去撫養他們沒有問題，但你必須讓你的孩子未來要孝順你，就像你孝順你父母親一樣，因為這會給孩子一種責任感。

但是，如果你不要他們長大後，像你孝順你父母一樣地孝順你，請你一定要盡早想好，也告知你的孩子，他什麼時候要開始獨立、自主；這意思是他哪一個年齡之後，你不會再支持他的經濟，他那時候就要開始完全為自己的人生負責。

我們這一代父母如果不選擇，可能會讓自己和孩子的關係，變成你不要他為你的老年生活負責，同時你也讓他不用對他的人生負責；講白了，都是你一個人搶走了負責任這一件事，這樣的結果所帶來的後果是，你正在摧毀你孩子的成人人生。

你必須看到這一個釐清，然後做出決定。

如果你選擇無條件地照顧孩子到一定的年齡放手，之後讓他們為自己的人生負責，這就像是先替「某人」託管，這個「某人」對基督教徒很容易理解，但如果你不是基督教徒，你可以把這個「某人」當成是孩子長大成人後的那一個未來成年人；你是在為孩子長大後的那個成年人在教養他。這個目的，是讓自己找到養育孩子的目的，而且是在做一種有意義的服務。

過去華人的父母子女關係雖然把孩子當作是一輩子可支使、管教、干預，可以不斷對他們批評的資產，但是，最起碼，仍然給了做子女的人一個為自己和父母負責任的方向。

隨著時代的變化之下，如果你是為人父母者，決定做出和上一代人不同的選擇，也就是不要孩子來順你、來養你，那你一定得做一個不同的教養選擇；**這個選擇其實是關於讓孩子成為有責任感的人。**

如果你做了這個選擇，你就不會在他長大之前，先杞人憂天的想像他們未來不順利的時候會怎樣；同時，你也不會擔心你的孩子現在沒鬥志，將來沒有競爭力。因為做了這個選擇的同時，在你的內心，新的互動規則已經跟著出現了。

你現在應該已經知道，為什麼你的孩子現在呈現出來的會讓你擔心他的未來，因為你還沒做這個新的選擇以前，你沒有意識到現在你清楚看到的癥結。

你應該也看到，過去你那麼做，是在拿走他們成為一個負責任的成年人的能力，這也是他們的權利。

不管你的孩子多大了，現在想清楚你的決定要怎麼做都不會太遲；**你正在為未來許多代的父母子女關係訂下一個新的、行得通的遊戲規則！**

五、讓我們成為好朋友

好朋友必須能彼此支持，讓對方成為一個更好的人。
好朋友必須自我持續擁有前進的夢想。必要的時候，不出賣朋友的夢想。
在我的眼裡，我看待我的好朋友是完整的、獨立的一個個體。

朋友是共同經歷了生活，而發展出持續相互照應的關係；它不黏，但是每一次在一起，彼此都可以做自己。要更棒的話，彼此都願意基於對方的夢想和目標給予對方回應，也接受對方的回應，因為，彼此不用懷疑彼此的出發點，回應只是為了要帶出對方的最好；更棒的一點，在彼此的眼中，連那些所謂的缺失都是自然可以包容的優點。

老實說，在我研究所畢業之後，出了社會，就從來不懂得怎麼和人做朋友，或者這麼說，我沒有好朋友。有一段時間，生活裡圍繞在身邊的人都和工作有關，最多也只能說我的朋友就是工作上的那些人；但是沒有好朋友。

工作之前，我只有同學，但有不少的好同學，從國小到大學都有。同學是出社會之前的朋友，這種朋友和出社會後結交的是不一樣的。同學和朋友就是不一樣；也許是因為那時候單純；也許是因為那時候的友誼和物質無關；也許那時候只是單純的要長大；也許是那時

候不用證明什麼；也許是那時候活得很誠實；也許是那時候我們都還不是一個完整的個體。

我出了社會以後，算是長大了，我在生活裡、工作外，會有互動的也大多是同事，而這種工作外的生活互動就是下班玩在一起，打打牌；但其實那不太算得上是朋友。

隨著認識的人多了，開始有健身的朋友、打牌的牌友或是某種聚會的朋友；一直到我上了一個基本課程的訓練，認識了一群新的人，出社會後第一次不知道這些認識的人的身家背景、教育程度，只知道這些人的「真面目」，後來成了知心的朋友。

結果是這些年來，我還是沒能力去結交朋友，更不用說懂得怎樣和人做朋友。

所以，我是一個沒有朋友的人，或者應該說其實有朋友，但是沒有好朋友。

等一等，難道我真的沒有這樣的人在身邊，讓我可以稱為好朋友的嗎？還是我是一個不太容易把自己交出去，朋友寧缺勿濫的人呢？而且，朋友要在怎樣的情況下才叫做好朋友呢？或是，我的好同學，好家人可不可以成為我的好朋友呢？

當我開始正視正面的力量，練習正面的信念、行為和態度，開始正視尊重自己的生命後，對於好朋友我有了清晰的「標準」。

1. 好朋友必須能彼此支持，讓對方成為一個更好的人。
2. 好朋友必須自我持續擁有前進的夢想，必要的時候，不出賣朋友的夢想。

3. 在我的眼裡，我看待我的好朋友是完整的、獨立的一個個體。

4. 我相信我的好朋友做的所有決定。

5. 我尊重我的好朋友；除非我的好朋友主動要求，我不會把我的標準和意見強加給他，或是套在他身上。

6. 我是我好朋友的背脊（I've got your back），白話一點就是他做什麼我都挺他。

7. 我更挺我好朋友這一個人的個人特質，我不會要他改變。

8. 在我需要我的好朋友幫助時，我能直接的和他開口，我也願意接受他的任何支持。

9. 平時，我能欣然接受我的好朋友給我的一切，包括物質上的，還有情感上的給予。

10. 我和我的好朋友的關係是一段誠實的關係。

11. 我會支持我的朋友在他的人生旅程中去成為一個更好的人。

12. 反之亦然。

我也觀察了周圍人的朋友關係，常常是被扭曲的。比如：

- 朋友之間互相丟垃圾，或是常常在一起說他人的不是，抱怨、批評和受害。
- 彼此不在意是否有值得追求的夢想，甚至有負面的競爭關係。
- 彼此有索取和被索取的高低關係，是一種彌補缺憾的互動（情感上、自信上、尊嚴上……等）。

- 成為對方放棄的溫床。
- 常常幫對方找藉口、擦屁股，怕對方受傷，無法面對自己造成的失敗。
- 心裡頭帶著對彼此的看法，表面的、不誠實的關係。
- 客氣，說話拐彎抹角，怕對方不高興，甚至彼此高來高去。
- 怕對方知道自己的弱點（就是不想讓對方知道自己對自己最不滿意的事實）。
- 喜歡告訴對方怎麼做，不是基於誠實，而是基於自己才是對的。

好朋友原則是有不能跨的界線（Boundaries），它的標準是：「對生命個體的尊重。」

而一段扭曲的朋友關係也會有不能超越的「限制」（Limit）；它是一種保護：不可以開放和不可以誠實。

如果兩個人擁有的友誼是扭曲的朋友關係，通常有三個原因：

1. 沒有尊重個體生命的概念。
2. 和負責任之間沒有健康的關係，恐懼於承擔。
3. 不懂得付出的真諦。

兩個完整獨立的個體創造的友誼，才能真正的成為好朋友。但在一段扭曲的友誼裡頭，我們常常會體會到一方藉由較高姿態，去得到內心想要被尊重的自我滿足；而較低姿態的一方，則是想要藉由這個關係得到短暫情感上的洞被填塞；而兩個習慣抱怨、批評和受害的人，只是利用彼此去成為負面能量的出口，得到短暫的「我是重要的」的虛幻滿足。在生活上，我們其實可以常常看見表面感情好，但卻是一高一低的朋友關係。

兩個完整的人會成為真正的好朋友的機會很大，也很可能長久，這種關係不是台灣人認識的、熟悉的友誼模式，需要練習；當然前提是要找到另一個有認同這樣友誼模式的人，畢竟一個巴掌拍不響，不是嗎？其實，找到這樣的人等於找到一個願意認同用尊重生命態度過人生的人。

不只是在友誼上，如果親密關係上、家庭關係上也是這樣呢？

4 分享：人生不同的看見

接下來的幾篇文章，是我個人的生活分享；這一章的目的很簡單，就是和你一起分享我對生活中不同的看見。

一個正面的人一定還會有負面；一個負面的人也一定有正面。這就好像是兩間完全不一樣的房子，一間是用鋼筋水泥蓋的，但也用有木質的建材在裡面；另一間木造的房子也會用到部分的鋼筋和水泥。人生的逆境就像地震，而我們大多數的人卻一再地重蓋木造房，這聽起來很瘋狂；但是我們大多數人就真的是這樣沒看到自己的真相和全貌，以至於沒做出最有效的選擇而已。

一、共鳴

一個朋友離婚了，我告訴她，也許她可以想一想，沒有前夫在身邊，她缺的是什麼，而這個缺少的東西，其實和前夫無關，那一個洞很早以前就有了。

人生的洞，其來有自，因為是洞，誰也補不了；離婚，如果能看見這一個洞，也許還能看見自己丟棄已久，心裡有共鳴的東西。

你會不會一個人準備好吃的乳酪蛋糕，一個人喝著咖啡，自己享受呢？

一個朋友來我家，看我從冰箱裡拿出一盒乳酪蛋糕要和她分享時，問我會一個人自己吃蛋糕嗎？我說會啊！然後她告訴我，蛋糕對她而言，一直是代表和其他人一起分享，是給大家一起吃的；我告訴她，她提的那種蛋糕，我只有想到生日吃的那一種。

我冰箱裡會放著最愛的乳酪蛋糕，不會斷貨，把它先冷凍，吃的時候再拿出來，配著自己煮的咖啡，那是我一天自在地享受國王般生活的高潮；朋友說她希望她也能和我一樣。

從那天的事件和對話，我想蛋糕對我們的意義，已經不是一個蛋糕，而是我們和蛋糕有著怎樣的關係，它多少也能反映出我們的生活形態；我著重個人的生活，所以我可以享受一個人下午喝咖啡、品嚐乳酪蛋糕，這份愜意讓我無比滿足。

做自己有共鳴的事

如果有朋友和家人來的時候，我一定會奉上我煮的咖啡和一片乳酪蛋糕，跟他們分享我的生活、了解我的生活；當他們也能和我一樣的享受時，等於對我愛的東西有共鳴，這對我是另一種滿足；但是，如果他們分享後沒感覺，雖不要緊，只是心裡多少會覺得有些遺憾。

我喜歡共鳴和可以心對心的分享。和我有共鳴的人，在我人生當中不常發生，但這對我很重要；「靈魂伴侶」（soul mate），就是能和自己有共鳴的人。有共鳴的人出現要看緣分，想要有與他人共鳴的事，自己是最清楚的，雖然不見得人人能欣賞得到，還是應該要努力保有。

更重要的，在自己的人生當中，無論有何變化，要繼續保有自己有共鳴的東西，和做自己有共鳴的事。很多人的生活開始凋萎，是因為自己有共鳴的東西早已丟棄；或是自己有共鳴的事，因為他人不能欣賞或是不喜歡，自己妥協放棄或是把它遺忘。

朋友和我不一樣；她是以他人主觀為主的主觀，我是自我主觀型的人，我喜歡把我喜歡的東西和人分享，她呢？會先問你想要什麼，你說出來，她會幫你弄到，然後和你一起去分享你喜歡的東西。所以，蛋糕對她而言，是一種生活上人與人的連結和分享。

她看我一個人很能自得其樂，她說想和我一樣，也能這樣自得其樂；我想了一下告訴她，不，你絕對不會想和我一樣，而且你也很難和我一樣，因為我們本來就不一樣，保有我們的本質，我們彼此互補，這個世界會很美麗。

然而，朋友在去年結束了將近三十年的婚姻生活，她從滿足身邊心愛的人，而能得到滿足和開心的特質，因為離婚讓她多年的生活一下子改變，因為沒有了對方變得很不習慣。

看到我的生活，她心中所想的是，在她的生命經歷變化後，現在一個人也能和我一樣，自得其樂。但是，我知道，她那顆為所愛的人而活的心是不會變的，就像她拿蛋糕和其他人分享時，永遠可以得到最大的快樂。現在，她經歷的是，想買蛋糕，但是就是少了一個人。

世界上，絕大多數的東西、現象都是二元，一正一反，一凸一凹，所以能互補而和諧。朋友對她的前夫依舊念念不忘，因為她還是關心他，甚至懷念過去有他人生才完整的生活。看她這樣，我對她說，要真的放掉對方很難，因為，這是人性，只能學習習慣。

看見自己的缺乏

我對她說，你現在隨便怎樣都好，另外還順帶一提，也許她可以想一想，沒有前夫在身邊，她缺的是什麼，而這一個缺少的東西，其實和前夫無關，那一個洞很早以前就有了。人生的洞，其來有自，因為是洞，誰也補不了；離婚，如果能看見這一個洞，也許還能看見自己丟棄已久，心裡有共鳴的東西。

人的一生被教育著要擁有兩樣東西：錢財和婚姻，似乎世界各地皆然。在人生追求錢財和選擇婚姻，創造家庭之後，很多人會把心裡有共鳴的嗜好漸漸地丟了。尤其是華人，在有伴侶、孩子後，更是如此。

華人前半輩子要為父母活，後半輩子要為伴侶（尤其是女性）和孩子活。如果這樣的人生是出自一個人有意識的選擇，很值得人尊敬，但是，如果這樣的過人生是不得不，是因為這樣才符合傳統，這樣才「對」的話，是不是該停下來看一看呢？其實，要能朝著讓自己有共鳴的方向去活出自己的人生，簡單又不難；共鳴，每一個人都有，也都不一樣；**生命中有共鳴，才可以深深滋潤著每一個靈魂。**

可以讓你有共鳴的是過哪種生活呢？一個人自得其樂地喝著咖啡、吃著乳酪蛋糕？還是和一些人分享，才有最大的快樂？不管是什麼，你我都是完美的，只有你知道怎樣才能讓你的心產生共鳴。

找到自己共鳴，也許可以從在生活裡怎麼看待蛋糕這件事，看到自己的模式，然後找到清楚的答案。

二、普世價值

現在的孩子為了能考上好一點的學校，每一天要花幾小時補習，或是留在學校課後輔導；而花這麼多的時間，只是為了反覆練習做答，少錯幾題；因為少錯這幾題，就會把孩子的未來分為有希望或是沒希望兩種。

美國有一齣肥皂劇叫做As the World Turns（當世界轉動），總共播出了54年，13,858集，在2010年9月17日播出最後一集。

我在美國念書時，因為課都是在晚上，所以有很多的機會能偶爾看一看午間播出的一些肥皂劇；讓我再重新接觸這些肥皂劇，託網路的福，也是過去兩年開始的事。

當我知道「當世界轉動」肥皂劇要播最後一集時，心裡很好奇這種播出了這麼多年的劇會是怎樣的收尾，所以決定找來看。

這一齣劇最後幾集的焦點，是集中在一個主題上：因為愛，平凡人可以有非凡的人生。這聽起來俗套的主題所編織出的劇情，讓所有演員面臨彼此在一起工作了好多年，幾乎已經是家人，卻因為這齣劇就要畫上句點，而各奔東西了；所以演出時，我可以感受到他們已經不只是在演戲而已，我能體驗到戲外這些演員對這一齣劇、對於彼此的愛，在他們依照腳本演出時的真情流露，加上最後幾集的劇本真的寫得很好。我不但能夠投入這些戲劇的感情裡頭，甚至於，它也啟發了我。

「愛」這個字，我想每個人都可能有自己主觀的詮釋。對咱們中國人、台灣人來說，「愛」只是一種感覺而已；我從西方人學到的愛，它卻是一種生活態度、一種生活形態、一種溝通和表達方式的基石。

咱們中國人、台灣人對愛有種摻雜是非對錯的標準在裡頭，相較西方人一生追尋對愛的體驗，我們華人一生的焦點，卻是傾向於扮演好自己的角色、盡自己的責任；但在這個年代，這個焦點已經開始轉變；對於「愛」，我們開始說出來，然而我們對於把它融入生活，還算是不懂，還有很多要學習。

在我們的社會裡，光談愛，而沒有大方向或是願景，只可能被角色扮演和責任這些絆住，流於形式的對錯，和成為彼此相互指責的藉口和標準。

重新檢視我們的教育

曾經和有著就讀國中孩子的父母聊到，現在的孩子為了能考上好一點的學校，每天要花幾小時補習，或是留在學校課後輔導；而花這麼多的時間，只是為了反覆練習作答，少錯幾題；因為少錯這幾題，就會把孩子的未來分為有希望或是沒希望兩種。

我很直覺的問題是；基於父母對孩子的愛，是不是應該可以開始看到這種離譜的現狀，為這一個荒謬的教育現象做一點什麼。

也許父母要思考的是，在小孩接受的教育中，它應該提供什麼樣的功能給孩子的未來。換句話說，**教育是用來服務孩子**，可以有效地支持他們去創造他們要的未來；但是，孩子受教育的時間很早，根本沒能力去決定他要的未來是什麼。這一點，父母代理的決定很重要。

我們的社會不鼓勵人們去重新檢視現狀，因為它會讓不同的聲音發出，而製造出問題，為當權者帶來麻煩；但是，好在台灣的教育現狀已經開始出現父母不滿的聲音，這是很棒的事，它至少已經呈現想要改變、不同的欲望。

所以，父母們，是不是可以因為愛孩子，把教育先擺在一旁，**把願景先勾勒出來，先決定要給孩子應該有的未來是什麼**。在孩子二十歲成為成年人的時候，在生活上有著什麼樣的能力？要成為一個什麼樣的人？接著，我們才來討論教育在這一個大目標下，可以怎樣去服務孩子達成這個大人們訂下的目標，**然後決定教育的功能在哪裡**。

現在的孩子在接受制式教育的成長過程中，需要花這麼多的時間去學會一種能力：讓自己考試的時候少錯幾題，這樣的學習方式累積出來的習慣和行為，當孩子長大了以後，他的價值觀、他的人生焦點、他的行為模式，已經注定只能成為一名跟隨者。

有一句英文：The means justify the ends。意思是「方法合理化結果」。

現在台灣教育的目的就是這一個味道；因為，幾乎所有的父母在意的，都是孩子一定要考試考得好；這背後有一個危險的單一假設：考試考得好，才可能有好的學歷，才等於未來有較好的謀生能力。父母看到的社會是一元化的世界，把一個人的命運好壞和他的學歷成絕對的正比。

這其實又怎能怪做父母的，因為不這樣看待孩子的未來，就看不到孩子的未來了啊！因為，我們的社會沒有不同的聲音；即使有，大部分的父母，要嘛絕對不願意去評估別種教育，不想將孩子送去一個自己沒經歷過的教育方式；或是可能根本沒有理性評估的能力去做不同的選擇。西元兩千多年了，我們的教育和清朝時的科舉功名其實沒有太大的不同。

有些孩子天生考試不容易寫錯，是仔細的人，這是他們天生的特質，這種孩子考試可能吃香，但是在生活上可能容易計較做事做得完不完美；有些孩子聰明，但就是容易分心，或是做事講求快，考試容易粗心寫錯，這種特質補再多的習，也不會改變，但這群孩子可能是想像力最豐富的一群人，對於犯錯比較不會太自我計較；不同特質的孩子，是讓這個世界豐富的來源。台灣的教育是不是應該思考，現在的考試竟然演變成，會讓父母、孩子的焦點放在不斷地把時間花在練習考試、讓自己少錯幾題上，這種考試的意義在哪裡？價值在什麼地方？

我們希望孩子未來成為什麼樣的人？

當然，現實情況下，父母們也不斷地配合玩這　種遊戲，就像打籃球；規則現在改為進籃幾球已經不重要，比賽的勝負是看一場球賽下來，每一個人犯規的次數而已。想一想，這種比賽還有意義和價值可言嗎？這種比賽還有觀眾會捧場嗎？可是，我們的確是當局者迷，還糊裡糊塗的，心裡一面覺得不對，卻還一面配合，會願意打這種規則的球賽的人，當然會越來越少。

如果我們對這種教育現象還沒醒覺，場邊的觀眾遲早會只剩下有孩子在球場上的父母；這些孩子長大了，也走不出台灣，無法和外人比較，世界級的機構也不會來要這些孩子；這些孩子長大以後，注定只能去做服務他人的基礎工作，而不是被服務。

這裡頭存在著真正的危機是，孩子將來的路已經變得很窄；任何台灣以外地區的父母，如果知道這是我們教育的重點，一定會拍手叫好，因為將來我們的孩子根本不能和他們的孩子在世界舞台做比較。

其實教育的方法有無限多種，但是怎樣設計出能服務孩子去創造他們未來的教育，這一個目的沒定清楚前，討論改變也等於是在黑暗中找鑰匙，找不到出路。

所以，該是時候改變了，這需要我們用結果去找到合理的方法The ends justify the means。

在一個孩子要進入學校或補習班接受教育前，要先做的重要決定是：

我要孩子未來成長為怎樣的一個人？
我要他的人生觀是正面的？還是負面的？
我要他帶著什麼樣的價值觀進入社會？

我要在孩子長大後，回頭來問我自己，今天有沒有為他的正面未來做出什麼樣值得我驕傲的決定？

問這些問題會給自己找麻煩，會給自己挑戰。人的一生當中，很多麻煩事可以跳過去的，但是，這種麻煩，面對它千萬不能偷懶。

讓愛落實，從對孩子有個新願景開始，是基本的、重要的一步；一旦每位父母都願意對最基本的幾個問題發出疑問，一起找答案，我們共同的良知就能引發改變。

這一個改變，一個人做，是在找自己的麻煩；幾個人做，是在找權威的麻煩；大家一起做，是在創造新的可能性。之後，教育要怎麼改變一定找得到出路。

這才是愛，對孩子最大的愛。

「愛」，這個普世價值，讓我們從訂定願景開始。

三、一個人人發光的世界

有一天，朋友和過去十多年一樣，在我和他分享我所熱愛、有共鳴的事的時候，他對我談的東西，開玩笑似的批評我。
當下，我對朋友沒有感到一絲的負面體驗，反而問我自己一個問題：我怎麼容許自己讓一個人這樣對待我？我怎麼讓自己的光芒這樣地被批評？於是，我心裡告訴自己，這是我自己創造出來的，我要為這個結果負責。

網路世界的「YouTube」內有全世界各地已經舉辦了超過十年的歌唱比賽節目、舞蹈比賽、廚藝大賽、成為設計師的服裝設計比賽、模特兒大賽……等等內容，應該是西元兩千年以來，所有人都參與過或是接觸過的現象。

這些現象，都反映著人簡單的心理：要發光，要讓人看見。

這是一個過去幾千年來不曾有的，而現在還一直不斷地發生，是能讓芸芸眾生發光發亮的舞台；這是一個很大的轉變力量。

我們每個人都是一顆星星，至少當我們是個新生兒來到這個世界的時候是這樣。我們都曾經是某一個人或是某些人心中的明星，我們的星光也許亮了很久，也許它只是曇花一現；但是，**我們的星光，一直都在**。

看這些比賽的電視節目，最過癮的就是看到在一個普通人身上，那未被雕琢過的星光，第一次透過媒體找到舞台、被人看到，而感動到自己的那份觸動；大家都熟悉的蘇珊大嬸（Susan Boyle）是一個大家都熟悉的例子。

在各個比賽節目當中，都可以看到裁判；所有比賽的節目裁判，最有名、最有成就，現已成為全世界最有錢的裁判非英國的賽門・考爾（Simon Cowell）莫屬。

賽門以他的直接、誠實而著名；他的誠實不是修飾過的誠實，是殘忍的誠實；他會這麼做，不是基於用「毒舌」傷人，而是不浪費大家的時間，特別是讓沒有機會的幻覺者，早早清醒，找到生命的路。簡單的講，他的「誠實」創造出來的是「效率」。

你是星星？還是黑洞？

很多時候，會在這樣的節目中看到一些天賦非凡的歌手，對於自己是非常沒有信心的，因為大多數這樣的人，在參加比賽以前，都曾跌跌撞撞，歌唱天分已經不知道被批評了多少次；換句話說，這些人身上的光芒，不知道已經歷過多少次的失敗挫折，讓他自滅星光，變成黑洞。

所以，每每看到某一季的賽者，過關斬將，得到了冠軍；就像是看到一顆不願意被黑洞吞噬的星星，給自己一個機會，重新綻放光芒，真的很感動。

一顆能散發光芒的星星，需要自己的堅持，需要自己對自己天賦的堅持。先成為自己的貴人，為自己下決心站上舞台，然後其他貴人就會到來。

賽門這樣的裁判，可以幫助一顆星星更加閃耀，因為賽門給的評語，也許直接，也許誠實的有點殘忍；但他做選秀節目的出發點是給平凡人一個可以發光的舞台；所以，他的評論對真有才能的人，不會是吸引星星光滅的黑洞。

我們每個人身上的星光一直都在，我們有沒有發光呢？我們身邊的人呢？還是我已經收起了自身的光芒，不再讓它被看見，而漸漸成為一個黑洞了呢？如果是這樣，有沒有看見，自己正對他人造成的影響呢？

有一個科學理論，黑洞原來都是一顆顆閃亮的星星，但是當一顆星星死了以後，就變成了黑洞；這一個黑洞，是其他星星的威脅，因為它具有巨大的能量，會把靠近它的東西全部吸進去。

人生其實也是這樣。

如果我們能夠看見：我是星星還是黑洞？他人是星星還是黑洞？這個看見會讓人清楚地看到真相，找到心中對生活疑問的答案。

曾經，因為一個簡單的生活化事件，我決定和一位認識了十多年的朋友關係先暫停。有一天，朋友和過去十多年一樣，在我和他分享我所熱愛、有共鳴的事的時候，他對我談的東西，開玩笑似的批評；突然，我看見了，他對我不但有很多的看法，也對我熱愛的東西不認同。

當下，我對朋友沒有感到一絲的負面體驗，反而問我自己一個問題：我怎麼容許自己讓一個人這樣對待我？我怎麼讓自己的光芒這樣地被批評？於是，我心裡告訴自己，這是我自己造成的，我要為這一個結果負責；同時我知道，這不是他的問題。所以，我選擇和他的關係是先停下來，當然，這造成了他的難受，因為他一直想知道他做錯了什麼。

我的做法是，我需要先停下來，這是當下我很清楚該為自己做的事；對於未來，我倆的關係會如何，我沒辦法現在告訴他，因為我也不知道。

我們的關係停了將近十個月又恢復聯絡，我們恢復關係的第一次見面互動，有一件事發生了：尊重；這是過去十多年我一直努力想創造的。原來，十個月前，我做了一個尊重我自己的決定；十個月後，當我和老朋友相逢時，這個已經落實在我身上的尊重，也無意識地傳給了我的朋友。

和朋友沒聯絡的幾個月，我常常想到我的這位朋友。那一天，在他批評我熱愛的東西時，讓我感到不舒服的是，他對我熱愛到骨子裡的東西的每一句批評、每一個玩笑，都像是在拿掉我的光芒；那一天我醒過來看見的是，是我讓他對我這麼做；當然，那一天之後，我看見我也會對其他人這麼做。

他是一位很在乎人和人之間和諧的人；我在想，是不是他的人生當中，曾經發生了一些事，讓自己的光芒收斂或是在人生當中做了很多的配合；而他對我做的無意識的批評和玩笑，所呈現出來的是：他是我的黑洞，正在拿走光芒。

所以，也許我們應該問自己或是從和家人、生命中重要的人互動的關係上，去發現我們是星星，還是黑洞？對方是星星，還是黑洞？最簡單的方式檢視，就是和家人的溝通、交談當中，我們是星星，還是黑洞？如果對這部分的分辨有困難，那我們一定是一顆已經沒有光芒的星星，甚或是……你知道的，黑洞！

黑洞是被教出來的

這個世界有一套機制，叫做比較，而且是制式的標準；它的來源應該很有趣，我是這麼想像的。

從前有一個國王，他勤政愛民，但是國家很窮，於是他制定了很多的措施，讓人民努力，國家於是開始富強，富強了幾年以後，人民開始發現，有了錢可以買好多東西，甚至吸引到人的敬畏；但這份敬畏的得來，人民只看到表面，還有，這表面的條件，比如說：有錢才會有權勢、長得美才會被喜歡、學歷高比較有機會；漸漸地，人們開始以擁有錢的多寡來衡量及判斷一個人的好壞，也拚命追求外在的美，甚至，國王決定讓每個人都有機會念到大學畢業。

同時，制式的標準開始流行，人們開始比較，達不到這制式標準的都被鄙視，於是這一股比較的感召力在國內盛行；很快的，很多有不同才華的人被批評，因為這些才華在這制式的標準下一文不值；很快的，這一些人開始求存，將自己的光芒掩蓋住，同時，這一批人成為人類歷史上的第一批黑洞。

這一個故事很簡單是不是？我要說的是，黑洞是被教出來的；人會成為黑洞，主要是得到了一個訊息：「做自己是不可以的！」所以，他們也不會讓其他人，特別是他愛的人去成為自己。它是世界上仇恨發展的最大根源；即使是頌揚愛的宗教，當這股仇恨發生時，戰爭便源源不絕。

人的一生很短，也很長，一個人要找回自己的光芒也許不是一件容易的事；但這是一個很簡單的決定：「要」或「不要」？

讓我們在發光的成長路上，找到志同道合的拍檔，一起用盡一生去體會愛的力量！讓自己發光，讓他人發光！

四、關於「做好一個人」的知識

我們把情緒分為正面的和負面的，而且我們會特意追求正面的，甚至裝都要把它裝出來。至於負面的呢？不可以有，自己不行，他人的最好也不要讓我體驗到，於是，我們對自己的情緒需要常常壓抑，也常常批評。

因此，我們要開始去包容自己所有的情緒，這是身為一個完整的人第一步要做的事，同時去誠實體驗自身所有的情緒。

歐普拉的節目「歐普拉有約」（The Oprah Winfrey Show）已經畫下了句點；她的這個節目成功地影響了美國觀眾二十五年，成功的關鍵在於節目的內容有一個基調，儘管這二十五年來的節目內容琳瑯滿目，但它們都圍繞著一個訊息給觀眾：「你永遠擁有力量You always have the power」。

為了支持這個訊息能落實到觀眾的生活上，這個節目深知，提供人們事實的資訊是一件很重要的事，意思是說，我們很多人常常因為不懂的真相，因為恐懼而做出很多事，讓自己、讓他人受困於負面的生活品質當中；提供知識，可以讓人張開眼睛，擴大視野，有不同地看見。

在「歐普拉有約」最後一年的節目裡，當中有一集，她重回到維吉尼亞州的一個小鎮，因為在二十三年前，歐普拉曾在這個小鎮做了一集節目；當年是1987年，這個小鎮發生了一則讓當時美國人震撼的重大新聞：一名患有愛滋病的男同志到了當地的公共游泳池游泳，造成當地居民的恐慌，鎮長隨即下令將這座游泳池關閉。

二十三年前的那一集找來了這名同志和當地的居民，以及一些外地人做了現場對談的節目；我們要知道，在那個年代，愛滋病剛剛肆虐，奪走了很多的人命，一般人民對愛滋病並不認識，由於媒體的渲染，這個無知造成了人們很大的恐慌；那個年代，是同性戀者的黑暗歲月，因為這個疾病，挑起了很多人對同志的歧視，甚至仇恨；在那個年代，出櫃是非常不容易的事。

當年那一集的節目裡，主角面對了很多現場觀眾極端的仇視和對他的人身攻擊言論；這名主角當年的現身說法，讓歐普拉二十三年後再度回到這個小鎮做一集的節目前，她忽然發現，這名主角當年決定上她的節目是具備何等的勇氣！

當年的主角，在節目播出七年後過世了，歐普拉二十三年後做這一集的節目有一個目的：讓觀眾看見無知的破壞力和知識的力量；現在愛滋病已經可以被治療了，而且美國一般民眾也知道如何面對這個疾病和學習接受接納愛滋患者。更進步的是，愛滋病患者也可以因為接受治療而過一個正常健康的生活。同時，同性戀也開始在美國各州爭取平等人權，也已經陸續在各州有所斬獲；根據最近的調查顯示，美國已經有50%以上的人支持同性結婚。二十三年後做這一集的節目，她想知道，這個小鎮的居民在二十三年後的今天，再回顧當年現場節目發生的事，會不會有不同的看法。

這集節目找來了當年主角的三位姊姊，以及三位當年在節目現場有發言的觀眾，還有當年也在場的醫師（他當年出現的目的是要教育民眾，關於當時他所知道的愛滋病的資訊，目的是要改變一般人民對愛滋一無所知的恐慌），和一名當年參加了節目，心裡不認同當時詆毀主角的人身攻擊，但害怕說出真話被圍剿的民眾，以及一名當年只有十來歲，現已出櫃的當地人。

在新的節目裡，當年發言的三個人，經過了這二十三年，因為訊息的進步，他們對於愛滋以及同性戀的偏見，已經有了很大的轉變。

有兩個人對於當年的言論向主角的家屬道歉；但是，另外的一個來賓卻仍然用硬拗的藉口，合理化當年他辱罵主角的言語；最後，節目訪問了兩名同志，他們當年因為看了這一個節目被主角的勇氣感動，後來出櫃，追求自己的人生。

參與這個節目的那位醫師來賓，在節目的最後說了一句話，作為結尾：「過去那一場對已過世的主角造成的詆毀和呈現出的仇恨，是因為無知和恐懼；知識可以改變人的觀點和人的生活。」

無知造成恐懼的肆虐；知識創造接受和同理心。好真實、有力量的話！

恐懼常常主導我們的決定

身為一個人，對於我們自己其實知道的並不多；我們怎樣過人生，一直都是基於我們過去幾千年來的認知，奉行不悖的遵循及生活著。

分享這一集的節目，是因為它的內容所傳達出來的訊息，其實完全反映出我們正在怎樣地呈現自己的所知有限、有盲點時一模一樣的狀況。我們因為負面的教養，大都是用負面的角度在看、想和行動我們的人生，這個負面其實就是我們所知無多的愛滋。抗拒或是排斥這個負面，卻只會讓人把負面的焦點放得更大，就像是在放大內在的愛滋；這可以說明為什麼恐懼常常主導著我們的決定。

在這個新的世紀，這個五十年前的人們所想像不到的科技發達的世紀，其實已經是一個正在蛻變的世界；負面，這一個過去被傳承遵循的東西，所衍生出來的、很多存在已久的，以及讓人老體驗到行不通的一些現象，一定會開始被質疑；身為一個人，一旦我們能擁有更多的知識、訊息，讓我們看清楚身為一個人的運作，這應該可以幫助我們，讓我們的人生隨著世界的變化也跟著蛻變。

身為一個人，我們對自己最大的盲點，就是不知道我們其實都不懂得怎樣做好一個人！所以，我們應該知道，怎樣做好一個人，做人可以怎樣做得有效？

讓我們從影響我們做一個人的三個關鍵開始，讓我們來認識這三個關鍵。

每一個人都有三個驅使我們每一天成為一個人的關鍵：「情緒」、「思想」和「行為」。

一個人擁有任何的情緒是沒有好壞對錯的，雖然我們心裡都不這麼認為，但是我們卻對一個嬰兒，可以接受他所有的情緒，沒有所謂的包容問題；但是，我們對自己呢？卻不是這樣。

因為我們把情緒分為正面的和負面的，而且我們會特意追求正面的，甚至裝都要把它裝出來；至於負面的呢？不可以有，自己不行，他人的最好也不要讓我體驗到，於是，我們對自己的情緒需要常常壓抑，也常常批評。

因此，**我們要開始去包容自己所有的情緒，這是身為一個完整的人第一步要做的事，同時去誠實體驗自身所有的情緒**；當你這麼做，可以開始聽見自己針對不同的情緒有相對應的聲音出現，聽見這些聲音時，讓自己問自己：是嗎？然後開始去創造自己和這些情緒的包容關係，進一步擁有所有的情緒。

思想也沒有所謂的好壞對錯，我們所有的思想都來自我們的生活經驗；請你記得，一旦人生有清楚、值得追求的目標，不管是在哪一個領域或是時間的遠近，這個目標願景就是衡量想法的基準，所以，這個情況下，想法只有行得通或是行不通，而且，想法會產生行動，而行動會創造結果。

所以，在這樣的邏輯下，我們可以基於我們擁有的結果，不管是喜歡的還是不喜歡的結果，可以倒推回去，知道做過的行動行不行得通；當然，再往回推，就可以看見造成這個結果的那些來源信念是行得通的，還是行不通的了。

這個過程，是醒覺，是能夠看見自己是個怎樣的人，是個可以練習的、科學的、有邏輯的步驟。

思想也好，想法也好，我們通稱是信念。讓我們不快樂、不自由、不自在的一個重要原因，是因為我們都有一個荒謬的行為：喜歡批判我們90%的信念；但是，我們忘了，批判自己的信念並不會讓它消失，甚至，越抗拒越持續、越批判越強壯。

我們為什麼常常害怕自己有錯的、不好的想法呢？因為我們都怕自己的信念會影響行動，而創造出讓自己後悔的、錯的、不好的結果。

學習接受自己身上所有的信念

其實人的運作不是所我們害怕這樣，讓我們來看看真相吧。

我們的信念會不會變成行動有兩個方式：

一是不假思索的自動化。

另一是經過有意識的停，去看到當下不只一個的信念，或是一個接著一個不停出現的信念，然後我們會把這些信念去比對想要的結果來做衡量，而做出要不要變成行為的選擇。

在真實的生活中，我們每一個人都不自覺地以為只有一種呈現信念和行為的模式，就是第一種，所以，我們對那些可能產生不好行為的信念，會用「壓抑」、「不想看見」的方式去對待它。這個過程其實就是批判、抗拒，創造出來的是負面體驗，甚至是自我憎恨。

我們其實可以了解以下的這個陳述：我如果看不見自己的信念，又怎麼能和它建立一個清楚的關係呢？換句話說，能看見自己的信念，才能夠選擇，去選擇要和它建立怎樣的關係。

一旦你能看見自己的信念，你就能基於你要的或是你不要的信念，再來去決定要把哪些信念變成行為，哪些信念不要變為行為；這是身為一個人的能力，需要練習，練習就會變成習慣，然後可以逐漸取代第一個模式。

當你開始願意面對你的所有信念時，你對某些信念可能會產生很多的負面情緒，你必須知道，這是正常的必經過程，沒有問題；而且這也是讓你練習接受這些所有信念都是你的一部分的機會。

即使是你認為糟得不得了的信念，它也是在你成長過程裡，為了保護你，滿足你要的認同，在你無意識的時候就這麼形成了的信念；現在，你應該去認識這些屬於你，但是你從來不去注意它，和它抽離了很久的關鍵特質。

抗拒、壓抑自己的信念，就像是在游泳池裡，硬要把充飽氣的海灘球壓進水裡一樣，它只會更浮現在泳池表面，甚至跳出水面，搞得人精疲力竭，而且不會消失。

當你有這些情緒出現時，唯一能做的是去擁抱它，完整地體驗所有的情緒；這就像是在游泳池裡，當你抱著海灘球時，不就能暫時的休息？甚至享受浮在水面上的悠游嗎？

最後要談的關鍵是行為。即使你已經決定過一個尊重生命的人生，你還是有可能會出現不尊重生命的行為；有時候是因為你的自動化還在，有的時候是因為你是在事後才發現記得，因為你還沒把尊重生命變成一種習慣，而且它需要你幾年的時間去練習、去實踐，所以在練習的過程一定會出現偏軌的情形。

犯錯，其實就是學習最棒的過程，你不是要過一個尊重生命的人生嗎？所以，當你犯錯時、做不好時，不就是一個絕佳的機會讓你對自己開始做起嗎？

這個過程，很像是在更新地圖。地圖的目的是讓你快速地到達你要去的地方。你會不會拿三十年前的台北市地圖去找現在台北市的地址呢？我想應該不會。但是我們大多數的人卻是這樣過我們的人生的：用十幾年前那個還沒長大的自己給的信念，過今天的人生。難怪常常覺得迷了路，回不了家！

所以，回家吧！回到用尊重生命作為地基的家吧！

五. 我一句話傳給孩子

我曾經把我夏威夷同學，她十五歲的女兒在她父親告別式的話，翻譯出來和朋友分享，這個孩子的這篇內容打動了每一個聽到或是看到的人；因為，她的父親教給她的一句話，是去做個回報恩典的人。

曾經看過一部電影，主角經歷了人生很大的挫敗後，終於完成了他的理想；最後，主角說了一段話：「我的父親告訴我，**一個人的一生，不是關於成功的時候頭要抬得多高，而是關於失敗時，可以怎樣優雅地再度站起來。**」

這句話對我產生了一個影響，有一個念頭開始出現在我的腦海裡，但是一直都只有疑問，沒有定論；我問自己這一個問題：在我的人生當中，我用在生活裡的，可以傳下去的，像這句電影裡父親給兒子的話，讓他人可以活出有價值的人生的一句話是什麼？

換句話說，在我的一生當中，屬於我的經歷，能夠引起人的共鳴，值得傳承給人的是什麼？

經過思索和探討，我發現，我的家庭裡沒有這樣的東西，而不少朋友的家裡也沒有，但是我卻發現許多家庭存在著不少的另一樣東西：教人的教條；這些教條包括有：「懷疑才不會吃虧」、「吃虧就是占便宜」、「君子之交淡如水」、「犧牲是美德」、「做人要做到別人沒話說」……等等。這些教條和我從電影學到的這句話，有個很大的不同體驗。

對這些教條，我的心裡一點共鳴都沒有；但是，關於成功、失敗的這句話：「一個人的一生，不是關於成功的時候頭要抬得多高，而是關於失敗時，可以怎樣優雅地再度站起來。」卻讓我心裡有滿滿的共鳴，我知道我會一直記得它，用在我的生活裡。

難怪我們這麼愛面子

到底發生什麼事了？

原來，我們華人社會對家庭的影響，就是創造出一條又一條的教條，內容都是關於在社會上要怎樣和人相處，才能得到自己想要的東西或是要怎樣才能獲得好名聲；難怪我們這麼愛面子。

保護面子底下，我們做人的藝術真是琳瑯滿目，但是讓人做得死去活來；這些東西一代一代傳承下來，已經變成一條一條最好不要違背的紀律，像是緊箍咒，難怪很難讓人打從心裡產生共鳴。

我們生活充滿的大都是這些教人做人原則的教條，也引發我想問：為什麼我們沒有屬於激勵個人的，和來自前人那些關於面對人生種種的、有智慧的、讓人有共鳴的，讓聽到的人會自主地把它加入自己的人生當中的，值得傳承下去的話呢？

我先探討我自己的家族發現，在我的家族裡存在的是這樣的教條：懷疑才不會被騙、要為孩子犧牲、要做到別人無話可說；這些都和我的家族背景有關。

從我曾祖父母開始，在他們貧窮的生活中，每一天都必須為明天想辦法，一直到了我國中以後，情況才有改善；一個在低教育、求存中的家族，所傳承下來的教條，其實多少是帶著無奈和要人認同的，對於這些教條，我心裡很清楚，我會讓它們在我這裡就停止了，我不會再把它傳下去。

其實，我的家庭並沒有正面的、值得傳下去的家訓。

我注意到美國的電視或是電影，類似上面讓我充滿共鳴的話常常出現，我也開始想，美國在上一個世紀，能夠這麼深的影響世界和居於世界領導者的位置，是不是和這個國家為了追求更好的生活，曾經歷勤苦奮鬥的背景，幾乎讓每個家庭都有著一句值得傳承的家訓有關？

也許是因為背景差異，美國最吸引移民的是可以大膽地去做美國夢，這個迷人的可能性；中國人則是要依照一定的規則去追逐所謂的榮華富貴；這兩個方向的目的地，其實也有很大的不同。美國夢要的是冒險得到成就感；中國人要的是妥協中庸，讓自己和家人身處安逸。美國夢要的是成功；中國人終其一生追求的則是要高人一等。西方人的成功要的是享受所謂的尊寵或是特權生活（privileges）；對中國人而言則是：要成為人上人，讓後代的子孫們不用再辛苦的過日子或是被人瞧不起。

另一個我們可以發現的不同是，西方這些代代相傳的寶藏都和如何成為一個成功的人，或是和這個世界的關係有關；中國人的家訓，則大都是關於怎樣做到別人眼裡的好人，或是保有名聲的多。簡單的說，西方人的這類對話都是關於創造的多；而中國人的呢？則是關於避免不好的多。再進一步的區分：西方的傳承是關於「成就」的，焦點是「成事」，華人的傳承是關於「做人」的，焦點在「完人」。

影響每個人的家訓

最近和朋友聊到一件事，就是家裡會教給你遵守的人生名言是什麼，她說她家裡的一句話是：「吃虧就是占便宜」；這讓我想到了另一位朋友她家裡的是：「不能占人便宜。」

當下，我又茅塞頓開了一次。

中國人真的苦啊！不但先人苦，上一代苦，這個苦總算讓我的眼睛清清楚楚的看見了！我從這當中看見了一些不同的觀點，也許這些觀點可以幫助我們脫離苦海。

吃虧不占便宜，聽起來不錯，是很厚道的體驗；但是，吃虧和大方、慷慨是兩回事。願意吃虧的社會背景，想必小人不少，或是窮困的人多，或是不會算計的人多，也許代表自己的生活情況還不錯，會告訴自己去吃虧，那這一個願意吃虧的人，也應該算術差不到哪裡去；可是，為什麼願意吃虧呢？為什麼吃虧聽起來那麼像是美德一樁。

因為這句流傳已久，幾乎人人認同的教條，看來不錯，但是反映在社會上的真相是如何呢？吃虧等於占便宜，這個歌頌吃虧是美德的

「箴言」衍生出來一個社會的共同看法：「不吃虧的人＝會占便宜的人」，這個等號對我們的影響有多大呢？讓我們來看看最近的調查資料，台灣人在全世界的人口中，工作量占世界第二位；老實說，你我都心知肚明，這個現象很重要的原因是沒有一個人敢準時下班，因為，第一，吃虧就是占便宜啊；如果你每天都理直氣壯的把事情做完了，都真的準時下班，你在其他人的心目中會被認定是那種不吃虧型的人，鐵定會成為大家心裡的討厭對象，尤其是比你晚下班的老闆，因為我們已經深深地認同，不吃虧的人＝會占便宜的人。

我們的腦袋裡，還有一個衍生出來的另一個等號，那就是：願不願意吃虧也等於一個人願不願意犧牲；我們的社會很在意一個人願不願意犧牲，特別愛嘉許這種人。

難怪一個人不願意吃虧或是不能吃虧，聽起來那麼的負面！

吃虧，其實只是一種生活態度、是一種選擇，選不選擇它成為自己的生活方式是個人的權利；但在我們的社會上，吃虧卻早已變成是一種義務、不能不做的選項，而且吃虧、願意吃虧是一種全民共識的社會價值和道德標準，它代表的是一種祖先傳下來的「美德」。但是，真是這樣嗎？

其實我們可以觀察到，現在不少人表面上願意吃虧，是因為在這後面想得到可能的更大報酬。看看我們周遭的人，有多少鼓勵自我犧牲的後面是暗中教人要先犧牲，才有可能得到更多；**這種犧牲不是美德，是得到好處的手段！**這個教人表面是付出，但是骨子裡是幫你成為一個隱藏的索取的人！真是厲害啊！

犧牲能不能得到肯定，其實還得看運氣。有人犧牲了一輩子，就只是指望長官能看一眼，或是長輩死的時候，還惦記著可憐的我，分一些財產給我；運氣好的，得到了，大鬆一口氣；萬一最後什麼都沒有，白白犧牲了，怨天尤人的大有人在。想不到滿清宮廷的官場模式，活生生的還在現代上演，成了這副德性。

這種態度能培養出大氣的人嗎？我很懷疑。

把「絕對不能占人便宜」這一句話，拿來當家訓好嗎？如果只有這一句，讓我們來看看可能會發生什麼事？任何人只要遵循這一句話，他的焦點一定會放在這個「不能」上，這個「不能占人便宜」當中的「不能」兩個字，它也就是提醒人小心不要這樣，這個小心，等於變成了人際關係的地雷；遵從這句家訓的人，他這輩子最怕、最忌諱的就是被人說成是「貪便宜」這樣的人；因為這一個害怕，就會變成抗拒，即使對人大方，都不是真的，因為說穿了，大方只是為了避免自己成為占人便宜的人，只是怕犯錯。

為什麼我們的先人不能簡單地說「對人要心存感謝，在這個世界上，去成為一個慷慨的人」這樣就好；也許那些專制的父權時代，高傲的心態教不出這些東西；但是，如果我們的家人是用這句話身體力行，我們可以耳濡目染的話，人生一定大大的不同。

中國人的長輩喜歡叫晚輩不要這樣，不要那樣。當這些先人講出了一堆地雷，後人只能不得不小心；這些「不要」怎樣的後面，都是極其嚴厲的標準，這教人怎麼能看得遠？難怪大多數的我們，都只得不斷的把眼光小心翼翼的放在腳底下，怕踩到地雷，怕犯錯。

該是時候去留意了！留意在自己的生命當中，有哪些這樣的「家訓」或是社會共識，一直深深地在影響我們。

找到你可以傳承的價值觀

我曾經把我夏威夷同學，她十五歲的女兒在她父親告別式的話，翻譯出來和朋友分享，這個孩子的這篇內容打動了每一個聽到或是看到的人；因為，她的父親教給她的一句話，是**去做個回報恩典的人**。

我這個大學同學，將近二十年前嫁到了夏威夷，她的先生不幸罹患胰臟癌過世，她的女兒受的是美國的教育。在爸爸的告別式裡，她勇敢的決定，把給爸爸的祭文寫成一篇文章，在將近百人的面前讀出來讓所有人知道，她對爸爸的懷念。

在整篇的祭文裡，她特別提到她的爸爸在臥病過程，得到很多人的關心和幫忙的同時，教給了她一個他們父女一起經歷過的重要觀點，翻譯成中文是：懂得回報。

我可以看到這一句話對這一個十五歲的女孩未來人生影響的價值和力量，我也可以看得到將來的她會成為一位什麼樣的女性，和他人的關係是如何，過著什麼樣的生活；甚至，我還可以看到，當這個價值觀代代傳承下去，我看到一個大的家族會是什麼樣的呈現。

這一個看見，其實就是一種vision，願景。原來這樣的一句話，它的影響力和價值是如此龐大！

其實，華人的教條是我們負面教養的另一個對人生活品質影響深遠的產物，這一個根源所形成的社會，當然會充滿教人不要做東、不要做西的教條，而這對一個人的人格形成，當然只會加深負面的影響；所以，我們必須看見這些被影響的負面狀況，重新建造一個不同的、正面的社會。這樣的社會要形成，就從每個人用正面的態度開始過人生。你要不要一起來呢？

我已經不用再經歷我的祖父母們、我的父母們以前的有一餐沒一餐，天天要活在奮鬥裡的苦日子了；我只是在想，這也該是時候，為我自己找到這一件值得傳承的寶藏的時候。

翻閱我自己過去的人生，想找出一些這樣的話，竟然都是用來保護自己、防衛他人的多，也許，這和我的人生焦點都在怎樣會被認同有關。當然，我不應該驚訝，因為我的家庭也並沒有意識到要用這一脈相傳的價值觀去運作、互動；是的，我知道可以為我的家庭做出的一個可能的貢獻，就是去找到這樣一個可以傳承的價值觀。

現在，我懂得，有些話之所以會觸動到我，是因為它們是和追求「成就、夢想」過程相關的人生態度和行為的準則，比如：

- 一個人的一生，不是關於成功的時候，頭要抬得多高；而是關於失敗時，可以怎樣優雅地再度站起來。
- 生命不是關於發現、找到自己，而是關於創造自己。
- 人生不是關於懂得如何面對暴風雨，而是在雨中能翩然起舞。

蘋果公司前執行長賈伯斯有一篇對史丹佛大學應屆畢業生的演

講，打動了很多人。現在，你是否也已經看見，原來這一些能觸動人的話，都是關於「成就」，也就是可以「實現自我」的有力量的真言。裡面從來就不會有關於討好、取悅的東西。相反的，在我們華人的人生當中，那些「箴言」，有多少是讓人在追求夢想、自我實現的時候會感受到綁手綁腳的真「教條」，拿走我們「做夢的力量」的呢？

如果你看見了，加入「華人正面人生蛻變（Postive Life Transformation for Chinese）」的行列，一起來為現在的我們，和未來的世界啟動改變。

4

六. 做父母（Parenting）

現代的華人父母其實一直在面對一個問題，就是，有錢了，不能只給孩子物質上的支持啊！沒錯，華人，其實都窮過，所以，一直習慣做父母的只需要做到財務支持和生存支持就好了。華人現在開始有錢了，也許也開始看到，我們不管多有錢，在心智支持，和情緒支持上，竟然是這麼的貧乏和不懂！

這裡有幾個撇步（tips）獻給每一個有意願創造正面人生的華人，去有效率的開始創造這樣的人生。

首先，是關於要改變的。

一、生活品質進步的關鍵＝會問問題的能力（和找答案一點關係都沒有）。

二、每一種問題都找專家。當自己是找專家的專家，生活的品質就會豐富。

三、在世界舞台上要繼續輸給西方人，繼續崇尚愚公移山。

四、學到的知識，三天內在生活上用不了的都是垃圾。

五、華人應看見的謬誤認知：腦袋知道得越多＝生活結果／個人更好。

我終於看見

要改變自己被負面教養的影響，現在不妨用不同的角度來看待一件事：為人父母。

為人父母，對華人而言，是一種角色，意思是，為人父母者，有他該做到的事。做到這些事，就是好父母。對華人來說，怎樣是好的父母呢？

第一，給孩子物質上的支持。包括食物、住所，還有教育，以及教育相關的等等。簡單的說，就是財務上的支持（financial support）。

第二，給孩子安全。包括照顧孩子的身體健康，不讓他的身體被傷害等等。簡單的說，就是生存上的支持（survival support）。

所以不管你是不是為人父母，你應該都可以把你給孩子的，或父母給你的，歸類到這兩種支持裡頭。

其實，對「為人父母」只是扮演一種角色的華人來說，它是沒有多少成長空間的，特別是，華人的父母又常存有，教養孩子就是讓他長大有出息、功成名就，或是賺大錢這樣的傳統目標。

但是，現在已經有越來越多的華人父母們發現，覺得給孩子這兩種支持還不夠，或是，給孩子的財務支持和生存支持，並不會有滿足感。

如果你是這樣的父母，你已經準備好看見這樣的區分了。

華人的父母，過去一直是扮演一種角色，所能達成的，也真的只能做到讓孩子衣食無缺，健康安全而已。其他的，做不到，對於父母還能做的事，也看不到。

如果，「為人父母」其實是一種行為呢？

就像打籃球，如果「父母」是一種行為、一種能力，是可以進步，甚至值得一生去練就成專家的呢？

其實，當父母的人，一直都在「做」父母，英文是parenting。

很多懂英文的，或是住在英語系國家的華人，對parenting這個字很熟悉，但是，即使是這些華人，懂的也只是，它是parent這個英文字名詞加上ing，變成動詞，而幾乎沒人知道，這個parenting和華人談的為人父母到底不同在哪裡。

這個「parenting做父母」和華人「為人父母」的不同在於：

第一，它是代表行為的動詞，不是代表角色的名詞。

第二，它的確和打籃球一樣，是可以一直進步的。而這個進步，是西方父母可以自然的對孩子說：「我就是愛你的這個樣子，我不要你做任何的改變。」這樣讓華人欣羨，但很難說出口的話的關鍵。

相對於華人的「為人父母」是關於給孩子財務支持和生存支持以外，「parenting做父母」還有兩項支持，是懂得將教養孩子當作是一種職責下，另外需要給孩子的支持。

所以，「parenting做父母」必須給孩子四種支持：

第一，給孩子物質上的支持。包括食物、住所，還有教育，以及教育相關的等等。簡單的說，就是財務上的支持（financial support）。

第二，給孩子安全。包括照顧孩子的身體健康，不讓他的身體被傷害等等。簡單的說，就是生存上的支持（survival support）。

第三，在孩子經歷人生的過程裡，給他的心智支持（mental support）。換句話說，是教給孩子面對人生種種經歷的正面對話。因為孩子的人生經驗少，他不會知道什麼時候需要這些對話，需要父母主動給孩子。

第四，是在孩子的成長過程中，給他的情緒支持（emotional support）。孩子的成長過程中，會透過他的言語和行為，透露出正在尋求父母的情緒支持。所以，父母通常是在被動的時候，會給孩子這樣的支持。當然，主動的給予也是。

不論是心智支持，或是情緒支持，都是一個人可以一生去鍛鍊、去做好的。要能好好鍛鍊，我們可以多了解的是，這兩種支持的目的是什麼。

心智支持，其實就是正面的對話。

當孩子失意時，需要的是打氣的話。

當孩子失敗時，需要的是理解的話。

當孩子被拒絕時，需要的是感受痛苦是沒問題的這樣的話。

當孩子認定自己不好時，需要的是你也能感同身受的話。

當孩子成功時，需要的是真心欣賞的話。

有時，是你們一起經歷一件事時，或是之後，你把你的人生經驗說出來，傳承了下去。

讓華人教養蛻變的根本

情緒支持，其實就是和孩子在一起，因為人都需要被了解。

情緒的支持，有時是同時給予心智支持，但有時只是藉由肢體語言，去讓孩子知道，每一件事都會沒事的（everything's gonna be alright）。

現代的華人父母其實一直在面對一個問題，就是，有錢了，不能只給孩子物質上的支持啊！沒錯，華人，其實都窮過，所以，一直習慣做父母的只需要做到財務支持和生存支持就好了。華人現在開始有錢了，也許也開始看到，我們不管多有錢，在心智支持和情緒支持上，竟然是這麼的貧乏和不懂！

所以，西方人真正比華人強的是，即使他們是窮人，能給的或是得到的心智支持和情緒支持，都比我們來得多。這是我們要改變的關鍵。

「Parenting做父母」這件事，其實和有沒有孩子一點關係都沒有。因為，一個會給人心智支持和情緒支持的人，一定有一種能力，就是可以把這兩種支持給自己，這才是讓華人教養可以有所變化，發生蛻變的根本。

看懂了「parenting做父母」就像是打籃球一樣，是一項可以練習提升的能力。先做自己的父母吧，因為，有一個人一直等著被了解，等著被愛，那就是成長過程中一路勇敢孤獨走過來的你。當你可以給自己這兩樣支持，你感受到的就是最偉大的愛——愛自己。

七、Fate和Destiny

每一個人對自己的一生都要絕對的負責，因為，要主動地為人生這一本書執筆，當每一個人離開人世間的那一天，這一本書都會被留下來。

有的人的書會成為經典；有些人留下來的則像是一疊昨天的報紙；甚至可能會是一堆飛舞在空中或被扔在垃圾桶裡的宣傳單。

「Fate」和「Destiny」這兩個英文字，中文都翻成「命運」；對這兩個英文字，我有很深的體會。

Fate和Faith（信心），可以連在一起。如果你有Faith，Fate是可以改變的；所以，人生的Fate，其實是過程，它和一個人的能量有關，會隨著每一當下的能量可以被改變。

Destiny這一個字指的是更大的東西，它也叫做命運，但它和Destination（目的地）有關，是一生要走的大方向，它是由一點一點的Fate累積，而成為一個人的一生；所以邏輯上來說，Destiny當然也可以被改變。

這麼比喻好了，Destiny是一本書；Fate是構成這本書的每一個章節。

不管是一個章節或是一本書，背後都有一個作者。不管你喜不喜歡這一個觀點，每一個人對自己的一生都要絕對的負責；因為，要主動地為人生這一本書執筆，當每一個人離開人世間的那一天，這本書都會被留下來。

有的人的書會成為經典；有些人留下來的則像是一疊昨天的報紙；甚至可能會是一堆飛舞在空中或被扔在垃圾桶裡的宣傳單。

也許要在人死的時候，才能看到這一本書的全貌。活著的每一天，卻是可以有意識的去管理、創造自己的Fate；要改變每一刻的Fate，說得簡單，做起來不容易；其中的竅門就是，改變自己的能量。

《祕密》（The Secret）這本暢銷書說的其實就是這一個概念。只可惜，這本書說了很多的概念、觀點，對於實際的做法，說的只有一點；要清楚的說出方法，很難，因為，改變能量的方法有很多種。

宗教是最容易入門的方法，但是它的代價是，你必須在一個已經被先人訂下的規範裡去遵守規則，它的確適合很多人，也容易吸引人的加入，因為宗教是全世界最大的一個人為組織機構；再來就是其他趨近於宗教的靈性組織；當然，還有一種，就是靠人自己的力量，練習宇宙的自然法則，和它一致（Alignment）。

不管哪一種方法，都有一個共同的前提：「相信」和「意願」。對於你選擇的方式，你完全相信，相信就會投入，再加上意願，所呈現出來的結果，我們通常都稱它為「奇蹟」，其實這背後隱藏了一個還沒辦法被證實的論點：人的意志力所帶來的強大力量；如果清楚了這一點，殊途同歸，只要找到對自己最有效、最有體驗的方法，就是開始的時刻；而人們也應該學習互相尊重不同的方法都有它的共同目

的地，這一點，人的「自我ego」必須去看見。過去，我們已經付出過很大的代價。

也許有一天，所謂的科學家們會證實宇宙是一個能量，每一個人都是一個迷你版的宇宙，一個人身上發生的一切都和是否與宇宙、自己的自然狀態一致（Align）相關；如果能有這樣的證明，人類的生活形態也許就會有很大的變化：包括個人的生活形態和群體的生活形態（人類遵循了幾千年的政府、宗教和家庭觀）都會受到很大的衝擊。這個改變也許可以在下一個世紀看得到，如果人類可以通過未來五十年的地球變遷的考驗。

包容「人」的一切

現在，我們可以回到日常的生活去創造自己的Fate。

要成為創造Fate的主人，先決條件是懂得調整自己的能量。大自然有春夏秋冬，人有七情六慾。要讓大自然運作順暢，照著軌道運行，就必須尊重地球這一位母親；**要讓人的能量自然的運作，就必須包容「人」的一切：那就是愛。這個「人」記得把自己第一個算進去。**

現在地球這位母親的四季亂了，只是告訴我們，我們自身的這一個小小的地球也是這樣；要運作自己的能量，第一步就是找回對自己的一切，內在或是外顯的，那份同理心和慈悲心。

我們也許在需要倚靠父母的童年時，因為父母受社會的影響，並沒有給予我們足夠的或是適合我這個人的愛；但是，一個成年人都一定有足夠的力量，去讓自己的這份需要的愛完整。

三十歲以前，我們是接受親人的愛，三十歲以後，我們的角色是付出的那一個；接受或是付出，對象都是「我 」。對自己能做到多少，在自己和親人的互動上可以清楚的看到。

對自己懂得愛了，就可以得到這一股扎實的力量，在人生當中創造自己的Fate；至於若要一個完滿人生的Destiny，去找到愛人類的目標和可以一生奉獻的事。這個順序是這樣：先Fate，再Destiny，這就和寫一本書一樣，它來自一個字一個字的累積；如果Fate沒能掌握，先投入Destiny，可能會讓自己離自己越來越遠！

清楚了Fate和Destiny，應該可以擁有一個自主、自由、自在的一生。

八、一個尊重生命的世界

我們一天的生活裡有多少的時間是自我懷疑呢？
如果你仔細聽聽你的小聲音，不要太驚訝，至少有90%。

你會不會保護你的腳？

人的自我懷疑會不會就是人生活不快樂的來源呢？

人的自我懷疑其實是被教養出來的；這個懷疑如果沒有改善，就會變成自我憎恨，這時自己不會快樂，也會讓身邊的人過著不快樂的生活。

多年前，我上了一個課程，擁有一個叫做LP1的團隊，那時我們訂下一個共同努力的願景目標：「創造一個尊重生命的世界」。

現在回頭看我們當初訂下的這個承諾，還真的是卓越！還有什麼是比尊重生命更符合人性的根本呢？我們身處的環境，其實沒有教過我們什麼是尊重生命，看看我們的周遭，只有一個特別的行業會做這樣的提倡：「殯葬業」。他們的訴求是對往生者、大體講尊重；那我們活著的時候呢？

我們台灣人其實是不太懂得尊重生命的，關於這一點，我們現在應該都可以了解它會是怎樣的原因了：中國幾千年來，權威式、求存導向加上負面的教養傳承；我們不懂得尊重生命的這個現象可以從很多我們已經習以為常，但是可以去檢視的習慣中看見。

首先可以觀察的是，一個懂得尊重生命的人，會懂得愛惜自己的身體；相反地，一個不看重生命的人，對自己身體的保護也就不太在乎。你可以用以下簡單的一個問題檢視自己愛惜自己身體的程度如何。不管你是男是女，你會不會保護你的腳？

另外，看看我們的環境，特別是冬天時，天氣冷，如果又下雨，騎機車的人他這一刻人生的優先順序是什麼。我不是說這不對、不好，而是仔細想想，是不是方便的重要性大過愛惜自己的生命？**生活上的決定可以看出一個人生命當中的價值觀和怎樣看待自己的生命。**

在美國住過的人都知道，馬路上行人最大，這是基於尊重生命而出現的集體共識和表現行為，在美國任何不尊重生命的行為都會受到嚴厲的處罰，也是一樣的道理。

其實台灣人、中國人一開始到了美國，都會經歷一些震撼教育，那是因為看不到當地嚴苛的法律規定，此外，對生命尊重的成長教育也和我們不同。

另外，當我們到歐美國家，被人服務一定要付對方小費。我們大概都有過這一種過程：第一次碰到的時候會很納悶，為什麼？因為這也是基於對一個人的尊重；付小費所給出去的訊息是，服務他人的這個人，值得被看見，值得被賦予回報。

我常常問，在台灣開車的人知不知道，為什麼行駛隧道時或是行駛在某些視線較不良的公路上，一定要開車燈？你的答案是什麼呢？

這麼做其實是為了可以讓後面的車看到你，保護你自己生命的安全，再來才是讓自己能夠看清前方，這是基於對自己生命的尊重和重視。如果車子的後車燈壞了，覺得不重要，不需要換修，那麼這個人還沒有對生命尊重醒覺。在美國，車子的後燈壞了一定會被開罰單，這條法規制定的原因也是基於尊重生命。

另外，台灣的機車騎士要注意的一點是，大多數的人騎車從來都不打方向燈，這是一種很以自我為中心的行為；轉彎不打方向燈，騎車的人也許覺得自己有眼睛，會注意到路況，但是打方向燈代表你和其他人的溝通，對他人的尊重。

台灣有多少交通事故是因為這樣的不注意而產生的呢？一個重視自己生命價值的人，會注意到機車上的方向燈，而且一定會用它；同樣地，機車上的後照鏡還在不在、有沒有被使用，也是一樣反映出這名騎士是否存有對生命尊重的態度。

通常騎機車不打方向燈的人，除了對生命尊重的程度有待提升之外，它多少也能反映出這位車主和人的溝通能力，以及他的生活素質。

我在中國大陸的時候有一個體驗，中國幾千年流傳下來的帝制，加上眾多的人口，尊重生命這一個觀念，應該從來沒有成為文化的一部分；生命如草芥，人命不值錢，這些是過去中國大多數老百姓看待人的生命的觀點。

其實這種根深柢固的觀點，台灣人身上也有。

在中國專制的歷史裡，一切的統治都要以好控制為前提，威權是一個有效的做法；這種威權常用在引發恐懼的方式，達到統治者管理的目的；它也被運用到了每個家庭的教育方式當中。

孩子不是父母的資產

在中國人的家庭價值觀裡頭，孩子是父母的資產，而且也要一生依附父母。當然，即使是在古代，孩子長大了，不見得生活還得依附父母，但是一生的好壞對錯標準，不得脫離父母的標準；基本上來說，這個情況到了這一個世紀，並沒有明顯的改變。

沒有改變，可能是很多現代人和父母關係痛苦的來源。

過去父母擁有子女、要子女依附的關係，影響了一代又一代的子女，加上所謂的「打罵教育」，為人子女的身上，不容許有獨立的個人價值，但卻擁有了高度的自我懷疑；為人子女者，常常一輩子自動化地用父母看待自己的標準，去裁定自己是不是一個好的人、對的人。

現在這個年代，要一個人完全聽命於父母、遵循父母的價值觀，是一個和時代趨勢非常矛盾的模式，現在行不通了，是因為人類最近這幾十年來已經進入了醒覺的世代，過去可以囫圇吞棗，愚弄人的情況已經不存在。當我們從電視看到關於北韓的畫面時，對於這種愚民國家仍然用這種方式管理，看到所有人民絕對地服從，會覺得非常的不可思議。

台灣過去實行了十多年的民主，雖然創造了不少的負面，但是這十多年下來，我們必須看到、也嘉許這一個過程，人民的意識跟著成長，人人變得有自己主觀的看法和想法。用生命進化的角度來看，這是一種進步。

現代父母的教養盲點

現在的為人父母者，大都不會再把自己的標準硬要灌輸給孩子；但是我們這一代的父母也應該看見一個迷失的盲點，那就是會常常問自己是不是好父母，這麼做其實還是那一個曾經自我懷疑的孩子的成人版而已。

我們這一代的人應該知道，我們的父母們是不太花力氣去檢視他們是不是好父母，他們好父母的標準很簡單：賺錢、讓孩子有飯吃、有書讀、有地方住；做到這樣就是問心無愧的好父母。

現在我們這代人常常每天看著孩子的表現，總怕變得和自己的父母一樣，沒能給孩子最多的關心、愛、照顧、栽培；其實，**在看孩子呈現的時候，為人父母應該讓自己輕鬆一點，允許自己可以不完美**。同時知道「做父母」是一項要學習、認識和鍛鍊的能力。

當我想著自己這麼多年來會懂得開始尊重自己的生命，是因為看待自己對人有價值，而且能接受自己的不好，這是改變的關鍵。一個尊重生命的世界裡才有真正的自由、喜悅和豐盛；沒有尊重的生命，就沒有尊嚴；沒有尊嚴，就沒有自信；沒有自信，就創造不了價值。

我們一天的生活裡有多少的時間是自我懷疑呢？如果你仔細聽聽你心裡的小聲音，不要太驚訝，至少有90%。

這訊息是不是給了我們一個回應？同時也讓我們因為看見這個研究結果，讓我們去改變，讓我們都成為正面的人，讓這個世界變得不同呢？

我看到一件值得一輩子去做的事了，你呢？

九、台灣人啊，真可愛！

一個人可能已經離開學校畢業很久很久了，身邊已經沒有老師了，但是還在找那位一直沒出現，但在心裡卻牢固存在的老師，不斷地問他，我這樣做好不好？或是，老師，我又哪裡做錯了？

台灣人很在乎自己在乎的人的看法；台灣人很在意做的完不完美；台灣人現在也很怕做錯；台灣人很不習慣被稱讚；台灣人很習慣對事情有看法；台灣人也開始厭倦看法一堆只會批評的人；台灣人也在乎自己不要成為其他人的trouble maker麻煩製造者；台灣人習慣把自己真心的想法收起來；台灣人也渴望有人說出他心裡的話；台灣人很渴望被認同；台灣人渴望被世界看到；台灣人渴望被外人了解。

一位來自北京的朋友到台灣騎自行車環島自助旅行之後，將圖片及文字記錄、發表在部落格上，創造了超過兩百萬人次點閱，這讓他自己都大感意外；當然，我也是這兩百萬人其中的一個。

這位朋友感召到，一直在大陸沒來過台灣自由行的中國人，深深嚮往台灣；更感召到看過他部落格的台灣人，溫暖在內心裡的回應。

我們可愛的台灣人喔！

在這位北京朋友的記錄中，台灣的人情味充分反映在提供的服務上。我想他是把台灣人不留痕跡的體貼服務，跟大陸拙劣的和香港優越冷峻的做比較，然後再給予我們大大的讚賞；看到這樣經過比較後的台灣人，怎能不被那個自己不太自誇的美，因為被看見而露出滿心的喜悅呢！因為，我們也體驗得到這位北京朋友絕對不是基於客氣，是全然的真誠。

台灣人啊真可愛！

惦惦做、憨憨做、不斷地做，做到我們都把自己的美德藏在我們的眼瞼之間，把它當作是一種理所當然，我們即使不說，但還是很開心被看到，甚至在被比較之後，藉由他人之口直接說出來暗爽的厲害；原來，我們是很喜歡被稱讚的，因為我們還真的很在乎！

如果這位北京朋友在台灣多待一陣子，住在某個人家裡久一點，他可能又會發現台灣人另一項別的地方看不到的特質：台灣人很喜歡討便宜，看到便宜的東西買一堆，然後大方的送給其他人。比如說，在賣場看到平常一斤10元的水果，現在大拍賣10斤60元，雖然自己只能吃到兩斤，但是買了之後，會自己多留一斤，其他多出來的七斤全部送給其他人分享；事實上，這一個人等於用60元買了3斤的水果，但是台灣人不這麼看，會覺得自己買到便宜的東西，而且還能讓身邊的人分享到這占到便宜的開心，當然老闆也多賣了好幾斤。這一份傻勁下的大家通通都贏，你說，台灣人是不是非常的可愛！

台灣人真是太可愛了！

但是，如果沒有外人來告訴我們這份可愛，我們願不願意這樣看待我們自己呢？我們可以從媒體報導社會、政治新聞內容，以及觀察一般人很少彼此之間稱讚自己的這一塊土地，約略找到答案。

台灣人很喜歡嚴苛地對待自己，不知道這是一種謙虛？還是一種喪氣？

台灣人很在乎自己在乎的人的看法；台灣人很在意做得完不完美；台灣人現在也很怕做錯；台灣人很不習慣被稱讚；台灣人很習慣對事情有看法；台灣人也開始厭倦看法一堆只會批評的人；台灣人也在乎自己不要成為其他人的Trouble maker麻煩製造者；台灣人習慣把自己真心的想法收起來；台灣人也渴望有人說出他心裡的話；台灣人很渴望被認同；台灣人渴望被世界看到；台灣人渴望被外人了解。

台灣人是很美的一群人，不習慣被嘉許，但是意外的讚美請多多益善。

我們還在等老師的肯定與讚美

其實，這一切都反映著每一個台灣人，個體上也都是擁有這樣的特質。也許我們習慣默默地做，等待老師注意到，給了我一個嘉獎，我才會去認定我做的是有價值的；如果老師什麼都沒說，我也不能大聲嚷嚷，那一定代表我做得還不夠好，我要繼續努力，一直到老師告訴我我是棒的，那我才真的可能是棒的；當老師甲稱讚了我以後，我馬上開始注意老師乙是不是也會稱讚我，然後是老師丙、老師丁……

學校畢業後，我們的生命也跟著畫上一個句點；我們有了所有的答案，保護自我的答案，但是我們不會問問題，因為那很危險，而且從來沒人教我們要去冒險。我們的人生開始活在舒適的麻木裡comfortably numb，舒適但是不會舒服；麻木但是不要不仁。

事實上，一個人可能已經離開學校畢業很久很久了，身邊已經沒有老師了，但是還在找那位一直沒出現，在心裡卻牢固存在的老師，不斷地問他，我這樣做好不好？或是，老師，我又哪裡做錯了？

原來，我們沒學到稱讚自己，因為不能這麼做，這樣是不要臉，不知羞恥，馬不知臉長，猴子照鏡子；所以，我們應該要常常批判自己，對自己無止盡的要求，什麼都要會，什麼都得懂；我們不斷地對自己評估判斷，這樣才是一個被社會接受的乖孩子。

我們不可以笨，但是卻已經笨到不懂得壞；甚至，碰到壞人時，只會氣得牙癢癢的，那個樣子看起來不是憨得可愛，是憨得傻啊！

但是，我們的心底其實是渴望被看見，被稱讚的；我們一旦被看見，做死也願意，這股傻勁有誰能看見呢？老師，我做完了，你在哪裡？快來給我打分數啊……

特別是台灣四、五、六年級生的特質，我們應該知道其實老師不在已經很久了，但是咱們什麼時候開始自己拿起自己的成績單給自己打上「甲上」和「優等」呢？如果我們知道一個大自然的道理，也許這麼做就不難了：**我們在每一個當下都做了選擇，而且是最好的選擇；我們也許會犯錯，但是我們沒有錯；讓我們可以接受自己，允許孩子們犯錯吧！**

台灣人好可愛！也許你我的改變，有一天會讓我們打開報紙的時候，看到那些大賣的報紙開始在報導滋養我們驕傲和尊嚴的好新聞！

十、如果國民黨從來沒有來過台灣……

過去曾經有人替我們的今天做了一連串的選擇，歷史沒辦法改變；今天是我們共同選擇後的結果，也許不盡如己意，但是我們可以選擇用正面、嘉許和負責任的態度看待我們今天的台灣。

台灣的媒體喋喋不休，政治充滿惡鬥好長一段時間了，我們也一直體會到處都充斥著不滿意現狀的聲音；這幾年，我個人在政治思想這一塊，從媒體、政治人物上，再也找不到可以給我共鳴的聲音。

有一天，我忽然有了一個很特別的想法，這個想法的來源是看了一部1940年代的電影《風雲人物》（It's a Wonderful Life）；這個想法我希望有一天被寫成小說或是被拍成一部電影。

這個想法是：如果國民黨從來沒有撤退來台灣過，今天的台灣會是怎樣的情形呢？

根據我在中國一年的自身經歷，想到了這個故事的大綱。

中華民國100年的元旦，參加升旗後，我走在回家的路上；突然，重慶南路上掀起了一陣大暴動，一堆媒體人和政治人物打了起來，他們其中一方在批評台灣現在有多爛，而另一方只在為自己辯護，自己有多難做！

吵著，吵著，老天再也看不下去了，派下來了一位天使，這個天使不是我們印象中和藹可親的樣子，頭上還長了兩支角。它的身形比總統府還大，手上拿著一支大型衝鋒步槍。

這時他說話了。

「你們這一群不知感恩的東西，老天已經給了你們太多，現在祂通通要收回去！」

接著，這個看來根本就像是魔鬼的天使，把他手上的步槍朝向天空，扣下了扳機，轟的一聲，頓時天空上方一片烏黑，一股惡臭的味道撲鼻而來，我看到所有人一個一個的倒下，我也慢慢地不支倒地，眼皮開始睜不開，然後失去了知覺。

後來我醒了過來，一開始一切如常，但是忽然想起了總統府前發生的事，覺得是噩夢一場；當我開始一天的作息時，才慢慢發現我的生活變得不一樣了。

當我打開了電視，發現看到的是中央電視台的新聞，接著我外出買報紙，發現外頭的景象簡直讓我大吃一驚，我還是住在永和嗎？怎麼外面的市容看起來和我去過的河北石家莊、河南的鄭州那麼像？

我的目的不是真的要完成這一個故事，因為我希望有比我更適合的人可以把它完成；但是，我想接下來先完成我想要敘述的故事情境：

台灣人大多數人還是說著台灣話，其實根本聽不到有人說國語，這和廣州、香港很像；還有，台灣的人口少了好多人，全省加起來大概是八百萬人左右。當然，夜市裡的攤販是零零落落的散在路旁，賣的都是清一色的豬血糕、麵線，找不到牛肉麵，也沒有水餃；台灣的餐館提供的飲食都很單調，那些來自中國各省的特色飲食都不存在了。

最讓我驚訝的是，我那位一生最要好的好朋友，根本從來沒有存在過，因為她的父母親來自山東！

原來台灣在1945年第二次世界大戰之後短暫的回歸，但在1949年國民黨和共產黨的最後內戰，因為國民黨撤退到海南島，而被完全殲滅；從此，台灣的人民也經歷了文化大革命和1985年開始的經濟改革開放，台灣成為第一波的實驗省份，進步也最大，成為全中國的實施模範省。

我們都在同一條船上

如果有這一部電影或是這一本小說，我想我要藉由它傳遞給台灣人的訊息是：

過去曾經有人替我們的今天做了一連串的選擇，歷史沒辦法改變。

今天是我們共同選擇後的結果，也許不盡如己意，但是我們可以選擇用正面、嘉許和負責任的態度，看待我們今天的台灣。

今天，現在，我們個人，台灣都是一張白紙；如果重新來過，我們每一個人可以做的不同選擇是什麼。

如果台灣人能夠因為這一部電影或小說，把焦點轉向我們是在這同一條船上的人，那麼我們能做什麼？要怎麼做？我們最大的共同利益在哪裡？每一個人可以貢獻的是什麼？我們有機會讓台灣不同，我們就有一個可以對後代子孫永遠說不膩的驕傲故事。

台灣的內鬥、內耗，讓我們看不到我們站在大時代的這一點；我們可以領導整個華人世界改變的機會，尊重個人生命。

李安的新電影《少年Pi的奇幻漂流》（Life of Pi）在台灣開拍，這一部好萊塢的製作因為李安的意圖，讓我們有機會見識到美國好萊塢工業嚴謹、卓越、專業的運作。李安曾經針對2010年台灣代表團在東京影展被中國大陸「欺負」的事件，簡單地說出了一句話：「做一個台灣人其實擁有滿多的委屈。」

我們和中國的關係，創造給我們很多的無奈和委屈，這是真的，也是短時間改變不了的現狀；但是，即使我們因為這樣的國際地位不明，台灣人還是可以自詡是世界的公民，去落實尊重生命的教育和素養，成為第一個打從內心和西方國家真正是平起平坐的國家和人民。

新的層次提升，我們可以找值得學習的模範和有效的工具；西方落實尊重生命多年，雖不完美，但可以是我們的入門老師。

一部好的美國電視劇、電影，讓人欣賞到令人嚮往的情節，關於成熟的感情處理或人際關係的方式以及對話，都是出自於尊重生命而傳遞出的生活方式。

西方父母養育孩子的觀點也很有效：為孩子在18歲那一年，成為獨立的成年人做準備。

美國人認為孩子是上帝的孩子，父母的工作是在孩子的成長過程中，替上帝完成養育的工作，孩子不是屬於父母的資產；所以，美國的父母在這種觀念下，做的是貢獻的工作。

台灣不是基督教國家，是被儒家中庸之道影響很深的國家，但是這種貢獻的精神，是我們可以學習的方向，**我們對孩子的養育可以這麼看：是在為這個孩子長大後的那一個大人貢獻；貢獻的方向是養育他去成為一個有正面價值觀、會負責任、懂得貢獻的成年人。**

西方人在養育子女這件事上，不會有要他們回報什麼的期望，自然也不容易會過度操控他們的未來；同樣，這是一種尊重生命的做法和呈現。

華人的父母把孩子當成可支配控制的資產，所以孩子永遠不會有成為獨立個體的機會；養兒防老，自然地讓父母在養育孩子的過程中，成為一個不折不扣的索取者。

這個索取讓父母從孩子身上看不到自己的期望時，可以理所當然的成為一名判官或是社會認同的受害者；這也許是華人父母在子女養育上最重要的面對。

除了以上提到的這幾個簡單的層面，我們更可以從自身去創造一個尊重生命的人生；我們可以看見的是，華人世界對於「尊重生命」這個理念是陌生的、概念模糊，行動上更是常常背道而馳，對自己、對他人都是這樣。

我對於這個可以有所不同的方向充滿了熱情，讓我想起了大家都熟悉的故事：

兩個賣鞋的人到了非洲，看到大家都光著腳。

一個馬上說：這裡沒有人穿鞋子。

另一個人說：這裡沒有人穿鞋子耶！!!

關鍵就在於同一句話，後面是沒有下一步的句點，還是一個代表驚奇的驚嘆號？或是代表興奮的三個驚嘆號。

當我看到台灣可提升的未來，我心裡跑了出來三個驚嘆號，你呢？

5 活出美好的未來

接下來的幾篇，純粹是分享我的生活。

這幾篇文章，也是我重新蓋了房子之後的體驗，而且我也知道，這個新房子永遠蓋不好，但是，我已樂在其中的所有。

一、宇宙在不經意處給了答案

這份獎肯定這位女演員的不只是她的演技，還有她一生的故事、夢想、掙扎、希望、堅持、相信和愛；也許那個受過傷的、質疑我是不是一位good person的聲音，也曾經有過這樣能被肯定的夢。

有一天，在我寫完一篇關於好人，決定自己是個好人的文章之後，一個小聲音在我洗完澡照鏡子的時候跑出來告訴我：「你哪裡是個good person呢？」這一個自我的疑問比自我否定更具殺傷力，但我故意忽略了這個小聲音的結果是，睡得不好，做了個醒來好累的夢。

人生要新的看見、做了新的決定往往馬上面對的是過去多年的積習信念；這是成長要付出的代價。

隔天，即使我帶著這個疑問和疲倦，中午還是興致勃勃地參加了全家提早為三姊慶祝五十歲生日的聚餐；下午回家後，看了東尼獎的頒獎典禮。

東尼獎是一年一度肯定百老匯戲劇（The Play）、歌舞劇（The Musical）工作人員的最高榮譽獎。如果你到過紐約，一定會被百老匯大街Broadway Street上讓人眼花撩亂的戲劇、歌舞劇的招牌、霓虹燈搞得眼花撩亂，也會被這種生生不息的演出藝術創造力及生命力所震懾。

百老匯是屬於紐約獻給全世界人到當地的伴手禮；你拿不走，但

是會永遠留在你心裡。

很多年沒回紐約了，更不用說自己早已和百老匯成為陌路；但是，看這個頒獎典禮可以幫我維持了解紐約正在發生什麼事。

這一個頒獎典禮很精采，雖然被提名的劇我一部都沒看過，但是過去持續接觸美國娛樂界新聞的結果，對一些劇是有些了解的，所以還不至於霧裡看花；眾多的被提名者當中，其實很多都是來自電視、電影界人人熟悉的知名演員。

這些年來，我對於百老匯更加蓬勃發展心裡充滿了敬意，原因是這裡頭有著值得尊敬的執著和傳承精神。

如果一個人有錢，想賺更多的錢，拍一部電影可以讓影片這個產品被帶到全世界各地去和人接觸，既有效率，報酬率又高；但是，弄一部耗費心力、勞力和財力的百老匯劇，只能吸引人到紐約這個城市才能欣賞得到；而且，每一部劇每一天的演出都是一個全新的投入和開始，這份投入比起電影的拍攝顯得財務投資效率上的愚蠢和執著。但是，隨著電影的賣座，每一年都在刷新票房賣座紀錄；紐約的百老匯創作卻是更加蓬勃，2010年共有四十多齣新劇推出，這份生命力吸引了無數知名電視、電影演員相繼投入，讓百老匯的劇更引人入勝。難怪，頒獎典禮如此好看。

頒獎的過程中，最佳戲劇的女主角，頒給了主演「Fences（藩籬）」的黑人演員薇拉・戴維斯（Viola Davis），這位在2001年也曾得過獎的卓越演員受獎時淚流滿面，以及來自心裡深處的感言，深深地讓我感動。她的得獎感言是這樣的：

I don't believe in luck or happenstance,

我不相信運氣或是偶然，

I absolutely believe in the presence of God in my life.

我絕對相信上帝出現在我的生命中。

I was born into a circumstance where I couldn't see it with my eyes,

我生長在一個用眼睛看不見，

I couldn't touch it with my hands.

用手摸不到的環境裡，

So I had to believe in my heart.

所以我必須相信我的心。

I want to thank so many wonderful and extraordinary entities and individuals

我想要感謝這麼多如此美好和不平凡的單位和個人，

Who held me up when I couldn't hold myself up.

曾經在我沒辦法繼續的時候支撐著我。

值得華人學習的教養

接下來她說出了這一些人的名字。最後她談到在這一齣戲的最後劇情，是上帝的使者Gabriel打開了天堂的門，這同時也是她每星期演出八場這齣劇的她心裡的體驗。

可以想像得到，這份獎肯定這位女演員的不只是她的演技，還有

她一生的故事、夢想、掙扎、希望、堅持、相信和愛；也許那個受過傷的、質疑我是不是一位good person的聲音，也曾經有過這樣能被肯定的夢。

美國是全世界最成功的娛樂工業王國，它每個不同娛樂領域的頒獎典禮都很精采，能得獎代表的是每一位從業人員渴望的最大榮耀。這幾年下來，我都沒有錯過，同時在收看時研究這些美國大小的頒獎典禮，讓我能有學習。

我看到一點，是華人類似的頒獎上看不到的，就是得獎人分享自己經歷和體驗可以深透不同背景，感染到人的說話內容。

任何人，能有薇拉・戴維斯在東尼獎獲獎時，對自己的人生經歷這麼清楚，能有力量的說出來，貢獻給世人，讓我相信來自她成長的社會，一定蘊藏著一套值得華人去學習的教養。

果然，薇拉・戴維斯很快的就讓她自己的專業演員生涯更上層樓。

兩年後的2012年，薇拉戴維斯因為主演電影《The Help》（姊妹）第一次獲得奧斯卡最佳女主角的提名。雖然，這一年她敗給了因演柴契爾夫人《The Iron Lady》（鐵娘子）而得獎的梅莉・史翠普（Meryl Streep），但是，兩年，薇拉・戴維斯已經在世界發光，讓世界開始看到她、認識她！

二、星星

Jason的第一段婚姻，就是在他全力工作、忽略前妻和孩子而結束的。後來，工作也出了問題，於是他帶著對孩子的愧疚感，換了一份工作，他從管理轉換到業務工作。

Jason現在有了一個交往的對象，但是之前婚姻失敗的經驗，讓他害怕重蹈覆轍。

我們都能讓自己發光

生活上有時候光知道很多道理並不保證我們懂得如何去面對發生的一切；如果我們真能落實用正面的道理取代負面的道理，有時候面對問題就可以更得心應手。

簡單的說：知識和改變是兩碼子事，idea想法絕對不同於ways of doing做法。

我相信我們每個人都是一位明星，只是發光的領域不盡相同。這顆明星曾經都想閃耀過，所以，我相信人們都可以做自己有熱情的事，讓自己發光。

但事實是，我們都不同程度地讓這個閃耀光芒的夢，因為發生過的一些不好的事，決定讓它熄滅。

有一個理論，當星星死了以後，它就會變成一個黑洞，這個黑洞

有著巨大的能量，不但沒有死亡，還會吸走任何靠近它的光芒；有時候，當我們和人互動在奪走其他人的光芒時，我們內心的夢其實還沒死，我們都想再次成為一顆閃耀的星星。

四十歲的Jason有一天跑來告訴我，他做了性向測驗後發現，自己是屬於控制型的人。從性格分析中，他發現原來控制型的人，會容易顯得冷漠、不在乎他人的感受……等等，不利於建立人際關係的特質。他也知道，這樣的人做事目標導向，很享受目標清楚、全力以赴的做事過程。

Jason找我的原因是因為，他的第一段婚姻，就是在他全力工作、忽略前妻和孩子而結束的，後來，工作也出了問題，於是他帶著對孩子的愧疚感，換了一份工作，他從管理轉換到業務工作。Jason現在有了一個交往的對象，但是之前婚姻失敗的經驗，讓他害怕重蹈覆轍。

他問我一個，幾乎是和他有過類似「失敗」經歷的人會問的問題，想找到不讓自己重蹈覆轍的答案：我怎樣可以避免自己的主控性格影響我的未來親密關係？我很怕自己投入工作的性格會讓我的另一半不高興。

星星啊，如果你不會變，而曾經又有人因為你散發星光過程而受傷，你要不要「少亮一點」呢？

其實，**失敗的婚姻，工作的失敗，從來都和一個人全然活出自己沒關係**。有關係的是，失敗來自失落的共識，和把事及人硬黏在一起，因為華人的教養一定會讓人凡事傾向於感性對待。

Jason很幸運，他現在手上有的是第二次機會second chance。

要這個第二次機會成功，和不要它像第一次一樣會失敗是兩件完全不同的事，而且，要掌握這第二次機會，也可以完全忽略自己過去發生了什麼事。因為，新機會，人生新的開始，就像是要蓋新房子了，所以，焦點當然是，這個房子要蓋在什麼樣的基礎之上。所以，開始畫藍圖吧！

你是個什麼樣的人？

你要過一個怎麼樣的人生？

這是地基。然後，一根根的柱子就要開始立起來。親密關係，是其中的一根，所以，下筆吧：

你要的是一段什麼樣的親密關係？對方知道嗎？你們有共識了嗎？如果這裡頭有那些關於討好他人、當好人的理由，你看得到嗎？拿掉了嗎？

有這樣的藍圖，需要去考慮星星的光芒會不會影響人嗎？

每一天，每個人其實都在生活裡過著所謂的「好的一天good day」，或是「壞的一天bad day」。三歲的小孩有著屬於他這個年紀、階段的好的一天和壞的一天；十歲的、二十歲的、三十歲的、單身的、結婚的、異性戀的、同性戀的、男的、女的、身為孩子的、身為父母的、家人身體健康的、有家人生了重病的……等等不同的人，不同的階段，都有所謂好的一天或是壞的一天。我相信，如果能夠和身邊的人真的接觸、真心的交談，不管怎樣的一天，都會因為了解

人生就是這樣，其實什麼都不能做。好的一天去擁抱，壞的一天去了解，還有一個明天在等著；對我而言，這一個明天一定比今天更富價值，因為我在今天種下了在某個明天可以重現星星光芒的正面道理。

下了決心讓自己的人生不同了嗎？如果是，恭喜你；但是，承諾並不保證快速的成功，並不保證從此人生一切如意、如願。

你今天有著什麼樣的一天呢？A good day？太好了！A bad day？噢，我明白，我也有過這樣的一天，很難受、難熬對不對？但你知道嗎？這一刻你需要人抱抱你，告訴你一切都會沒有問題的，Everything's gonna be alright！如果你覺得沒人了解你，我懂，你可以把自己抱在懷裡；嘿！你有沒有看到，這一個bad day正在一點一點的消失！它正在一點一點的離開了！

你的人生藍圖畫好了嗎？Tomorrow is a better day！

三、幸福

我發現，書本身和讀書這一個行為不會讓人有真正的改變。
通常一本暢銷的書，對購買讀者而言，動機和看一場球賽、演唱會、電影一樣，吸引我們的是來自內容的有趣性；但是，它也注定不會造成我們的改變。

今天我過得很幸福！

我感恩今天星期四，在大多數人都必須忙碌於日常工作的今天，我、爸媽和四個姊姊以及三姊夫一起到了宜蘭走了步道、品嘗羅東的海鮮、到了冬山喝了下午茶，最後在員山吃了烏骨雞，晚上回到家裡。明天安排和弟妹、姪子去機場接機，到大陸出差將近一個月的弟弟要回家。

幾天前朋友寄了一份文章來分享，標題是〈幸福感是衡量人生的最終目標〉；這是關於哈佛大學受歡迎課程「幸福課」的文章（其實課程的正式名稱是「正面心理學Postive Psychology」）。

檢視自己的鏡子

我相信你也和我一樣，常常收到朋友家人轉寄的好文章。對我來說，這些文章，我把它們當成檢視我自己的鏡子。

三、幸福

讀了這麼多年的書，我發現，書本身和讀書這個行為不會讓人有真正的改變；通常一本暢銷的書，對購買讀者而言，動機和看一場球賽、演唱會、電影一樣，吸引我們的是來自內容的有趣性；但是，它也注定不會造成我們的改變。

這一些好點子、來自他人生命中的好分享，能不能讓我們有所不同，終究和我們有沒有承諾要改變沒有直接的關係。

今天，我創造了幸福的一天，我想分享我的人生是怎麼創造來的。

1.嚴謹地承諾自己要過一個什麼樣的人生：我的人生關於正面的，尊重生命的練習和實踐。
2.對自己寬容，包容自己無論做什麼、想什麼都沒有問題。
3.眼睛看到的、心裡體驗到的，都把它和自己做連結。
4.願意用一雙新的眼睛看世界。
5.願意無條件的為一切事情的發生負責任。
6.做自己有熱情，可以為自己人生創造出具有意義、價值的事。
7.願意為這個最大的好，承擔耐心、享受有時會有的孤單，持續在這一條路上。
8.做一個也許不是很多人喜歡，但會得到大多數人尊敬的人。
9.學習無條件的愛家人，但也知道這一輩子永遠做不到完美。
10.知道人生的這一刻過了，就再也不會回來。
11.人生可以有後悔、遺憾、不足、不夠、不好；因為這就是人生不同的最大動力。

12.我們永遠不夠好，放了自己一馬吧！

期望這份心得也可以幫你度過幸福的一天！

四、肯定自己的路

我心裡對於「正面人生」可以被所有華人運用在自己的生活上，是無可救藥的樂觀；即使我過去十多年來做了不少事，要讓這樣的情況發生，卻失敗過，但我也沒停下來。

哈佛的正面心理學給了我一個深深地自我體驗：原來這些理論的東西，我已經在我生活上落實了；和哈佛的這一堂課對照之下，我的學習路其實是花了很長的時間；相較這一堂課在美國的哈佛舉辦，我的書在台灣出版要為華人做點事，殊途同歸。

我這一條醒覺、看見的道路走了十多年，不能說它不孤單。很多同伴，走著走著，已經不在這一條路上；即使我後來走上專業的訓練道路，照理說應該會聚集到更多的人一路同行；但是，看明白了事實，知道大多數的同行看待這只是一個提供生涯的謀生工具，表面是走在這一條路上，但是腳並沒有著地。

接觸到哈佛的正面心理課，發現我實踐多年的東西在地球的另一端如火如荼，我在地球這一端的孤單感並沒有減少，因為我看見的更是屬於華人的東西，雖然兩者的目的相同。

這個孤單也有好處，它給了我不少的挑戰，也給了我很多的體驗；最後竟然在我寫了一年的日記後，得以匯整我的心得，讓我盡量將這些東西有秩序、有條理的整理起來，集結成為一本書。

有共鳴，所以不寂寞

這過程中，我有了新的體驗，那就是，在孤單路程上看見的分享出去之後，獲得他人的共鳴，知道那些可以提供給人作為前進的有價值的參考，就不寂寞了。

哈佛的正面心理課，有一堂課講到所謂的指數效應，讓我明白為什麼我這一路孤單，但還是從沒想到它走了這麼遠。

我心裡對於「正面人生」可以被所有華人運用在自己的生活上，是無可救藥的樂觀；即使我過去十多年來做了不少事，要讓這樣的情況發生，卻失敗過，但我也沒停下來。現在我明白多一點的是，要實現我的目標，我在自己生活裡持續做，同時專心一志的做我自己愛做的就行。我學會，時間到了，會有人一起加入，畢竟出現對的人是要等待的。

所謂的指數效應，用一個簡單的例子就可以懂。

地球到月球的距離大概是240,000萬英里；如果把一張A4大小的紙對折再對折再對折，也可累積折出這樣距離的厚度，要達到這一個距離的厚度，做對折的次數呢，只要「41」次，不是幾萬次，是41次！夠驚人的吧！

指數效應，是加乘效益。其實這就是當年訓練課程談enrollment感召這一個遊戲的精髓，因為它是創造結果最快速的方法；但是這個簡單的道理，從事這行業的人雖然變多了，反而都沒搞懂過，只是汲汲營營的想利用這個方法多撈一點，撈快一點，這個效益被私利所經

營，效益就不再復見。

我也曾不自覺地就變成那樣，因為當時沒先搞懂自己，我對現在還在做這一行的從業人員有滿滿的同理心；但是，似乎只有當事人願意自己打斷自己，停下來以後才能看見了。

人的感召力，來自內在那顆星星的清楚力量，原來呈現的就是指數效應。

我問過我自己，還想回到大陸去做我專業的，可以支持人，讓人成長的課程嗎？我發現，還是要等對的人出現；所以我心裡知道，我是願意的。因為除了我可是一流的講師之外，這套課程真的是我所經歷過，最有效率，最快可以讓人有所不同的工具方法。

有幾句話，是美國神學家的名言。這幾句話已經是美國戒酒協會成員的座右銘，是對於一個人面對有挑戰的改變時，把那些需要的和不需要的支持說得很清晰，也是一種禱告的力量：

上帝啊，賜給我安詳，接受我不能改變的事物。
賜給我勇氣，去改變那些可以改變的，
並賜給我認識這兩者差別的智慧。

God, grant me the serenity to accept the things I can not change；
the courage to change the things I can change；
and the wisdom to know the difference.
——美國神學家朗浩・尼布爾（Reinhold Niebuhr）

這幾句話，也是我過去十多年在讓自己有所不同的路上，沒人教過我，但是我自己找到、實踐到的東西：因為找到接受而寧靜，因為承諾而勇敢堅持，還有因為想搞懂最簡單的道理而獲得區分的智慧。能因為幾句他人的話，而能清晰地看見自己的路程，我覺得非常好。我需要這樣的東西去把我的經驗變成有效溝通的話語，讓更多人可以懂我要說的東西。

殊途同歸。在這一個時間點，地球兩端不同的地方發生同一個目的，但呈現的方式是全然不同的東西；上帝為人鋪陳的路，實在太讓人讚嘆了！

天堂，就在出發的當下

我們的這個世界，是一個美麗的世界，它需要我們能用不同的視野來看它，這是一個非常有震撼力，關於用不同視野看自己的例子。

在美國太空總署NASA工作的太空人麥克・瑪西米諾（Mike Massimino）曾經接受電視訪問，談到他自己在地球外太空漫步時，第一次看到地球的體驗。

他說，那一次，他有三種體驗。

當他第一眼看到地球時，沒辦法好好的看，他的眼睛看到的只是地球的弧形曲線，而且覺得自己好像在看一個不該看的東西，好像正在偷窺一個祕密。

當他第二次能好好的看地球的時候，他激動地充滿了情緒，他的

眼淚開始在眼眶打轉，但他得忍著，不能讓眼淚流出來，因為淚水會影響到他身上的設備。

最後，他想到怎樣描述他當下的體驗：如果你的人是身處在天堂的話，這就是你可以看到的景象了。這是從天堂看到的景象，不，這景象比天堂還要美麗！天堂應該就是這樣了。她（地球）是如此的脆弱，她是如此的美麗，她是如此的完美；我們都需要照顧她。

我們常常仰望，渴望一個叫做天堂的地方可以去，但是，如果天堂就在我要出發的這一個當下呢？Right here, right now！就在此地，就是此刻！

6 分析

華人很喜歡做測驗。在這本書的最後，我整理了四種分析給大家用來看自己，看他人。

第一種分析方法稱為矩陣分析法。這個方法很好用，是因為它非常符合人類愛找到歸屬的特性。但是，就和生活一樣，方法是中立的。我們學習一個新的方法，會有怎樣的收獲，其實和我們正在學習，當時人的狀態有關。這一點，讀者可以在這篇文章的後頭感受到。

第二種分析法是進一步的提供和我們切身生活有關的，關於恐懼這個狀態。讓人們可以了解、看見，在我們的生活裡，恐懼對我們的影響。

人，不論有多麼的正面，恐懼仍然會存在，因為恐懼基本上是幫助我們人類保護「生命」的重要機制。但是，人們現在卻常常大量的在「生活」上被它掌握。如果我們能知道，我們一生最大的恐懼，是了解它和我們身、心、靈的關係，這對於成為正面的人會有很大的價值。

第三種，則是將我們日常生活看得到的人的行為做分析、歸類。它不是那麼嚴肅，但是提供給讀者一個參考。這篇分析提供的資訊，期望能幫助立志成為正面的人，找到對自己，對人的同理心的方向。

第四種分析法則是最淺顯，你我都能很快的「對號入座」，藉由它達到「知己知彼」的目的。這個方法雖然簡單，但是能很快的幫助你看見在自己的人際關係上，一些痛苦和不愉快的來源，特別是工作上。但是，如果你能把這一個分析的區分放在家庭、社區或是國家，你對於現存在這些領域的問題，也能有更深的看見。

一、矩陣分析法

當我們找到影響我們負面這麼久的原因，它也許是因為某一件事，或是某一個人。

我想分享的是，如果真的看見了某個人，請記得這樣看待他：他也一定經歷過，受過他愛的人給的傷害，沒人幫他，所以他又把這別人給他的，往旁邊或是往下傳給了我們。只是，人們沒有醒覺的結果，即使是對他人不好的，連想都沒想過，就把它傳給了弱勢的他人或是下一代。

醒覺，可以幫助我們看見，清楚的看到生活裡那些一直存在的結果，是行得通還是行不通。

我們都不想成為愛因斯坦口中的瘋子：重複做同樣的事，卻期望有不同的結果。所以，避免這一個重複，必須先看見那些一再重複的是什麼，然後，我們就能做不同的選擇。這個選擇是關於做一個決定，有承諾的決定，是值得我們持續去創造的未來目標。

一個人一生當中所有的結果，都是因為我的關係，否則就不能稱為我的結果了。既然這樣，要未來人生的結果不一樣，關鍵就在「我要有所不同」；但是，讓我們先釐清，「有所不同」和「改變」並不全然相同，也就是說，「我要有所不同」和「我要改變」是不一樣的東西。

一個人要有所不同，有很多的層面可以去正視。改變是在「有所不同」之下可以從事的選項，意思就是，要改變的是什麼？是具體的項目。拿個簡單的比喻，如果說「有所不同」是一把傘的傘面，「改變」就是一根一根撐起這把傘的傘骨。

如果我們談「成為一個正面的人」就是我們要的不同的結果，像是一把新的雨傘，那麼我們自然的也會去構思，這樣的一把傘要有的傘骨是哪一些呢？我們要做的改變是什麼呢？我要的未來圖像是什麼樣子？我要的具體生活，各個層面是如何？我要怎麼開始呢？

對大多數的人來說，要說出「我不要的現狀」是什麼，比說出現在看不到，但要在未來發生的生活畫面容易。所以，讓我們先來談談「我不要的是什麼」吧！

那一些生活上我不想要的是什麼呢？

然後，把焦點放在自己想要的，未來想要擁有的。

接著，讓自己開始看見，去區分我不想要的而且是現在已經存在的，這裡頭對我自己來說行不通的是什麼，為什麼會行不通？

你已經在區分了！

然後，看看你能不能再找到深入一點的，關於想要的，關於不想要的原因。一旦找到更多，又會看到更多……或是，什麼都看不到也沒有關係，把焦點放在看不到這個情況上，然後問自己，為什麼找不到？看不到？

接著，去練習看到這些我不要的結果背後，是因為我做了什麼，

或是應該做，但是卻沒做的是什麼。

接著，再往前推，問自己「做了的背後的信念是因為我覺得……，或是，該做但是沒做，背後我擔心的是……」（這些都可以回溯出關於自己的價值觀裡頭，屬於我的，很重要的關鍵、核心信念。）

繼續練習醒覺，回到第一步。

不是所有的改變都會有效、有幫助，可以直接的、立即的支持創造出「正面」這一把新的雨傘。如果我們沒有釐清我們要的每一根傘骨的質料、功能和意義，那麼最終我們創造出一把想要的傘的機率就不高；比方說，我想做一把晴天可以遮陽、雨天可以淋不到雨、風大時還可以擋風，甚至於還可以兩人共用的功能卓著的傘，那麼這一把傘就勢必要有明確的相關傘骨來搭配了。

誠實的勇氣

要什麼樣的傘，得用適當的、有效的傘骨來搭建。就像人生一樣。

我們能不能真正地看見自己每天在過著怎樣的人生呢？這需要意願，需要停下來，需要勇氣：「誠實的勇氣」。

醒覺，能讓我們看見真相，它能讓我們去重新檢視，也能清楚的看見新的選擇，甚至也許要做新的決定；一旦有了清楚的新目標以後，比過去更多的不同行動選項也會出現，讓人決定。做出新的、不同於過去的決定常常會讓人不習慣，覺得不舒服、彆扭，但它卻幾乎一定是可以讓人達成目標的對的選擇。這是個學習必須經歷的過程。

學習的過程，有一個很有效的能力，值得去累積培養，那就是「區分」。

區分是一個有效率地「看見」的方式和能力，它讓人們能進一步釐清行得通的和行不通的；同時樣重要的是，它能增進我們「理解力Ability of understanding」和「同理心Empathy」。

當然，運用區分的「出發點」也很重要。如果學習的出發點是正面，它會讓我們從區分的分析和得到的資訊中，幫助我們對自己和他人的理解和同理心的形成，因此我們可以更快的藉此成為一個正面的人；如果接觸和運用區分的出發點是負面的，這些資訊也能提供給我們更有力的、更理所當然的，用來批評他人或是攻擊他人。

能達成以上目的，其中一種很簡單的分析方法，用來做行為分析的模式是：矩陣分析法The Matrix。

矩陣分析法的行為分析是用兩種人性特質去界定這個人是屬於哪一種類型的人。

首先，讓我們把人先分為「正式的」（Formal）或是「隨興的」（Informal）兩類。

正式的人格特質，意思就是重規則，傾向理性，屬於「做事導向」（Task Oriented）的。

隨興的人格特質則是喜歡自由，傾向感性，屬於「做人導向」（People Oriented）的。

另一個要區分的特質是將人歸類於「支配型」（Dominant）或是「隨和型」（Easy Going）。

支配型的人傾向於領導，當頭頭；隨和型的人則傾向於跟隨，配合他人。

現在讓我們在一張白紙上，中間畫上一個大大的十字，將這張白紙分為四個象限。縱線的這一條直線，最上面一端標示支配，最下面一端則是隨和；橫線的左邊這一端代表正式，右邊這一端代表隨興。所以，我們可以將這四種類型的人找到相對座落的象限。（如下圖）

人格特質矩陣分析 （The Matrix Analysis）

支配型 Dominant

控制型 Controlling

促進型 Promoting

正式 Formal

隨興 Informal

分析型 Analyzing

支持型 Supporting

隨和型 Easy Going

1.控制型（controlling）：正式，支配型（左上）

2.促進型（promoting）：隨興，支配型（右上）

3.分析型（analyzing）：正式，隨和型（左下）

4.支持型（supporting）：隨興，隨和型（右下）

理論上，每一個人都應當能很快的找到自己是屬於這四個類型中的其中一型。但是，請留意，事實上，大約有20%的人會傾向於將自己放在和自己原型完全相反的位置。另外，也有大約20%的人沒辦法用這兩項區分標準去衡量自己（不能確定自己是正式還是隨興，或是屬於支配或是隨和），另外則還會有大約10%的人確認自己的類型會和其他人對他的體驗是不同的，這10%的人當中，甚至會有人因為他人看待自己和自己認為的差異現象而抗拒，甚至不高興。

但是，沒關係。針對這將近50%的人，是有辦法「認祖歸宗」的。

如果是把自己放在和自己原型完全相反位置的人，通常是因為已經不接受過去的自己，而刻意在人生當中低調，把真我隱藏起來，或是因為在生活上必須適應環境才能生存，而強迫自己去成為另外一種人。

如果你是屬於沒有辦法確定自己是屬於支配或是隨和的人，要支持你確認的方法是：想像當他人告訴你，你是哪一種特質，你就跟著同意的，就是隨和型；如果你不喜歡他人告訴你，你是哪一型的，那你就是支配型。

如果你是屬於沒有辦法確定自己是屬於正式或是隨興的，還有一種方法幫你確認，請你回答下面的問題：「現在你還沒辦法確認，請問你需要更多的訊息幫你決定嗎？」如果你的答案是肯定的，你就是正式型的，如果還是猶豫不決，那你就是偏隨興型的。

最後，如果你已經選擇自己是支配和正式型的，想像我現在告訴你，你選錯了；如果你的第一個反應是：我才沒錯，請你留在原位。如果你猶豫或是認定自己錯了，你就不是這一型的人。如果你已經選擇自己是隨和和隨興型的，我現在告訴你，你選錯了，要你到支配和正式型的位置去；如果你對於我的這個要求是不假思索，就馬上要過去的人，請你留在原位，因為你是不折不扣的支持者。如果你的第一個反應是，我才不去呢，是你搞錯了，甚至會有點情緒，那你真的是不折不扣的控制者。

好了，現在每一個人應該都能就屬於自己的定位了！

如果你曾經做過類似分析，我想你對於這四種不同特質的人應該會有些熟悉，但是，如果你的目標是要成為一個正面的人，我會提供你一個不同的角度，去運用這個分析，去練習不同的看見。

如果你是控制型的人：

有目標會讓你充滿精力和熱情，你不太在乎其他人的想法和感受，因為你天生喜歡去完成你有熱情的事，你也不會太在意有沒有其他人的參與。你一旦決定自己是對的，他人的想法就很難去說服你改變決定。你不容易停下來，腳步很快，做決定很少遲疑。團隊（team work）對你而言是這樣的：一堆人跟著一個人的指令做事（如果給指令的人是你，你喜歡別人聽你的，再不然，團隊裡其他的人提出不同意見一定要快、狠、準；相對地，如果給指令的是他人，你會邊做邊把自己放在他的位置，去做出你覺得最有效的決定）。你喜歡「對事不對人」，事情做好優於一切，不太會考慮到他人的感受，所以你也會是個直接、正直的人，因為你的自我要求多，你會對其他人也有要求（對上，對下都是）；失敗是你最大挫折的來源，這個失敗包括你自己的，還有在你標準下的其他人的（對上，對下都是）。

如果你是負面控制型的人：

你訂下的目標通常都是關於你自己的，他人受不受益不是你關心的重點。你的成功通常是關於要被認同的，你的心裡住著一個嚴酷的法官，對他人的錯毫不留情，對自己的錯更不能忍受，但是你更不喜歡輕易認錯或道歉；錯如果發生了，你會想盡辦法，不計代價地把它扭轉過來。

你無法接受你的形象有任何損傷，所以一旦你覺得自己不夠好，他人很難靠近你。在人生當中，你會汲汲於追求名或利，或是兩者，即使你根本不需要這些。總之，對你而言，世界是一座永無止盡的競技場，然而，你卻永遠不會滿足打贏了幾次。

如果你是正面控制型的人：

你有利他的目標，然後會義無反顧的持續。即使你對事情有要求，你會願意控制自己的「ego（自我）」，聽聽別人的聲音，然後

看實際狀況融合他人有效的意見，因為你會把利他的目標放在自己之上。你會選擇性的直接，但無損於你的正直；你會把因為挫折帶來對人的評估判斷（包括對自己和他人的），轉到尋求有效的解決方法上。

你願意尋求他人的合作，甚至願意被對的人支配。當一個願景夠大、夠有價值和意義時，你會放下ego自我，去謙卑的完成這一個使命。

如果你是促進型的人：

你喜歡和人在一起，人越多越好，典型的人來瘋。你喜歡帶頭，喜歡別人有被你照顧到的感覺。在一個群體裡，你會很快地就被看見，或是，你會想盡辦法馬上被看見，這是你的長才。

你喜歡當大姊頭或是大哥的感覺，當年紀大一點的時候，你更喜歡以他人的老媽或是老爹自居；你喜歡他人的好事有你貢獻的成分，你在意你給人的能不能被看見，你給他人掌聲的另一面是想拋磚引玉，讓自己也能獲得掌聲；你的創意常常源源不絕，而且你想做就做，不太拖泥帶水，但是也常常容易會節外生枝，一件事在你的主導下，最後可能變成十件事，但是，你懂得開頭，卻並不見得樂意收尾；你喜歡呼風喚雨的感覺，當你覺得都對的時候，你才會去注意他人的感受，你不太會讓自己的人生無聊。你很重感覺，感覺對了，就什麼都對了；你人生最大的成就是關於能不能被讚賞。

如果你是負面促進型的人：

你所做的每一件事都是為滿足你的感覺需要，你渴望被關係裡居上風的人接受，所以你是一個不斷尋求關愛眼神的人，很容易情緒化，變為一個受害者，這時底下的人就遭殃了。

你很容易歇斯底里，喜歡私下散布負面消息。你的自我尊嚴低落，有時會忘了自己要的是什麼，甚至呈現出你最厭惡自己的一面。這種情況下，即使你做的是你喜歡的事，你的焦點已經無關於事情做得好不好，你甚至會開始輕視、懷疑自己的能力。

如果你心裡有真正要的東西，你會玩一個撲朔迷離的把戲，操控他人，把他人搞得團團轉，同時深深地陷在你創造的不滿裡，這樣你就不用為自己的行為和結果負責。一旦覺得自己是個受害者，你會陷入很久走不出來，變成一顆不定時炸彈。

如果你是正面促進型的人：

你是一個熱情、愛源源不絕的人，你會願意奉獻你自己去面對大的挑戰，你的好人緣加上直接的熱情，可以輕易地號召一股力量去實現你的願景，而且玩得很開心。

當你知道你是一個自由的人，沒有人可以滿足你的感覺，只有你自己可以。你是感召正面力量最快，能最有效地完成任何任務的人。你心裡知道，你要的東西，自己可以輕易創造出來，不管是靠自己，還是讓他人來共襄盛舉，有你在的地方，那裡就是一個熱鬧有勁的人生舞台。

你不會在意自己是配角還是主角，從他人的成就當中，你也能自由的感受到自己的完整，給自己掌聲。你會讓身邊和你共事的人感覺到自己的重要，能發揮所長，也得到你的讚賞。

如果你是分析型的人：

雖然你重視人際關係，但你卻是十足奉行「君子之交淡如水」的人，在你的人生當中，找到一個系統或是原則對你很重要，不論是關於工作或是人際關係、親密關係。

你是一個很忠誠的人，對事和對人都是這樣；對於你信任的人，「忠誠」這個特質是你人生當中很重視的一項價值。你喜歡當領導者的左右手，這個角色你扮演起來游刃有餘。你一旦投入一件事，或是一段關係，你不會計較得失，你會用你懂得的最好的方法去經營和維護它。

對於他人給你的體驗，或是你要讓他人知道關於你的感受，你都不太擅長於表達，甚至抗拒表露；你內在豐富的感情可能會讓很多人驚訝，但你有你獨特的方式去體驗你的感受，雖然關心你的人有時會被你的「藏得很好」氣得抓狂跳腳。

對你而言，做事就是要做完它，而且要做得周延，這是你對事情要求的標準，你寧可多花一點時間把事做好，也不願匆忙交差，所以，你有時候會因為外來的要求而感到壓力；面對這些壓力，你會把它隱藏得不錯。你是好人的標準，你打從心底就不喜歡衝突和面對。

如果你是負面分析型的人：

你會很容易因為過去的負面經歷，或是因為認為自己某個層面比人家差，給自己蓋起一座碉堡，或是一個地窖，把自己深深地藏在裡頭。你的腦袋特別發達，但是心已經死了；在你的世界裡，最好充滿不用和人互動的城牆和堡壘，表現出他人的事都和自己無關。

你對人會很「獨特」的表面，雖然有句話說：點到為止，但是對你而言，你連點都不會去點！你特別受不了嘈雜的環境，而且你也不會主動或是明顯地去傷害他人，但是你會無意識的用孤獨和冷漠來傷害你自己，其實這種封閉也間接地傷害了你身邊的人和這一段關係。面對外面的世界，你會傾向為你自己和你愛的人建造一個兩人的世界，把你們孤立起來，你不會讓自己去體驗你的感受，你也會對戲劇化的人特別反感，但又不肯表達。

如果你是負面分析型的人，這句話特別適合用來形容你的人生：20歲死了，但到80歲才下葬；你的世界很小，你很少有開心的理由，喜歡分析，蒐集資訊，很容易搞懂系統的你最不想做的，就是面對你自己。

如果你是正面分析型的人：

你很容易被有意義的事，特別是利他的願景感召，而且能夠不著痕跡、忠誠地持續投入，雖然你通常會持續扮演助手的角色，但是你不會輕忽你的影響力，甚至常常臨門一腳，因為你的直接溝通，為成功的結果做出舉足輕重的貢獻。

你會正視自己的感受和面對它，而且因為你很能欣賞人的正面特質，所以也會對自己寬容、包容，接受自己，覺得自己是完整的人；你能享受和擁有勝利也是因為你的果實，而非只執意於過程，認為結果和你沒什麼關係；你會是一個讓人眼睛為之一亮的領導者，你懂得嘉許自己，有個自在的人生，一向聰明的你會開始體驗到自己擴張的智慧。

如果你是支持型的人：

你是天生的好夥伴，你很在意他人的感受，也一定把他人的感受放在自己的感受之前；你很會給予和付出，而且習慣默默地做，你喜歡自己擔任「成功者背後的那一雙手」，或是他人「羽翼下的風」這樣的角色。

你有耐心、細心和貼心。你是那個願意花一輩子的心力去為人默默建造出一個舞台讓人發光發亮，然後默默地在人群中看著他人的演出感動，覺得自己很有價值的人。你很在意你的付出有沒有白費，但是你不會說出來，你會期望對方主動讚賞你；如果對方沒這樣，你會認定自己做得不夠。

你的言行舉止常常在附和他人，因為你很在意別人，你努力做到讓他人不要不喜歡你（請注意，不是讓他人喜歡你）；你看待自己的人生角色像是一個大機器的螺絲釘一般，看起來沒什麼，但是卻又不能少了它。

如果你是負面支持型的人：

繞彎、委婉，有時甚至於會用傷害自己的方式去得到他人的注意，這種傷害通常都是用讓自己過得不開心的方式去消極的呈現。其實，你是操控高手，你最拿手的方式就是把姿態放到最低，讓自己看起來一點都不重要，去獲得他人的憐憫和同情；當你覺得委屈，你也懂得用這個方式去讓對方被外界視為欺凌者，得到社會上大多數人道德上的支持。其實你要從他人身上獲得的只是你自己不願去拿回來的自信。

你會讓你自己的人生過得好像你在這個世界上可有可無，能帶給你情感上滿足的人就是你世界的全部，你很想把他像一隻鳥兒一樣的握在手掌心，但是你又不敢。

負面的你對於對方做過傷害你的事，那種你被傷害的感覺久久都不能釋懷。你不會溝通，但又期望對方自己發現彌補你，如果他沒這麼做，你會記得一輩子。一旦你恨透了這一個人，你會在適當的機會來時，無聲無息的報復。對發生在你身上負面的事，你不容易原諒，但也不會遺忘（Unforgiven &Unforgotton）。

如果你是正面支持型的人：

和你在一起的感覺如沐春風，你的付出是真正的無條件付出，這樣的付出，你做起來渾然天成，所以人們都會渴望有你的存在，能被你的付出緊緊包裹，因為你的存在就是一種不同和貢獻。

你是付出的典範，你不會輕忽自己的力量，會在意你的付出創造了什麼。你以前喜歡被看重的感覺會轉換成在意做有意義的事，意思

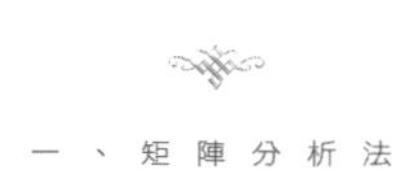

是，你還是會繼續為他人創造舞台，但是你會開始在意這一座舞台的價值意義在哪裡，你會開始有意識的做選擇。

偶爾，你會運用你柔軟的溝通方式直接讓他人知道和收到你的感想，甚至於更能支持幫助他人的改變。

你是哪一型呢？

如果你和大多數的人一樣，在看到自己類型特質分析的時候，對於負面的部分，腦袋出現的第一反應，一定是想要改掉它，覺得這些特質不好；對於正面的特質則想要馬上擁有，覺得那樣比較好。總之，就是覺得負面的自己是錯的，正面的才是對的。

但是，從這些區分去看見自己的意義是什麼，它難道是要讓我們再一次的用好壞對錯的眼光來審視我們自己？如果是這樣，那我們又再一次錯過利用眼前的機會讓我們成為正面的人了。

資訊是中立的，要怎麼運用它在於我們自己。

其實這些訊息就好比是一面鏡子，當我們照著鏡子看到自己時，如果我把焦點放在哪裡好、哪裡不好、哪裡對、哪裡錯，那麼基本上我還是用過去的負面思維在面對這一個時刻。

在負面的思維裡，我們一定會自動化、瞬間的找出好壞對錯，然後想要去蕪存菁，這個過程讓我們不自主的去鞭打過去的我們，和渴望還沒到的未來；在這一個當下，我們又再一次的錯失了不同的機會。

認識自己的特質，並且接受它

一個人擁有的特質，沒辦法像花生湯廣告裡的阿婆看到的，可以一粒一粒的篩檢，把好的留下，把壞的丟掉；至少在現實裡，人性的特質和花生不一樣，不是不想要說丟就丟得掉的。事實上，它們根本丟不掉。

我們的特質之所以會有它今天的模樣和呈現，是有其道理的；即使這些我們自己都不愛的特質會在我們身上呈現，是因為有它們存在的目的和功能。

負面形象存在的原因

它們存在的目的是：因為這是我們想要的結果。

它們存在的功能是：有個負面形象好保護我們自己。

什麼……？因為這是我要的……？有沒有搞錯？負面的特質，我怎麼會要這個東西在我的人生裡？保護，保護我什麼？我才不要帶著這個負面的形象呢！

的確，這聽起來有點讓人匪夷所思，所以，這應該值得被充分的了解。

讓我們來看見。

它們存在的目的是：因為這是我們想要的結果。

負面特質的存在，其實是為了可以滿足我們很早之前的決定。

我們每個人在一代傳承一代中，有90%是負面的教養，一方面漸漸認同這些負面教養給我們的最底層訊息：我不夠好，我不行，甚至我是一個糟糕的孩子；另一方面我們也必須被迫去找到一種求存行為，來遮掩自己這些不夠好、不行、糟糕的東西呈現出來。

簡單地說，我們一方面相信自己是這樣，另一方面又抗拒這樣。我們常常無意識在做的就是想要證明我不是這樣的人，給誰看呢？給當時那一個認為自己不夠好，我不行，甚至我是一個糟糕的孩子的人；後來這個對象變成了外面世界的所有人。

它們存在的功能是：有個負面形象好保護我們自己。

負面特質的存在，也是為了要保護自己不要像以前一樣，天真地認為我要做什麼就可以做什麼，我要說什麼就可以說什麼，我要怎樣呈現就可以怎樣呈現；因為當初那樣弱勢的我，得到了「負面」回報，讓我心裡受過傷害，這個負面形象可以讓他人不能再像過去那樣的傷害到我，因為我都已經戴著這個面具了。所以，我們的聰明和精力都用在維持這樣的形象上面。

但是現在，我們是可以為自己做一件事！那就是，**看看自己的負面特質，然後告訴自己，這是沒問題的。**

能夠這麼做，我們已經為自己的有所不同正式踏出了關鍵的第一步。道理很簡單，當我們這麼做的時候，不再像過去一樣，用「負面的否定」來「否定我們的負面」，我們已經開始用正面的態度看待自己。還有什麼是比這一點更明顯的不同呢？

接受這一些負面特質的同時，我們可以開始問自己一個問題：**為什麼我會這樣？**

如果我們問這個問題，是真的為了了解而想找到原因，不是去責備，我們會很快的在生活當中發現，一些有意義的事件正在發生。

朝成為一個正面的人而努力

讓我們藉由這些機會，去找到最初形成負面特質的原因，我們對過去會有所看見。而且這一次我們可以用理解和同理心的角度，去看見自己、去包容自己。這會是一個很有力量的過程。

當我們看見時，可能會找到影響自己負面這麼久的原因，它也許是因為某一件事，或是某一個人。我想分享的是，如果真的看見了某個人，請記得這樣看待他：他也一定經歷過，受過他愛的人給的傷害，沒人幫他，所以他又把這別人給他的，往旁邊或是往下傳給了我們。只是，人們沒有醒覺的結果，即使是對他人不好的，連想都沒想過，就把它傳給了弱勢的他人或是下一代。

討論誰對或是誰錯，也改變不了過去已經發生的事。現在，我們可以問自己的，一個簡單又有力量的問題是：我現在能做什麼？

去決定現在我們能做的是什麼，才能讓我們回到目標：「做正面

的自己」，然後學習就正式開始。人的天性之一是不滿足，這和覺得自己不夠、不好完全不同。人的不滿足促進了社會的文明和科學的發達，學習是滿足這個不滿足的喜悅過程。

藉由生活中發生的事件去看到負面的原因，在這個過程中，我們可以這樣地去對待這個過程。

1.聽到自己無時無刻批判自己的聲音。

2.選擇看待自己、批判自己是沒有問題的，對批判自己這件事不批判。

3.容許自己的批判就在腦袋裡開始進行（看著它，不讓自己進入這個對話就可以）。

4.聽到更多自己的聲音（你的「看見」能力正在大大的提升）。

5.偶爾會看到形成負面對話的過去畫面，包含事件和人物。

6.做到不管自己腦子裡有什麼聲音，對話都是沒問題的（面對負面的能力提升）。

7.開始從生活發生的事件裡找到「答案」。

同時，我們也可以開始藉由學習，從無知變成有知，訓練自己的區分能力，同時要求自己在生活上，用有效率地、行得通的方式（尋求諮詢、上課、看書、找他人一起做這件事），幫助自己成為一個正面的人。

一個正面的人，會懂得和包容自己的人性。請允許承諾自己去活出身為一個人的最大力量，過一個自己滿意的、有人性的自在人生。

現在請你再一次去看看剛才你讀過的所有不同類型的人的負面特質描述，同時留意你的體驗是不是開始有所不同，同時留意這個不同是什麼。

歡迎進入正面的世界！

二、身為人的共同恐懼：死亡

「拒絕」你是拒絕你提供的事，不是拒絕你的人。
但是我們習慣性的單一觀點，看不出這一個區分，硬要把兩者弄在一起。
還有，我們也常常忘了，他人是有選擇要不要的權利的。

我們從經驗中形成信念，為的是要能滿足自己在這一個世界上，可以和他人相處得到認同和被接受。

簡單來說，我們都在「求存」。求存的意義就是，因為還活著，而且死不了，我不重要，而且沒能力為他人做什麼，而必須常常妥協的態度。求存是一種普遍存在的態度，而它的背後也隱藏著人們的共同恐懼：「死亡」。

我們害怕的死亡有三種。「身體」（Physical）的死，「思想」（Mental）和「情緒」（Emotional）上的死。

了解身、心、靈的死亡，可以明白我們在這三個領域中，恐懼對我們的影響。了解這個影響，可以看見它對我們的人生造成的行不通，也讓我們可以去找到這背後的信念，進而開始擁有和信念不同的關係：化被動為主動，從被信念主導轉為主導信念。這樣會有助於改變我們的態度、行為習慣，讓我們可以停下過去的自動化；自動化是指在每一個當下，我們都像是被程式設計好的機器，某一種刺激過來，只會有某一種反應回去。

首先，身體的死，是生命的結束。

對這個死的恐懼是來自未知和失去，因為身體的死亡，它也代表著自我（ego）沒有地方可以附著，會跟著滅亡；這個死亡讓我們恐懼的原因，也來自我們對恐懼本身的抗拒和我們的無法控制。

這一個死，代表我們徹底的失去所有的實質擁有。

我們保護自己不要體驗死亡的方法，是藉由食物填飽肚子和擁有安全、健康的住所。

思想上的死，來自體驗到自我（ego）被否定，是自我價值的喪失。

這一個死亡，對於一個尋求認同的人所帶來的痛苦，是自我尊嚴和價值的喪失。這一個死，抹滅了一個人的存在價值，它會導致人對外的憤世嫉俗和／或是對內的自我懷疑。這一個死，是因為這樣的自我信念：我沒有用，我很笨，我不行，我不夠好，我是個糟糕的人，我會造成禍害……等等。

我們抗拒這種死亡是因為來自體驗到我是「錯的」或者我是「笨的」。這個死亡，讓我們體驗到的是加諸在自己身上，我們不得不接受的評估判斷和低自尊。

我們讓自己不要體驗死亡的方法，是戴上合乎他人標準的形象，或是讓他人認同的面具。

情緒上的死來自感情創傷。

這一種死亡，對於生而就擁有情感情緒的人們來說，是一種體驗

負面情緒的極致。它等於一個人進入黑暗裡。經歷過它，人們會開始自我保護而免於再受到傷害，通常最快的做法就是把心關閉起來。

這個死亡來自我們的負面經歷所帶來的情緒苦痛，而且人生第一次經歷到各種情緒苦痛，對我們來說，都是弱勢的我們被迫去經歷，而且沒有人幫我們或是教導我們如何走出來。

情緒上的死，讓我們體驗到的是各種負面情緒的極致，它讓我們覺得渺小、無力、脆弱。

我們保護自己不再體驗情緒死亡的方法，是對自己和他人建立起一道高牆，麻木、虛偽的、表裡不一，不讓他人和自己接觸自己的心。

比起思想上的死，情緒上的死表面上比較容易處理；比起情緒上的死，身體的死亡反而是一種解脫。

哀傷的五個階段

伊莉莎白庫布勒羅斯（Elisabeth Kübler-Ross）博士根據她一生致力於癌症臨終醫學的經驗，發展出了庫布勒羅斯模式（Kübler-Ross Model），也就是哀傷五階段。這個理論的誕生可以幫助人對於自己哀傷經歷的了解。在人生遇到失去的時候，知道那哀傷不是遙遙無期，可以因為理解而度過人生的這一段不如意。

人會面臨的失去當中，最大的要算是死亡。當人們碰到了重大的失去，會痛苦、難過，生命會經歷「哀傷五階段（Five stages of griefing）」：否認、生氣、討價還價、沮喪和接受。

思想上的死亡也一樣會經歷哀傷五階段：否認、生氣、討價還價、沮喪和最終的接受。否認時，會假裝自己看不到、聽不到，但是自我價值此時已經開始被侵蝕。

進入生氣階段時，會把焦點放在都是他人的錯，會去責怪別人不懂自己，變得怨天尤人。進入討價還價時，是在反映求存的本能，會開始想對現實妥協；當妥協之後，情況沒有好轉，便會陷入自己沒有用的黑洞裡，進入沮喪的階段，在這一個階段裡，對未來沒信心，負面的信念排山倒海而來，這時當事人誰都不想接觸，只想躲在自我的小小角落，人會變得異常敏感，但是表面沒事，用進入黑暗的隧道來形容當事人的體驗，是很貼切的描述。

此時，可以讓當事人進入接受的機會，是來自身邊人的關心和包容，靜靜等待沮喪期的過去；如果當事人沒有身邊的人的主動關心和包容，這一段沮喪期可能因為時來運轉而有所改變，但是如果這也沒發生，發展到極致的負面想法可能會有暴力傾向或是自殘。

比起情緒上的死可以用冷漠、麻木來保護自己，思想上的死對一個人的影響相當的大。但是要支持一個思想上已經死的人不是容易的事，因為外表上根本看不出來，而且當事人通常不會主動的溝通。唯有愛，無條件的愛和關懷，以及不捨不棄的耐心可以讓受了傷的生命有機會走出來，重新開始。

我們大多數活在這個世界上的人，其實思想和情緒都已經死過了。問題是，我們曾經死過一次，卻都學到把自己真實的一面緊緊的鎖起來；特別是在我們深深受到負面教養的影響，還有我們不懂得怎

樣做、怎麼去幫助身邊的人有效地快速走出這個死亡、失去的苦痛。

同時，因為我們把這個傷痛的狀況和我不足夠畫上等號，加上社會上還沒有找人諮詢、把它談出來的習慣，死過一次的經歷，很容易變成一輩子伴隨人生的黑暗。**其實，思想和情緒上的死，是人活著必須經歷的過程，心只要活著，有熱情的活著，碰到這種死的時候，懂得和它有著健康的關係，是過一個正面人生很重要的學習。**

面對我們曾經有過的思想和情緒上面的死，可以透過我們的醒覺做到。如果你已經決定成為一個正面的人，這個醒覺會幫你找到很多的同理心，如果你知道當初加諸在你身上的人，他也是這樣過來，只是沒有你現在有機會去重新檢視這自動化傳下去行不行得通。有了這一個同理心，我們可以做更多。

從這一刻開始，選擇不同的態度

所以，現在讓我們再多了解一點，在我們的生活上，這些死亡是怎麼影響我們的。

如果你曾經被罵笨蛋，曾經在升學的過程中因為念書成績不卓越，或是其實卓越，但是在只和100分做比較，沒有滿分就是不好，就是錯的話，你一直在意避免思想上的死。事實上，這一方面你已經死了，這麼做，你只是在抗拒它，或是不想再重蹈覆轍而已。

從另一方面來看，當你面對低於100分的結果，其實就有機會找回那一個羞愧的體驗，重新建立自己和不足的關係。不再讓人生當中類似低於100分的負面體驗，主導自己做著一成不變的決定。

如果你曾經覺得你這一個人糟糕，不是個好人，不值得被喜歡，不值得被尊重；如果你在意失敗就等於你是一個失敗的人，你也已經死了。同樣地，今天你的種種行為只是在抗拒，或是不想再重蹈覆轍而已。

你的心無法感受，麻木，情感不能表裡一致，你已經死了。而且，在人生當中，你不再容易快樂、滿意。你會常常覺得孤單，沒人了解。這是因為你在抗拒，不想再重蹈覆轍。

但是，我們大都不知道自己已經這樣。

我們喪失了選擇的能力，我們只朝一個方向，一生花了很多力氣去為了讓人認同我們，不讓我們再受到傷害，我們忙於阻擋，忙於抗拒負面體驗的發生。殘忍的真相是，我們汲汲營營這麼努力、辛苦的活著，方向卻走錯了。

但是，我們都可以重來。

一個完整的人，是可以自由的表達自己、呈現自己。也許我們都曾在意自己的行為、想法和呈現出來的不要再被否定，因為我們都曾經被迫去接受了這一個否定；事實上，只要全然地活著，我們一定會有機會一次又一次的去體驗到思想、情緒的死，就像過去那一次一樣。但是，從現在開始，我們可以有不同的態度去面對這一些。

好消息是，這一種死掉的是感覺上的苦痛和「腦袋上」暫時的死，但我們的靈魂不會死，我們的靈魂不會被這些來自外在的負面消滅。很多科學理論正在證實，一個人的靈魂會比肉體持續得久；我們

的靈魂只是被藏了起來而已，當我們求存的活著的時候，它被我們的自我（ego）擋住。

更好的消息是，我們已經看見、認識這個死是怎麼一回事。

我可以讓自己犯錯嗎？

思想上的死，是自我價值的喪失。

我們抗拒這種死亡，是因為它讓我體驗到我是「錯的」或者我是「笨的」。

下一次在人際關係的互動，或是要做決定時，請你去停下來看見：當你擔心自己做錯，擔心自己看起來不聰明，甚或像個笨蛋，那是因為你已經是這樣看待你自己了，因為你曾經死過。

為了避免你自己再度因為遭受同樣的批評而再死一次，你反而不見得會做行得通的選擇，通常你會避免去做你直覺上覺得對的選擇。

那就問你自己一個問題吧：為什麼你會這樣看待你自己是一個笨蛋，或是抗拒自己犯錯？這個機會正提供給你去找到背後的聲音（信念）。

你可以問問自己：我可以接受自己是一個笨蛋嗎？我可以讓自己犯錯嗎？如果你已經是一個用正面態度過正面人生的人，答案會是什麼？如果能把它寫下來更好，去看一看不同在哪裡。

情緒上的死亡是指心的封閉。

這個死亡來自我們感受到被拒絕、被否定的時候產生的巨大痛苦，讓我們不願意面對、體會這個跟隨而來的負面情緒。

所以，你真正在意的是不要再去體驗失去一個人或是因為被另一個人拒絕、否定而帶來的不舒服。這裡頭我們常常不去弄清楚的是：

1.「拒絕」你是拒絕你提供的事，不是拒絕你的人。但是我們習慣性的單一觀點，看不出這個區分，硬要把兩者混在一起。還有，我們也常常忘了，他人是有選擇要不要的權利的。

2.「體驗到他人否定你的時候」，我們主觀上是不是太快的把事和人又連在一起了。如果你能把事歸事，這與自己是一個怎樣的人無關，你提的事、做的事被否定，不被接受後，你會做什麼？你當然會想去了解怎樣才是對方會接受的，這不就是一個可以因為對方否定而學到對方要的是什麼的機會嗎？

3.如果因為失去了一個人而封閉了自己的心，這和所愛的人一起死了，又有什麼不一樣呢？如果失去的那個愛你的人知道，活著的你是這樣地過著自己的人生，是不是比你更痛呢？一個人的死，對於活著的人而言，是一種教他活出精采的祝福。

負面的根源來自沒有自信

我們很多的錯過、誤會，甚至成為一個事件受害者，常常是因為我們害怕被拒絕、被否定在先，或是不願面對失去、全然體驗失去的

痛而導致的結果。

這些負面的根源其實都是沒有自信的緣故。

思想上的死、情緒上的死，奪走的是我們相信自己這一個與生俱來的特質；我們的這個特質是從什麼時候不見呢？從我們開始接受負面的教養方式開始。

當你下一次做一件事，說一些話開始擔心的時候，可以停下來想一想，是不是又擔心做了或是說了以後，思想會再死一次，或是情緒會再死一次？要知道，願意體驗這種死亡的人，是最有生命力的人；害怕這種死亡的人，早已變成進棺材前的行屍走肉。

人死以前，要活得有尊嚴，去釐清自己和恐懼死亡的關係，做新的、不同的、行得通的選擇，你就是主宰它的主人。

關於改變，人們通常不是基於他們所知的去改變，而是基於他們的恐懼（People change, not based on what they know, but based on what they fear.）。這是你我必須釐清，看見恐懼在我們的人生當中是怎樣的影響，在我們身、心、靈方面會是怎樣的呈現。

正面與負面人生的差別

正面和負面的人生差異很容易判別：**正面的人生只會將焦點放在想要達成的目標上；而負面的人生，它的焦點是關於避免讓自己不想要。**

如果你和你身邊的人正在經歷這個死亡，願能有愛的伴隨而能再次見到生命的光亮，也祝福你對待一顆受傷很深的心時，讓你的愛能好好地包裹著這一個你在乎的人。

如果你受了傷，有人在身邊愛你、包容你，和你在一起，你真的是受祝福的人；如果你身邊沒有這樣的一個人，去成為他人身邊這樣的人吧，讓你成為這一份祝福！

三、人際關係：你是「幾元」？

人們那麼在意他人的感受，想保護的其實已經不是他人的感受了，因為過度在意，其實要保護的只是自己的感受而已。

我還記得自己當學生的80年代，那個年代其實是挺鼓勵人出鋒頭的。出鋒頭當然可以得到贊同、羨慕的眼光，同時也是一種培養自信的過程。

現代的年輕人已經變得非常在乎他人的眼光，因為社會流行一個現象：要在乎他人的觀感。所以，一個出類拔萃的人，如果不懂得體恤他人的感受，很可能被排斥；在這個時代，要出類拔萃，沒有好的人際關係手腕，吃癟的機會多。喔……還有，我們對自己犯錯的容許度越來越差，不能犯錯是現在新的公民與道德條規。

讓我們來看看，是不是真的可以做事做得出類拔萃，同時也可擁有健康的人際關係呢？

用三度空間的概念來將人分類，可以用「元」來定義一個人，它可以分為「一元 」、「二元 」、「三元 」，這個元的多少是指人的思考、行為能夠包含多少層的人際關係進來而定。

一元的人只在意自己，二元的人會想辦法平衡自己的，和生命中外圍第一層最在意的人的意見、看法和感受，三元的人會再加上更外一圈的人進來，四元的人會再加一層。

一元的人的特質是做事不會考量外層的人，二元以上的人則會開始把外緣的人考量進來。如果人可以分類到四元，就會有三層以上外緣的人。

第一層外緣的人指的是在自己生命裡、自己在乎的重要的人，可能是父母、老師、老闆、好朋友，第二層外緣的人和自己的連結性就要比第一層疏離，而第三層可能只是認識自己的人。我們可以再探討下去，第四層則是自己想像中會評估自己的人，但這和自己還是有點關係，比如是同一個行業、一個社區、一個學校……等等；第五層的外緣人可能就只是同一個縣市、國家……等等的人。

一元的人完全是以自我為中心，而絕對一元的人只純粹想顧好自己的事，只在乎自己的事做好，合乎自己的價值觀就滿意。

二元的人會在乎和外圍第一層的人之間的平衡性，也會在乎彼此互動是否平順。當二元的人自己的感受沒辦法為外圍第一層的人了解或是接受，就會產生自我認同的困擾，但是這樣的人也不太會輕易地讓第一層的人知道他的真正感受。

三元的人通常是著重社交的人，所以溝通的能力很強，但是也很難交到真心的朋友，有時會流於讓人體驗到的是表面。

四元的人通常是開始成為一名公眾人物所要經歷的形態，這一點已經和一般人沒什麼關係，所以已經脫離自我成長的範圍，在此先不做討論。

我們要保護的只是自己的感受

你現在應該已經學到，人型也可以分為控制型、促進型、分析型和支持型，而這四種人格特質也可以對應到一個人是幾元。

控制者和分析者本質上會傾向一元型。在生活上，控制者也得面臨其他人的存在（否則哪有控制的東西呢？），所以他常常不得不進入二元的世界，但是控制型基本上不懂得進入二元世界人際關係的溝通，常常做事做得很好，但是最後容易因為跋扈的特質曬乾在人際關係的沙灘上。

分析型的人比較起來就沒有這樣的困擾，因為他們不會造成其他人的壓力或是成為威脅的來源，但是這樣卻也讓他們更容易變成絕對的一元風格。絕對的一元風格，就是容易陷入自己主觀的分析裡頭。忙了多年，其實不懂外圍第一層的人到底在意的是什麼，很可能和他人相處了一輩子，卻只見樹不見林，活在自己主觀的想法裡。

支持型的人的主要典型是屬於二元的，他們會忠於自己身邊認為重要的人的看法、體驗、想法，和自己能不能與他們有共鳴，甚至願意犧牲自己的觀點來達成和諧的關係。這樣的人天生有著不會讓人抗拒的溫順溝通技巧，容易討人喜歡，但也容易遭人詬病為沒主見。

促進型的人是屬於三元的人，他的焦點是在被人接受和受歡迎，這很重要！在意被人接受的這一層面，促進型的人知道外圍一層、二層的人對他本人的意義有差別，但是他對這兩層人的在意程度卻沒什麼不同。有些時候，這類型的人會被身邊的人指責把太多的時間花在和他們不相干的人身上。

幾千年來，我們都活在「成為人上人」的主流價值裡，但是這麼多年下來，「在乎他人觀感」還不流行。所以，我們可以說，這個世紀已經由一元的世紀轉到了二元的時代。

當然，在過去一元的環境下，它給了控制者很大的自我發展機會和空間，而醒覺的過程會激發人看見二元世界的人。看見過去的忽略，這對控制型和分析型的人是一種震撼。

帶著這種醒覺，兩類型的人會經歷一段過程，開始過度在意他人的體驗，這個情況反映在台灣的社會上，導致政治發展完全傾向民粹，就是一個很好的例子。

當台灣決定走民主的路，過去人民被忽略的感受問題，感謝一些民主先驅者的努力，都被挖出來被看見，這是一個很有價值的過程。我們可以從現在的北韓看見過去的影子，對照之下，我們對自己不要再被蒙蔽，也蒙蔽不了，真是很大的進步。

但是，當「在乎他人的感受」變成了社會的主流價值的同時，英雄就不再存在了。這個社會也許不再需要英雄，或是崇拜神話人物，但我們仍然需要榜樣（role model）。

現在的人，在乎他人看法、在乎他人認同的程度，已經不只放在第一層的人身上，而是超越二元。人們那麼在意他人的感受，想保護的其實已經不是他人的感受了；因為過度在意，其實要保護的只是自己的感受而已。

在乎他人感受的人，真正在乎的是：當他人因為自己說了什麼，

或是做了什麼而感受不好，我們內心因此被引發出來的負面感受，這才是我們真正在保護的東西，這才是我們為什麼要在乎他人感受的真正原因。

比照顧他人的感受更重要的事

現在有些親子的問題也出現在這裡：父母過度擔心孩子的感受。

在人際關係當中，一元的人要學習的是如何在做事時兼顧到尊重他人，但不一定是要保護他人的感受。

二元、三元的人可以去學習的是，做到尊重生命比照顧好他人的感受更重要。要記得當你太在意別人的感受而過度的壓抑自己，其實你是在保護自己而已，當你清楚自己已有了尊重他人的出發點，誠實是最好的溝通方式！這會讓你體驗到一件事：你會喜歡上你自己，而這個目的不就是你在乎他人感受，最後也想得到的東西嗎？

原來你期望從他人身上得到的東西，是自己可以創造給自己的。「在乎他人的感受」而保留可以貢獻給他人的話或是動作，反而是走錯了方向。

簡單的結論：

對控制者、分析者而言，去學習和人的關係。

對促進者、支持者而言，去學習和自己的關係。

我終於看見

過去這二、三十年的世界、文明發展變化太快了，當然網際網路的貢獻很大，它開啟了人人可以把自己的獨特性讓世界看到的機會，它也開啟了人的視野；人和人互動模式的變化首先要被看見，然後調整腳步。

但是，網際網路創造出來的人際關係是傾向給人不用真實地展現自己的機會，MSN Messenger的簡訊可以被修飾過，這樣的溝通大大減低了人與人之間面對面直接溝通時，可能會產生「感受不好」的問題。

這個現象其實是因為民智大開以後，開始抗拒過去一元世界所帶給人霸道、沒尊重生命的不舒服感受，然後開始崇尚二、三元世界的轉變而已。這種現象其實是相較過去歷史的極端現象，應該只能暫時性的存在。

人與人之間有效地溝通和互動，真正的關鍵不在於要不要去在意他人的感受，而是讓自己從不同「元」的人際關係中的溝通和互動上開始學習，這互動的真正關鍵，就是「尊重生命」。

我們的成長環境，從歷史中可以看到，是不懂得尊重生命的意義，否則幾千年下來的教養怎會如此的負面呢？

成為正面的人，是讓改變最快發生的出路！

四、「事導向」與「人導向」的差別

事導向的人太容易忽略自己的感受；人導向的人則太過於注意自己的感受。
事導向的人不喜歡在充滿感情的地方做事；人導向的人不喜歡在忽略感覺的地方工作。

在職場上及人際關係裡，如果能了解以「人為導向」和以「事為導向」這兩種人的不同，對於彼此的關係更容易因為真正的同理心而能達到合作加乘的力量。

※事導向的人喜歡把自己的事先做好；人導向的人喜歡先幫人。

※事導向的人比較不在意感受、比較實際；人導向的人會在意你有沒有犧牲，因為這是他看待自己對人很重要的價值，他們在意人自不自私。

※碰到阻礙時，事導向的人會比較願意用接受挑戰的態度直接面對；人導向的人比較會想聚在一起找出問題在哪裡，然後花時間討論，大家一起來解決。

※事導向的人容易顯得沒耐心，處處在意有沒有創造出價值；人導向的人願意等待，會時時留意他有沒有讓你舒服自在。

※事導向的人太容易忽略自己的感受；人導向的人則太過於注意自己的感受。

※事導向的人不喜歡在充滿感情的地方做事；人導向的人不喜歡在忽略感覺的地方工作。

※事導向的人具有願意開創所有可能性的精神，常常可能會讓人覺得太積極，甚至勉強；人導向的人常常說凡事隨緣，不知不覺中容易認命。

※事導向的人不喜歡勉強自己；人導向的人卻常常忽略自己的需要，經常勉強自己。

※事導向的人非常容易享受自己的成功；人導向的人喜歡當背後的推手助人成功，然後在人身後悄悄落淚。

※事導向的人喜歡台下直接的掌聲；人導向的人很享受輾轉得知他人對於自己的稱讚，然後在人面前顯得害羞不好意思。

※事導向的人容易顯得自大；而人導向的人則易流於表面。

※事導向的人主導的世界進步迅速，但是人與人之間會較冷漠；人導向的人主導的或是影響了事導向的人主導的世界，一開始人和人之間容易熱絡，充滿幸福感，但是很快的人與人之間會開始有信任的問題，會開始計較怎樣做才對，人和人之間的溝通會呈現無力感。

※事導向的人主導的世界常讓不了解的人痛苦，但是比較能有效率地被執行和品嘗到成功的果實；即使失敗了，新的方案很快就會被提出、被執行。人導向的人主導的或是影響了事導向的人主導的世界，成功了，大家會特別的開心，但是下一次的成功要等到這一個開心告一段落才有可能開始；如果失敗了，很容易形成一個大家都不見得願意認命的無奈世界。

※事導向的人喜歡看外面的挑戰在哪裡，然後全力以赴；人導向的人會說這是不自量力。

※人導向的人會在意自己的能力在什麼地方，然後仔細的把事情做好；事導向的人會認為這樣沒出息。

※事導向的人喜歡去做對的事；人導向的人在意有沒有把事做對。

※事導向的人容易成為理想主義者或是完美主義者，人導向的人則傾向成為中庸主義者。

※讓人導向的人驚訝的是，事導向的人對人的忠誠度很高，一旦你進入了他的心，不管你怎麼對他，在他心裡頭你永遠占有一個重要的位置；但是令事導向的人不解的是，如果你傷了人導向的人的心，不管過去他多愛你，當他找到值得他投注的新歡，你永遠可以被其他人取代。

※事導向的人深情；人導向的人博愛。

※事導向的人善於顯性的控制（Control）；人導向的人精於隱性的操控（Manipulate）。

※因此，事導向的人熱愛直接追求表面價值；人導向的人喜歡拿到自己都不想看見的隱藏好處。

※事導向的人和人導向的人是兩種不同的動物，但是事導向的人比較容易了解人導向的人；而人導向的人卻很難真正進入事導向的人的世界。這道理很簡單，進入另一個群體至「一件事情」，對於事導向的人而言，想做就做得到；但這對於人導向的人來說卻是困難重重，因為進入事導向的人的世界對他們而言是一種情感的投入，而他

們是沒辦法客觀地看待這個事件是幫助他們純粹去了解事導向的人的世界是怎樣而已，事情還沒完成，通常人導向的人都已經淚眼矇矓地覺得受盡委屈。

※自私的事導向的人注定會成為人人避之唯恐不及的暴君；自利的人導向的人注定成為偉大的受害者。

※有利他願景的事導向的人注定要受人尊敬；懂得真正為人付出的人導向的人注定會讓人打從心裡的愛戴和感到如沐春風。

※事導向的人可以學著讓人進入他的內心；人導向的人可以學著了解不是每一個人都那麼在乎關係好不好，有些人只在乎完成一件事的成就感。

※事導向的人要知道的是：碎過的心才是完整的心。人導向的人要明瞭的是：只有你才能給你自己完整的愛。

※事導向的人的人生挑戰是學會：完全的接受。人導向的人的人生挑戰是學會：無條件的付出。

※事導向的人和人導向的人也許注定永遠不能自在的相處在一起，但是，這個世界因為這兩種人的存在，才能顯得精采和完整。

感謝

這一本書能終於公開出版，是經歷了兩年的文字，十六年的功夫，還有一生的等待。

現在，這本書終於要由寶瓶出版社發行了，我想謝謝幾個人。

首先是亞君，感謝你的慧眼，成為我和這本書可以接觸到所有華人讀者的伯樂。謝謝純玲的編輯協助，還有為這本書訂下了完美的書名：《我終於看見》。

這本書能有機會正式為寶瓶所發行，其實就是一個正面的過程。

2010年我承諾用一年的時間每天記錄我的醒覺，並發表在部落格。我這個被電影「美味關係」（Julie & Julia）所激發的決定，在一年後，蹦出了五十多萬字。我的LP1朋友跟蹤著我的紀錄、發表，告訴我這些文章該被弄成一本書。於是，2011年的二月，一群業餘的人憑著這股熱情選文章，搞編輯，從裡頭的文字整理出了四百多頁的內容，打印出來，寄給三家出版社，但得到的是「謝謝，不聯絡」。

然而，不死心的LP1號召自己人出錢、出力，印出了這本書的前身《張開眼睛，我終於能看見》，因為這個版本的書，我找到了亞君，也認識了朱衛茵。

今天，把書稿校對完，我的心裡總算踏實了。這份踏實，不只是關於書終於能被出版社發行，更重要的是，書的內容，終於能用文字，接近我的想法，可以達成我第一步的目標——讓我的想法，能讓讀者「看見」，不過現在這本《我終於看見》，和前身的《張開眼睛，我終於能看見》已經有了很大的不同。

LP1的Steven李同成，謝謝你，不只是讓《張開眼睛，我終於能看見》印出來，更重要的是，你懂。謝謝你在這段時間，介紹我認識中國的楚漁，讓我的「看見」，將不同的空間連結成一片天。LP1了不起的地方是，用支持這本書來實踐十六年前大夥訂下的願景：創造一個尊重生命的世界。LP1=了不起。

這本書能被我無憂的改了又改，經歷了一年多。我要滿心感謝爸爸和媽媽，以及大姊對我生活的照顧，特別是經歷了去年的開刀和復原。好一趟愛的旅程！

謝謝Cara Barker從認識我到現在，看見我，全然的相信我。

謝謝朱衛茵，你讓我有機會藉由你的節目，開始踏出我想藉由媒體支持我們過一個更大的人生的第一步。我還在等待機緣，和華語媒體一起去創造出像歐普拉（Oprah）這樣既有娛樂，又有學習及使命的內容。

謝謝許常德先生和張德芬小姐願意推薦本書給讀者。

最後，還有一個人值得我感謝。

今年是個很特殊，我相信會讓人記憶深刻的一年。今年二月的時候，在三天內，我們得知了西洋歌后惠妮休斯頓（Whitney Houston）以及台灣帽子歌后鳳飛飛過世的消息，特別是後者，她過世的消息是緊接在惠妮的後兩天公布的。我知道這個消息時，正在開車，我是從收音機裡聽到的。節目主持人那天邀請所有的聽眾，想想，你生命當中，有哪一個人的existence（存在），是你最感激的，那麼不要等，去讓他知道。我當下想到的人，是我自己。然後，感激的淚水在我的眼眶湧現。I am there!

I love my life! And, everything is possible!

J.J. Jesse Liu 劉忠杰2012. 4. 5

2012 5/26 新書簽講會

【主題】

我終於看見

主 講 人／劉忠杰 Jesse J.J. Lin

時　　間／5/26（六）14：30～16：30

地　　點／金石堂信義店

（台北市信義路2段196號5樓，（02）2322-3361）

洽詢電話／02-27494988

（免費入場，額滿為止）

國家圖書館預行編目資料

我終於看見／劉忠杰著. --初版. --臺北市:
寶瓶文化, 2012. 04
面； 公分. --(vision；101)
ISBN 978-986-6249-80-8（平裝）

1. 修身 2. 生活指導

192.1　　101006378

vision 101

我終於看見

作者／劉忠杰

發行人／張寶琴
社長兼總編輯／朱亞君
主編／張純玲・簡伊玲
編輯／禹鐘月・賴逸娟
美術主編／林慧雯
校對／張純玲・陳佩伶・劉素芬・劉忠杰
企劃副理／蘇靜玲
業務經理／盧金城
財務主任／歐素琪　業務助理／林裕翔
出版者／寶瓶文化事業有限公司
地址／台北市110信義區基隆路一段180號8樓
電話／(02)27494988　傳真／(02)27495072
郵政劃撥／19446403　寶瓶文化事業有限公司
印刷廠／世和印製企業有限公司
總經銷／大和書報圖書股份有限公司　電話／(02)89902588
地址／台北縣五股工業區五工五路2號　傳真／(02)22997900
E-mail／aquarius@udngroup.com

著作完成日期／二〇一二年一月
初版一刷日期／二〇一二年四月
初版三刷日期／二〇一二年四月三十日
ISBN／978-986-6249-80-8
定價／三六〇元

愛書人卡

感謝您熱心的為我們填寫，
對您的意見，我們會認真的加以參考，
希望寶瓶文化推出的每一本書，都能得到您的肯定與永遠的支持。

系列：Vision101　**書名：我終於看見**

1. 姓名：＿＿＿＿＿＿＿＿　性別：□男　□女
2. 生日：＿＿年＿＿月＿＿日
3. 教育程度：□大學以上　□大學　□專科　□高中、高職　□高中職以下
4. 職業：＿＿＿＿＿＿＿
5. 聯絡地址：＿＿＿＿＿＿＿＿＿＿＿＿＿＿＿＿＿＿＿＿＿＿

   聯絡電話：＿＿＿＿＿＿＿＿　手機：＿＿＿＿＿＿＿＿
6. E-mail信箱：＿＿＿＿＿＿＿＿＿＿＿＿＿＿＿＿

   □同意　□不同意　免費獲得寶瓶文化叢書訊息
7. 購買日期：＿＿ 年 ＿＿ 月 ＿＿日
8. 您得知本書的管道：□報紙／雜誌　□電視／電台　□親友介紹　□逛書店　□網路

   □傳單／海報　□廣告　□其他
9. 您在哪裡買到本書：□書店，店名＿＿＿＿＿　□劃撥　□現場活動　□贈書

   □網路購書，網站名稱：＿＿＿＿＿＿　□其他＿＿＿＿＿
10. 對本書的建議：（請填代號　1.滿意　2.尚可　3.再改進，請提供意見）

    內容：＿＿＿＿＿＿＿＿＿＿＿＿

    封面：＿＿＿＿＿＿＿＿＿＿＿＿

    編排：＿＿＿＿＿＿＿＿＿＿＿＿

    其他：＿＿＿＿＿＿＿＿＿＿＿＿

    綜合意見：＿＿＿＿＿＿＿＿＿＿＿＿＿＿＿＿＿＿＿＿＿＿＿＿＿＿
11. 希望我們未來出版哪一類的書籍：＿＿＿＿＿＿＿＿＿＿＿＿＿＿＿＿

讓文字與書寫的聲音大鳴大放

寶瓶文化事業有限公司

（請沿此虛線剪下）

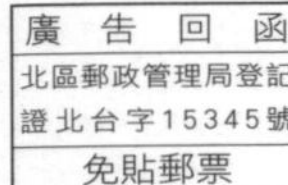

寶瓶文化事業有限公司　收

110台北市信義區基隆路一段180號8樓

8F,180 KEELUNG RD.,SEC.1,

TAIPEI.(110)TAIWAN R.O.C.

（請沿虛線對折後寄回，謝謝）